物流管理系列教材

上海市海关物流/物流管理本科教育高地建设

综合运输学概论

主　编　尹传忠　王立坤

副主编　武中凯　李秀泉

上海交通大学出版社

SHANGHAI JIAO TONG UNIVERSITY PRESS

内容提要

本书从现代综合运输中各种方式出发,系统介绍各种运输方式的固定和移动设施、设备及运输组织方法,并结合现代综合运输的系统特征,阐述综合运输中的热点问题。本书分 9 章,主要内容包括综合运输系统概述、运输供给与需求分析、水路运输系统、公路运输系统、铁路运输系统、航空运输系统、管道运输系统、综合运输体系规划与运营、多式联运等。

本书可作为高等院校交通运输、物流管理专业的教学用书,也可供从事交通运输规划与管理、物流管理研究的工程技术人员参考。

图书在版编目(CIP)数据

综合运输学概论/ 尹传忠,王立坤主编. —上海:
上海交通大学出版社,2020(2022 重印)
ISBN 978 - 7 - 313 - 23061 - 4

I. ①综⋯ II. ①尹⋯ ②王⋯ III. ①综合运输
IV. ①U1

中国版本图书馆 CIP 数据核字(2020)第 045522 号

综合运输学概论
ZONGHE YUNSHUXUE GAILUN

主　　编:	尹传忠　王立坤			
副 主 编:	武中凯　李秀泉			
出版发行:	上海交通大学出版社		地　　址:	上海市番禺路 951 号
邮政编码:	200030		电　　话:	021 - 64071208
印　　制:	江苏凤凰数码印务有限公司		经　　销:	全国新华书店
开　　本:	710mm×1000mm　1/16		印　　张:	18.75
字　　数:	368 千字			
版　　次:	2020 年 8 月第 1 版		印　　次:	2022 年 1 月第 3 次印刷
书　　号:	ISBN 978 - 7 - 313 - 23061 - 4			
定　　价:	68.00 元			

前言 | *Preface*

　　交通运输是利用交通工具完成人员或货物空间位移的生产经营性活动过程,是国民经济发展的重要支柱,也是一门快速发展的交叉学科。同时随着经济和社会的发展,对交通运输要求越来越高,综合化、一体化、智能化、节能环保等是对交通运输业发展的必然要求。我国在对综合运输体系发展十分重视,陆续制定并公布了"十二五""十三五"我国现代综合运输发展规划等,把现代综合运输发展提升到了国家战略的高度。

　　本书概述了综合运输系统的概念、发展现状及综合运输系统协调等问题,对运输需求与供给进行了系统分析,随后从固定及移动设施、设备,运输组织角度系统阐述了5种运输方式,并重点说明各种运输方式的基本理论。运输规划是优化综合运输系统前提,本书从综合运输规划和运营两个方面介绍了相关知识。多式联运可以综合发挥各种运输方式的特点和优势,是我国综合运输发展的方向,本书介绍了多式联运的基本理论,并对多式联运系统结合部进行了分析。

　　本书由尹传忠、王立坤主编,上海海事大学研究生方颢蓉、成锡睿、钟导峰、王晴、李文锦、谢毅峰、邱慧妍、李岳珊、张祥栋、仇鑫、周有德等在文件搜集、书稿编辑等方面做了大量工作。此外,中国铁路哈尔滨局集团有限公司武中凯、黑龙江第二技师学院李秀泉对本书编写提出了许多宝贵意见,并参与了本书第5章和第9章的编写工作,在此表示感谢。

目录
Contents

第1章
综合运输系统概述

1.1 综合运输概念

1. 运输概念

运输是指借助于公共交通网络及其设施、运载工具,通过一定的组织管理技术,实现人与物空间位移的一种经济和社会活动。《辞海》中将运输解释为:"人和物的载运和输送"。但并不是所有的人和物的空间转移都可以称为运输。真正意义上的运输要包括四个要素:公共交通网络及其设施、运载工具、组织管理技术、运输对象。只有具备了这四个要素的空间位移,则称为运输。

2. 交通概念

交通指的是交通工具在公共交通网络上的流动。《辞海》中的交通解释:"各种运输和邮电通信的总称"。也就是说交通实质上是人和物的转运和输送,语言、文字、符号、图像等的传送和播送。但要注意的是,交通一词在很多场合是专指城市,即交通工具在城市交通网络上的流动,且侧重于指城市的道路交通。根据交通网络范围不同可分为全国交通、区域交通和城市交通。

3. 交通与运输的关系

从交通和运输两个词的解释概念上来看,交通和运输既有区别,又有紧密的联系。

交通强调的是运载工具(交通工具)在公共交通线网(交通网络)上的流动情况,例如流量大小、拥挤程度、车流等,与交通工具上所载运的人员与物资的有无和多少没有关系;而运输强调的是运载工具上载运人员与物资的多少、移动的距离,如载人与物的有无与多少、输送多远、货流等。以交通量和运输量两项指标的概念为例,公路交通量指的是单位时间内通过某公路路段的车辆数,它与车辆的运输对象有无和多少是无关的。而运输量指的是一定时期内运送人员和物资的数量,它与运输对象的数量及车辆的大小的关系密切。在有载的情况下,交通过程也是运输过程。

总的来说,交通与运输相辅相成。运输以交通为前提,没有交通不存在运输;

没有运输的交通,也就失去了交通存在的大部分意义。

4. 交通运输概念

在分析交通和运输的概念以及理解交通与运输关系的基础上,可以将交通运输理解为是运载工具在公共交通网上流动和运载工具上载运人员与物资在两地之间位移这一经济活动和社会活动的总称。交通运输同时表明了同一过程的两个方面,同一过程是指运载工具在公共交通网上的流动,两个方面是:交通关心的是运载工具的流动情况,运输关心的是流动中运载工具上的载运情况。

5. 综合交通体系

由水路、公路、铁路、民航和管道五种交通运输方式网络及其基础设施和运载工具组成的综合交通运输基础平台称为综合交通体系。

6. 综合运输及综合运输体系

以综合交通体系提供的公共交通网络及设施和运载工具为依托,以现代联合运输工程管理技术和信息技术为基础,以安全、便捷、高效、绿色(经济)为目标,通过多种交通运输方式协调配合,组织实现客货运输过程的经济活动和社会活动称为综合运输。

对于综合运输体系,不同的国家有不同的解释。美国从事综合运输研究的专家穆勒指出,综合运输体系是一种客货运输体系,其运输过程的各个组成部分有效地连接和协调,运输系统具有很强的灵活性。日本综合运输研究会认为,综合运输体系是运输方式间的分工,进而使运输体系向理想化的方向发展。欧盟对综合运输的定义为,货物综合运输是货物在同一载货单元或运输工具中移动,连续使用几种运输方式,且在运输方式中转换时货物不需要装卸。在我国,百科全书上对综合运输体系的解释:"综合发展和利用铁路、公路、水路、管道和航空等各种运输方式,以逐步形成和不断完善一个技术先进、网络布局和运输结构合理的交通运输体系";长沙交通学院认为综合运输体系指的是:铁路、公路、水路、航空和管道五种主要运输方式的综合规划、综合利用和综合发展。本书认为实现综合运输功能的运输工程管理系统称为综合运输体系。

7. 综合交通运输体系

根据综合交通体系与综合运输体系的概念含义,可以将综合交通运输体系这一概念概括为由公共交通网络及其基础设施和运载工具组成综合交通运输基础平台,以现代联合运输工程管理技术和信息技术为基础,以安全、便捷、高效、绿色(经济)为目标,通过各种运输方式的协调配合,组织实现客货运输过程的运输工程管理系统。

8. 几个概念之间的关系

综合交通运输体系概念关系如图1-1所示。

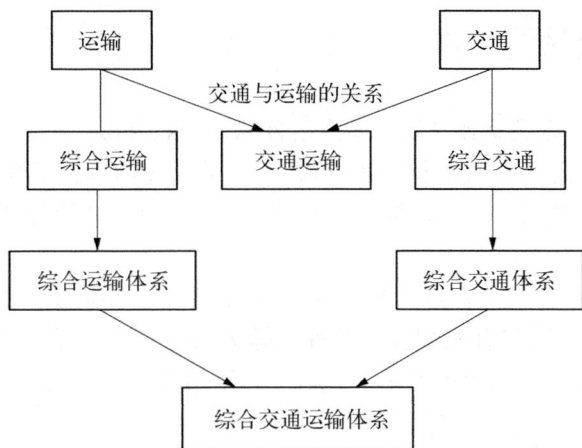

图 1-1 综合交通运输体系概念关系

构建和发展综合交通运输体系是为了促进各种运输方式协调快速发展,适应国民经济发展要求;为了充分发挥各种运输方式的优势,实现资源综合利用与节约,是可持续发展的要求;为了提升体统整体功能和效率以及满足全程运输服务需要;为了满足多样化的运输需求;为了增强经济发展的保障能力和参与国际竞争的能力。

1.2 综合运输体系构成及逻辑关系

综合运输体系构成及逻辑关系如图 1-2 所示。

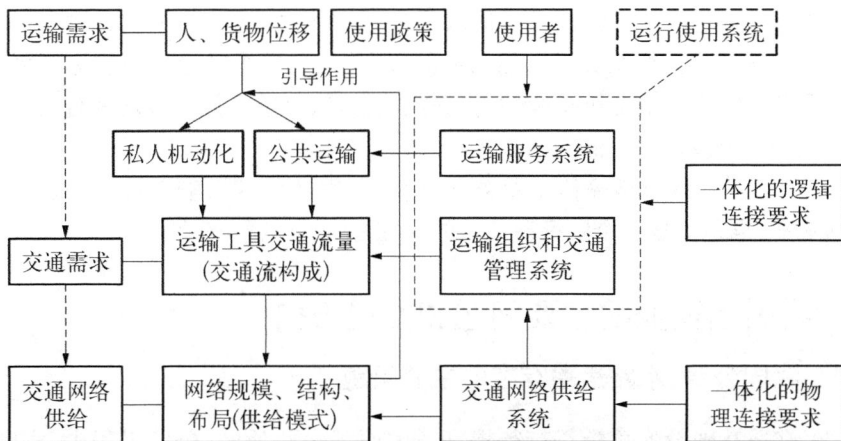

图 1-2 综合运输体系构成及逻辑关系

1.3 综合运输的特点

（1）系统性。综合运输系统的要素集合庞大，除了固定设施、移动设备及复杂的管理和控制设备等，还有大量的系统信息，包括系统内部信息和系统外部信息。其中系统内部信息包括生产、调度、相关规章制度等信息；系统外部包括气象、地质等信息。

（2）综合性。在综合运输体系中，各种运输方式之间需要讲究基础设施与使用系统之间协调发展和有机配合。各种运输方式在布局和能力衔接上要协调发展，同时各种运输方式的运行使用系统与交通网络供给系统要形成有机匹配。由此可看出综合运输的综合性特征。

（3）国情性。不同国家的综合运输的体系不同。我国综合运输的发展始于1950年后，是在交通基础设施网络非常落后、严重不足、层次很低，需要进行全面布局规划和建设的起步时期，目的在于建设统一的运输网、充分利用运输能力，提高运输效率并减少运力浪费。而发达国家发展综合运输的思想和行动政策主要始于20世纪中后期，是在各种运输方式已获得了比较充分的发展，布局和建设基本完成的情况下开始发展的，其目的是促进各种运输方式间的整合、集成和高效率协调，实现各种运输方式的紧密衔接和配合使用，如美国私人交通工具使用比例要明显高于发展中国家，航空系统也较发展中国家发达。

（4）替代性。综合运输的替代性主要体现在五种运输方式的相互替代性，例如铁路替代公路做陆上运输，水运替代空运做大批量货物的远距离运输。此外，还体现在同种运输方式的替代性，例如客运可以使用高速公路或普通公路，城际铁路或普通铁路。

（5）可持续性。综合运输已经造成了土地占用、能源大量消耗、污染等问题。实现交通运输的可持续发展是必然的趋势，是关系到整个社会经济长远发展的宏观经济问题。综合运输的可持续性讲究科学、合理、有效。如何实现综合运输的可持续发展是一个值得研究的问题。

（6）社会性。综合运输体系服务于社会，其发达程度影响着社会的发展和人民生活水平，也是衡量一个国家现代化的标准之一。

1.4 我国运输业的主要问题和发展方向

1.4.1 我国公路、水路运输存在的主要问题

（1）交通基础设施总量仍有待提高。中西部一些地区，公路里程少，密度低，跨区域干线运输通道不足，省际干线公路不成网，通达深度不够。沿海主枢纽港公

用码头超负荷运行,集装箱码头吞吐能力严重不足(繁忙时期)。

(2) 交通基础设施标准低。等级公路里程比重低,二级以上公路仅占公路总里程的 13.5%;高级、次高级路面里程仅占 42.5%,大部分国道路段交通量超过设计通过能力,混合交通严重,行车不畅;农村公路等级低、路况差,抗灾能力弱;沿海主要港口航道不能适应船舶大型化的要求,成为港口发展的"瓶颈";内河航道等级偏低,高等级航道数量明显不足;内河港口四无(无码头、无机械、无堆场、无锚地)现象普遍;水上交通安全、通信、救助等手段薄弱。

(3) 地区间发展不平衡。东、中、西部公路交通发展差距过大的趋势未能从根本上扭转;西部地区与东部地区相比,二级以上公路比重差距加大,高级、次高级路面里程比重低 21 个百分点,县乡公路无路面里程和等外公路里程比重分别是东部地区的 2 倍和 3 倍;西部地区集中了全国不通公路的乡镇、行政村数量的 85% 和 50%。

(4) 结构性矛盾突出。公路网各个层次还不完善;公路技术等级结构不合理;区域发展不平衡;客货运枢纽站场建设相对滞后;建设与养护未能做到均衡发展。沿海港口大型专业化深水码头短缺;尚未形成比较完善的现代化集装箱运输系统;一些老港区位于城市中心,与城市发展的矛盾日趋尖锐。具有层次结构的内河航道网尚未形成,主要内河航区间缺乏有效连接。

(5) 车船装备结构落后。高档客车数量少,高效低耗的重型、厢式货车、集装箱拖挂车、特种专用车比重低。海洋船舶结构不合理,普通干散货船比重高,液体散货船和专业化船舶比重低;船舶大型化发展缓慢,国际海运船队中的方便旗船舶比重过大;内河船型杂乱,技术落后,平均吨位小。

(6) 信息化工作进展缓慢。交通信息化在公路、水路传统产业中的战略意义及重要作用未能定位到应有的高度,各级行政主管部门推动行业信息化的方式和手段不足,面向社会提供信息服务的力度不够;信息资源没有被有效利用;复合型管理和建设人才匮乏。

(7) 交通安全问题。我国铁路运输及航空运输事故率较低。国家铁路局发布的《2018 年铁路安全情况公告》显示,2018 年全国铁路未发生铁路交通特别重大、重大事故,发生较大事故 1 件,铁路交通事故死亡人数 857 人,10 亿吨公里死亡率 0.199。截至 2018 年,运输航空实现持续安全飞行 100 个月、6 836 万小时的安全新纪录,实现 16 年零 8 个月的空防安全零责任事故纪录。相比而言,公路与水路方面事故率就高得多。公路方面,2018 年我国共发生各类道路交通事故 244 937 起,一次死亡 10 人以上重大事故 5 起,交通事故死亡人数总计 63 194 人,受伤人数总计 258 532 人,直接财产损失达 138 456 万元。水路方面,2018 年我国共发生一般等级及以上中国籍运输船舶水上交通事故 176 件,死亡失踪 237 人,沉船 83 艘,直接经济损失 2.9 亿元。

根据《中华人民共和国道路交通安全法》的规定,道路交通事故指车辆在道路上因过错或者意外造成的人身伤亡或者财产损失的事件。道路安全事故在所有交通安全事故中占比是最高的,公路上的汽车造成的污染也给环境带来了很大的负面影响,城市污染最大的源头就是汽车尾气和噪声。目前我国道路交通安全基础仍很脆弱,隐患依然量大面广。长大下坡、临水临崖等危险道路,以及逾期未检验、未报废的"带病车辆"大量存在。社会公众交通安全意识仍有欠缺,"三超一疲劳"(即超速、超员、超载和疲劳驾驶)、酒驾醉驾等严重交通违法多发易发。道路运输行业企业安全管理制度不健全、主体责任不落实问题突出,道路交通安全监管工作还存在不少漏洞和薄弱环节。此外,随着我国经济社会发展,机动车保有量不断增多,道路交通量快速增长,特别是高速公路交通量持续高位运行,各类安全风险交织叠加,交通事故预防任务艰巨繁重。

水运交通事故,是指船舶、浮动设施在海洋、沿海水域和内河通航水域发生的交通事故,如碰撞、搁浅、进水、沉没、倾覆、船体损坏、火灾、爆炸、主机损坏、货物损坏、船员伤亡、海洋污染等。水路运输系统所处的通航环境较为复杂,水文气象特征多变,港口、繁忙水域、桥区、闸区水域航行环境复杂,通航风险涉及人员、船舶、环境、管理等多个要素和环节,事故致因复杂,通航风险管理存在较大调整。此外,水上交通事故往往会造成严重的经济损失、人员伤亡和环境污染,而且会影响到周围水域正常通航秩序的维护,降低水路运输系统的效率。从目前我国水路运输系统的现状来看,水路运输安全存在的问题主要体现在船舶航行过程中重大风险源依然存在,事故前对风险的预警和事故致因的理解不够深刻,事故后的应急救助能力薄弱,应急决策水平偏低等方面。

1.4.2 我国铁路运输存在的主要问题

(1) 运力供给不适应需求时有发生。铁路网布局基本是计划经济时代的布局,随着国民经济基础发生了巨大的变化,阶段性的运力紧张时有发生,同时能力富余与能力紧张同时存在的现象普遍存在。2011—2016 年,我国铁路营业里程从 9.3 万公里上升到 12.4 万公里,上升 33%,但是铁路货运量却几乎逐年下降,从 39.3 亿吨下降到 33.3 亿吨,下降 15.3%,所以有大量的铁路设备和线路被闲置,有效供给不足。

(2) 传统组织方式没有根本性改变。在很长一段时间内,我国铁路货物运输一直采用"以图行车"的货物运输组织模式,即对整个过程的铁路货物运输以多个列车运行阶段进行划分,按照列车编组计划对各个列车进行编组,然后组合成相应的运行线和列车运行图。这种货物运输组织方式对相关流程和运输路线进行了明确规划,但是很容易受列车长度和载重量等因素的影响,经常出现铁路货物运输列车未按计划发车的情况。而且,在整个货物运输过程中,运输列车的车流衔接和编挂车次也比较随机,严重影响运输速度,扰乱正常的运输秩序。

(3) 运输组织效率不适应现代物流发展需求。铁路运输技术不完善、市场开发规模小、客车与列车共线,铁路货物运输没有健全的法律法规加以约束等问题影响了运输效率,导致货物运输效率依然不能满足客户的运输时间要求,影响用户满意度,对铁路运输发展产生了制约。

(4) 信息化手段相对滞后。现在,我国铁路运输的信息化管理的能力还比较落后,与客户的反馈信息不能衔接上,缺少公共信息平台,不能及时地得到铁路运输的相关信息,做不到问题及时处理,客户无法得知货物情况。与国外相比,我国的铁路运输信息化水平很低下,管理水平和手段也相对落后。即使开发并且运用了 TMIS 系统,但其完全没有发挥应有的水平和作用,许多货物的装卸方式也依然陈旧且传统。除此之外,信息系统的不完善也导致我国的运输方式如空运、海运等,基本上是自成体系,各自拥有独立的管理操作系统,缺乏一定的协调性,最终导致合作无法实施,效率无法提高。

(5) 以铁路为核心的多式联运没有得到充分发展。我国集装箱铁路站均为早期建设,没有考虑多式联运功能化设计,站场规模小、能力不足,尤其是内陆无水港,车站条件简陋、功能单一,内陆集装箱堆场、取还箱点少。多式联运设施装备标准化水平低。我国在多式联运基础标准化的运输单位、货运车型、载运机具和转运设备等方面与发达国家相比差距大,内陆货运市场集装箱应用程度低,导致集装箱化率低,据统计,全社会货运量中集装箱运输占比不足 4%。多式联运服务协同性差,铁路、水路、公路信息共享程度不高,尚未搭建有效的多式联运信息交互平台,难以实现一站式服务;铁路、水路、公路运输相互分割,一次托运、一次收费、一票到底、一次保险全程负责的一体化联运服务尚未有效建立;单证票据管理规则不统一,公路、铁路和海运之间没有统一的联运票据,无法实现真正的"一单制"。

(6) 铁路集装箱运输比例低。我国的集装箱运输只占铁路货运总量的 2%～3%,远低于全球 30%～40% 的平均水平。目前,我国铁路集装箱设备仍是 20 世纪90 年代的产品,都是通用设备,而且比较陈旧,对集装箱的箱体造成很大的伤害,工作性能无法适应现代的集装箱运输的装卸要求,同时,很多办理站的场地存在问题,设备不能衔接完成作业,另外,集装箱运输的车辆、平车等设备的投资还不能落实,尤其是车站的装卸设备,大大限制了铁路集装箱运输的发展。

(7) 物流化改革缓慢。随着现代物流的发展,铁路货运进行了物流化改革,但改革步伐缓慢,仍在大宗货物运输中徘徊,现在物流的优势产品,如快运市场、冷链市场等份额严重不足。

1.4.3　我国航空运输存在的主要问题

(1) 东密西疏。民航服务经济社会发展的能力有待增强。与区域经济发展的不平衡相对应,我国航线布局呈东密西疏、沿海密内陆疏的发展态势,中西部地区航空业难以有效支持和拉动中西部地区经济社会发展,束缚了欠发达地区经济社会的加快发展。同时,支线航空服务供给不足,限制了中小城市的居民享受平等出行的权利。

(2) 市场化需进一步改革。航空运输市场化改革仍需深化。尽管近年来我国航空运输业市场化程度逐步提高,但与主要发达国家相比,市场化导向的改革有待深化。主要体现为民航价格机制不够合理,民航运输业仍面临一定的行政壁垒、低成本和支线航空的发展环境有待优化等方面。

(3) 干支网络联系不紧密。航空运输干支网络缺乏有效衔接。随着近年来航线网络的迅速拓展,我国航空运输干支网络发展不平衡和缺乏有效衔接等问题逐渐显现。干线、支线运输之间缺乏有效协作,特别是同一区域的干线、支线运输之间还未形成业务上的协作,影响了支线航班与干线航班的有效衔接,也无法发挥枢纽机场的中转功能和航空网络的整体效能。

(4) 支线发展面临制约。支线航空发展面临一系列制约。我国支线航空存在市场规模依然偏小、部分支线机场利用率偏低、缺乏专业化支线航空公司、航空公司运营支线积极性不高等一系列问题。由于缺乏与干线运输的紧密配合,支线运输的中转通达能力难以提升,从而使其未能充分发挥航空产业在国家交通体系中应起的全覆盖与快捷通达的作用。

1.4.4 我国综合运输方式的发展方向

(1) 提高速度。提高运行速度是交通运输发展过程中的永恒主题,一部交通发展史就是运行速度不断提高的历史,如水运,水的阻力比大气的高得多,故提速受到很大限制,一般水中运行速度为 91 km/h 以下,列车、汽车等地面运载工具的前进速度超过 300 km/h 时,80% 以上的阻力来自周围的空气。

(2) 提高载荷。船舶正在向大型化发展,特大散货船的吨位已达 36.5 万吨,液货船的最大吨位达到 56.3 万吨,最大的集装箱船能装载 6 797 TEU。公路运输中的载重汽车已由几吨提高到几十甚至几百吨。航空运输中载重 300 吨的货运飞机已投入使用,俄罗斯正研制能载重 1 000~2 000 吨的热气球,以解决特大货物在特困地区的运送问题。

(3) 智能化。交通运输现代化的必由之路是信息化,是全面采用由计算机技术、通信技术和测控技术组成的信息技术。信息化的高级阶段就是智能化,是当前发展的重点方向。

(4) 低碳化。交通运输要往高能效、低能耗、低污染、低排放的方向发展,是力求不断"减碳"的过程。"低碳交通"是城市可持续交通发展的大势所趋,核心在于提高交通运输的能源效率,改善交通运输的用能结构,优化交通运输的发展方式。

（5）集约化。集约化原是经济领域中的一句术语，现在意思是以最小的成本获得最大的投资回报。打造集约化出行网络，变革碳排放结构。规划形成以"地面公交为基础，轨道交通为主体，专线交通为骨干，有效限制小汽车"的集约化交通方式结构。积极发展公交，公共财政向公共交通高投入，把能在小汽车当中享受到的通过公共交通显现出来，以及对轻轨这样的新型交通方式的推广。

1.4.5　我国综合运输体系的发展趋势

综合运输体系有复杂、多元、巨大的特点，若要根据我国的国情，一步一步地构建我国的综合运输体系，那就必定要从实际出发，在整个国土领域设立综合运输网络，协调好五种运输方式的运输业发展，尽量使城市的枢纽作用在综合运输网络中充分发挥作用，尽量使各种运输方式协作起来，处理好经济系统与运输系统的关系，综合运输系统与五种运输方式的关系等，并根据当地的经济情况和地理位置发展适宜的运输网络。我国综合运输体系的五大运输方式发展战略的要点是：

（1）铁路战略发展——中长距离客货运输主力。铁路运输具有运量大、适应性强、节能环保等特点，但是灵活性较公路差，"门到门"运输困难，因此，适应中长距离运输，在未来几十年内，中长距离客货运输的主力仍然是铁路。

（2）公路战略发展——中短距离客货以及高附加值产品运输。公路运输有"门到门"、空间上、时间上、批量上等多方面灵活性的特点，要充分发挥这些灵活性的优势，立足中短途运输市场，中长途市场尽可能向铁路转移。

（3）民航战略发展——长距离旅客运输。航空运输建设有周期短、高效、快速的特点。航空运输的优势主要在于大城市与大城市之间的长距离客运，易变质货物、珍贵货物的货运以及周围地势复杂的地域也可以使用航空运输。

（4）水运发展战略——大宗和散装货物运输及集装箱运输。国内、国际的大宗和散装货运主要依靠沿海和内河运输。我国要着力于内河航道和港口的建设，同时对沿海诸多港口进行改造，加强水水中转及铁水联运，将水运战略的重点放在发展东部沿海地区和长江流域的内河运输，将长江、东海、黄海等水运总合成一个体系，同时注重其他内河港口与海港之间的有效协同，强化水路运输在综合运输体系中的作用。

（5）管道发展战略——油气运输。现用的管道主要用于运输石油的原油和天然气，但还应当注重石油的成品油管道的建设，应当先观察到成品油流向的集中区域，然后大力开展建设。但运用管道输煤的前景未知，不应当大力发展。

1.5　综合运输系统协调问题

各种交通运输方式本身都是一个系统、两种以上运输方式，一种方式多种部门环节交织和交汇的枢纽更为复杂,都是动态的、开放的、有人参与的复杂大系统。其规划、建设、发展及运行都必须运用系统的思想和方法。

综合交通运输系统结构如图 1-3 所示。

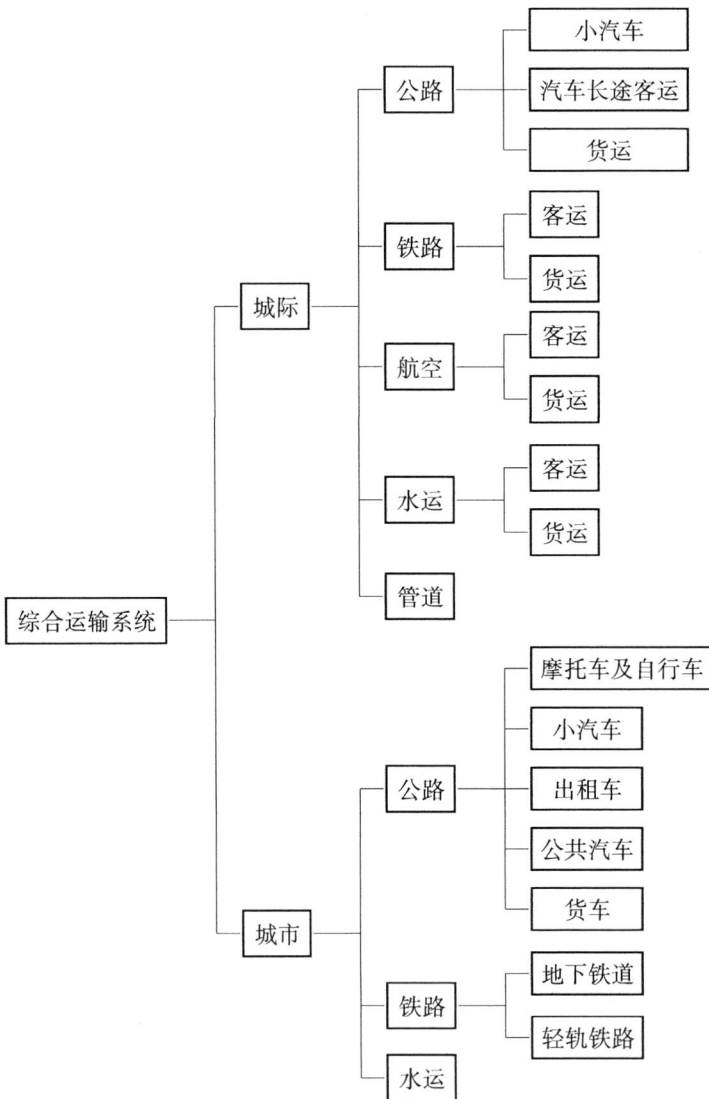

图 1-3 综合交通运输系统结构

若按照系统功能构建划分,综合运输系统一般应包括:

(1)高等级公路、铁路客运专线和民航为依托的城际快速客货运输系统。

(2)以干线公路、水路和铁路大宗货物运输通道为依托的重载货物运输系统。

（3）以干线公路、水路和铁路干线为依托的集装箱运输系统。

（4）以管道、水路和铁路为依托的油气运输系统。

（5）交通运输枢纽系统。

（6）城市综合交通系统。

现代化的交通运输都必须具备运载工具、通路、场站、动力、通信、经营机构等的配合，同时，运输经营的成功与否，服务质量能否令人满意，也取决于构成要素能否发挥其应有的功能以及彼此能否密切配合。

1.5.1　综合运输各系统协调、融合的必要性

（1）交通运输随着社会经济的发展已经成为国民经济新的增长点。要求各种运输方式的协调、资源合理配置，实现在一个充分大的时空范围内无缝衔接，服务连续，提高综合运输整体效能和出行服务水平。

（2）综合交通运输体系具有跨区域和网络性特点，它是一个网络化的生产部门。如果网络不协调、不连贯，就必然造成运输中断，因此，各种交通运输网络之间的衔接是保证综合运输畅通的关键。

（3）综合交通运输系统和社会经济大系统的相互作用，需要与地区发展协调、运输工具协调、管理方式协调。

（4）我国经济发展不同阶段的经济水平和市场经济的发达程度，迫切需要从动态的角度进行综合交通系统的结构优化指标和规模速度的调整评估。

（5）以市场为导向，满足经济发展要求为目标的国际化、区域化的物流发展的相互作用，对我国综合运输体系在规模上、分布上及技术装备上提出新的挑战。

（6）信息技术与综合交通运输相结合是综合交通运输现代化的核心内容。在各种交通运输方式信息化的基础上进行综合交通运输系统信息平台建设，包括多式联运系统信息平台、综合枢纽能力和交通运输网络信息平台建设。如何整合目前各种运输方式信息平台，构建综合运输管理信息平台，进而整合各种运输方式资源都是复杂的系统工程。

1.5.2　综合运输系统协调内容

（1）客货流量流向与运输线路协调。首先，国民经济对交通运输需求的总运量与交通运输通道上的总运输能力之间要协调；接着，具体货流、客流的流量、流向要与交通运输方式、运输径路协调；最后，对运输通道能够承担运量不同的运输方式，应该进行技术经济比较。

（2）地区间各种运输方式协调。包括地区之间大通道运输联系，也包括地

区内部与大通道之间干支线联系,以及各种运输方式在通道之间的分工与协调。

(3) 各种运输方式设备能力的协调。各种运输方式有各自特点,在运输过程中各环节相互配合和协调,具有典型的"木桶效应"。如铁路点线能力必须协调;港口、航运和集疏运协调等。

(4) 各种运输方式运输组织工作的协调。综合运输体系具有很强的系统性,作为系统中的各个元素,每种运输方式的运输组织工作都会对整个系统产生影响,因此,系统中各种运输方式应该协调。如在多式联运中,要求各种运输方式有效协调,除在商务和换装点的技术作业衔接联合外,在技术装备上通常还要采用便于实现多式联运的运输形式,如集装箱、托盘等。此外,还有一种复合运输的形式,也要求运输方式协同,以提高系统运作效率,如驼背运输。

(5) 运价和运输费用的协调。当运输供给能够满足运输需求时,运价和运输费用对于旅客或货主选择运输方式有很大影响,合理的运价形成机制对两者协调十分关键。

(6) 各种运输方式的信息化水平的协调。信息化、智能化是综合运输体系的发展趋势,对各种运输方式的发展影响较大,为了使各种运输方式均衡发展,各种运输方式信息化水平必须协调,以保证综合运输系统一体化发展。

(7) 不同区域、部门之间的协调。综合运输系统通常是跨越了传统的自然地理界限和原有的行政区划范围,涉及多地、多个行政主体,多部门,属于较为典型的区域间公共项目。其发展需要打破区域间壁垒,加强区域间联系,协调区域间行动,统筹区域间利益,同时,该系统涉及环节众多,需按照任务分工和部门职责,加强与相关政府部门、企业、行业协会以及新闻媒体之间的业务联动,构建一个跨区域、跨部门、多主体共同参与的综合运输发展合作机制。

1.6 运输方式合理配置问题

1.6.1 各种运输方式合理配置的研究方法

首先调查地区和地区间各种运输方式的现状及运输结构,对国民经济和社会运输需求进行预测,运输能力与运量增长的平衡分析,接着对各种运输方式合理配置进行经济评价。包括的内容:各种运输方式技术特征及运输费用计算,各种运输方式扩能费用;根据经济评价方法,确定发展运输业的国民经济效益和社会效益以及财务效益;随后对各种运输方式扩能投资及融资研究与分析;最后,研究国家交通运输的投资来源和筹措方法。

确定国家或地区综合运输网络模型如图1-4所示。

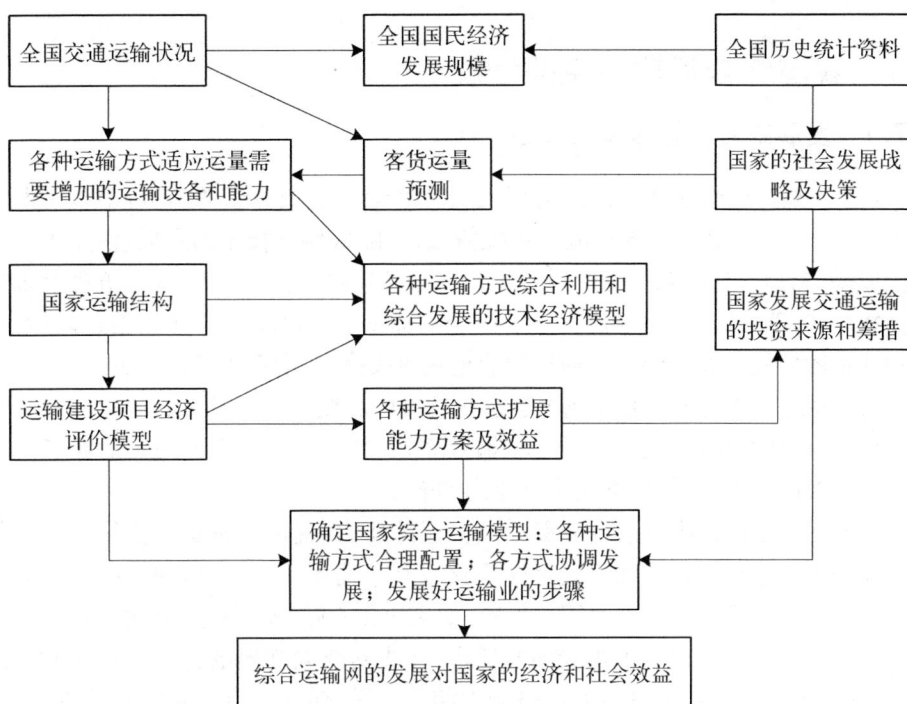

图 1-4　确定国家或地区综合运输网络模型

1.6.2　各种运输方式合理配置的原则

（1）自然地理条件。在各种交通运输条件允许的前提下，要进行合理分工，宜水则水，宜陆则陆。

（2）社会经济条件。适应地区经济发展，满足该地区客货运量增长需求。

（3）空间布局条件。各种运输方式的配置与协调应该与地区内工农业布局相适应。

（4）运输结构条件。各种运输方式根据其各自的优势进行合理分工，同时根据国民经济发展需求，逐步发展或调整分工形成合理的运输结构。

（5）运输技术条件。随着运输技术的发展，在各种运输方式配置中起着决定作用。

（6）经济效益条件。注重以最小的消耗获得最大的经济效益和社会效益。

（7）国家运输政策。各种运输方式应该在国家制定的各种运输政策下协调发展。

（8）国家经济发展规划。运输方式合理配置应符合国民经济发展需求，体现并服务于国民经济发展。

1.7 我国综合运输体系的发展

1.7.1 发展综合运输体系必要性

(1) 发展综合运输体系是因为现代的交通运输发展有新的趋势,出现了两个新方向:一是各种运输方式的基础设施信息化,随着科学技术的发展,使用了新的科技成果;二是各种运输方式的系统化,运输过程逐渐成为一个整体。五种运输方式互相合作、互相配合,逐渐成为一个综合的体系。这两个大方向相结合以后,成为现代运输发展的新趋势。交通运输业正在改头换面,展现出新的面貌。

(2) 发展综合运输体系是我国运输业发展的新模式。各种方式的运输不再独立建设,开始相互协作,大大提升了运输效率,尤其对于一个大而稳定的客货流向的来说,按综合运输体系的方法会有很高的效率。

(3) 发展综合运输体系能减缓我国交通的压力,提高运输量。协作对于现代化运输来说非常重要。现代交通运输是比较复杂而多元的,有多种不同的运输工具在不同的运输道路上运输不同的货物,如果协作不好,就不会有高效的运输。如十年前我们只是大力建设了煤炭的装船港,而未对煤炭卸船港进行人力和财力的投资,或者港口前沿和港口后方铁路能力相差较大,使港口后方和卸船港成为"木桶的短板",这直接导致了煤炭的水路运输水平下降。

(4) 发展综合运输体系能提升运输业的经济效益。所谓运输,就是在一定时间内,完成物品的空间位移,并且创造经济价值和社会价值。各类运输方式都有其优缺点,综合运输体系可以扬长避短,建立一个合理的网络,不仅能提高运输效率,又能提高社会效益和经济指标。

1.7.2 综合运输体系的发展过程

20 世纪 80 年代前,由于我国的经济基础和实力弱,各行各业都急需发展,投资重点是生产领域,又因是计划经济,原材料和产品是按计划进行生产和按计划价格调拨,运输生产也是按计划进行组织和完成运输任务,交通运输对经济发展的重要性并未被充分认识,归属于非物质生产部门,建设投资严重不足。这一时期的投资能力和计划主要在中央政府,地方政府的投资能力很小;铁路、机场、港口主要由国家投资建设,公路由地方政府投资建设,主要靠民工投工投劳,民办公助的方式建设,虽然公路线网里程有较大幅度增长,但技术等级和道路状况普遍很差;交通运输总投资额很小,占 GDP 比重为 $1.5\% \sim 2.5\%$,占全国基本建设投资的比重为 $12\% \sim 18\%$。到了 1980 年,各种运输方式的线路总里程才 124.9 万公里,铁路和公路的平均密度分别仅 $0.56 \text{ km}/100 \text{ km}^2$ 和 $9.2 \text{ km}/100 \text{ km}^2$。

到了 1980 年,由于我国经济实力弱,交通投资仍然严重不足,而且受计划经济的传统观念禁锢较深，思想不够解放，交通运输总体发展仍然比较缓慢，滞后于改革开放后国民经济的发展速度，瓶颈制约问题越显突出。铁路在此期间发展缓慢，1980—1990 年铁路营业里程仅增加了 4 500 公里。但公路、水运、民航的发展开始有了较大突破，投融资渠道获得了较大拓宽，在公路和水运的交通系统固定资产投资中，1985 年自筹资金超过了国家投资，1986 年国内贷款超过了国家投资。1981—1990 年，公路里程增加了 13 万公里，其中二级以上公路里程增加了 3.2 万公里；沿海主要港口从 15 个发展到 45 个，泊位增加 642 个，其中万吨级泊位增加了 143 个；机场增加 32 个，民航航线里程增加了 50.46 万公里，一定程度上弥补了铁路发展缓慢的不足。

到了 20 世纪 90 年代，我国交通运输步入了综合发展的道路。1991 年《国民经济和社会发展十年规划和第八个五年计划纲要》提出了"搞好综合运输体系的建设，以增加铁路运力为重点，同时积极发挥公路、水运、空运、管道等多种运输方式的优势，并使各种运输方式衔接配套"。铁路有了一定的建设资金来源渠道：1991 年国务院批准设立铁路建设基金以及部分铁路建设任务重的省征收铁路建设附加费，对国家铁路运输的货物进行征收，用于新建铁路；1992 年出台了中央和地方合资建设铁路的政策；1995 年开始批准铁路发行中国铁路建设债券；铁路建设有了一定的资金来源渠道，结束了"七五"期间发展缓慢的局面，开始逐步进入了较快发展期。10 年间，铁路取得了很大的成就，建成和改造以及开工建设了一批对国民经济全局有重要影响，在路网上起骨干作用的大能力干线及部分地区性辅助通道（包括南昆线、京九线等），进行了三次大提速；但是横向比，没有抓住有利发展的大机遇，落后于其他运输方式的发展。公路方面，到 2000 年公路总里程达到了 168 万公里，其中高速公路里程达到了 16 314 公里，居世界第二位，实现了历史性的跨越。与此同时，民航在管理体制改革与机制创新下，获得了较快发展，其中"八五"期间民航基本建设投资 122 亿元，技术改造投资 61 亿元；"九五"期间民航基本建设投资增至 680 亿元，技术改造投资达 126 亿元。管道方面，随着油气开发，管道网建设也获得了较快发展，建成了库尔勒—鄯善等原油管道和陕京一线等天然气管道，10 年间共增加输油、输气管道里程 8 800 公里。

进入 21 世纪，交通业界和政府部门进一步认识到加快各种运输方式网络的布局完善，构筑综合运输大通道，建设发展大能力交通基础设施的重要性和必要性。为了适应加快发展的新形势和未来总体布局的需要，在构建综合运输体系发展思想的指导下，2004 年国务院先后通过了《国家高速公路网规划》和《中长期铁路网规划》以及《长江三角洲、珠江三角洲、渤海湾三区域沿海港口建设规划》，2006 年通过了《全国沿海港口布局规划》，2007 年通过了《综合交通网中长期发展规划》和《全国内河航道与港口布局规划》《民航机场布局规划》，2008 年根据铁路发展的新形势和贯彻科学发展观、可持续发展的要求又对《中长期铁路网规划》进行了调整，使各种运输方式的发展和大规模的建设投资有了更加明确的长远方向和重点,对综合运输体系框架的加快构建形成起到了积极促进作用。同时,也为此后应对2008年国际金融危机采取"保增长、扩内需、调结构"的4万亿元投资提供了承接基础,再次抓住了交通发展的机遇,加快了交通网络完善和现代化建设的进程。

"十二五"时期,我国各种交通运输方式快速发展,综合交通运输体系不断完善,较好完成了规划目标任务,总体适应经济社会发展要求。交通运输基础设施累计完成投资13.4万亿元,是"十一五"时期的1.6倍,高速铁路营业里程、高速公路通车里程、城市轨道交通运营里程、沿海港口万吨级及以上泊位数量均位居世界第一,天然气管网加快发展,交通运输基础设施网络初步形成。铁路、民航客运量年均增长率超过10%,铁路客运动车组列车运量比重达到46%,全球集装箱吞吐量排名前十位的港口我国占7席,快递业务量年均增长50%以上,城际、城市和农村交通服务能力不断增强,现代化综合交通枢纽场站一体化衔接水平不断提升。高速铁路装备制造科技创新取得重大突破,电动汽车、特种船舶、国产大型客机、中低速磁悬浮轨道交通等领域技术研发和应用取得进展,技术装备水平大幅提高,交通重大工程施工技术世界领先,走出去步伐不断加快。高速公路电子不停车收费系统(ETC)实现全国联网,新能源运输装备加快推广,交通运输安全应急保障能力进一步提高。铁路管理体制改革顺利实施,大部门管理体制初步建立,交通行政审批改革不断深化,运价改革、投融资改革扎实推进。

"十二五"我国交通运输发展主动承担起支持经济发展、促进社会和谐的社会责任,加快转变交通运输发展方式,统筹协调,完善交通基础设施网络。运输技术装备水平得到了提升,运输服务能力和品质得到了提高,由被动适应转向主动适应,由自发满足需求转向自觉满足需求,由追随发展转向引领发展。

"十三五"时期,我国交通运输发展正处于支撑全面建成小康社会的攻坚期、优化网络布局的关键期、提质增效升级的转型期,将进入现代化建设新阶段。站在新的发展起点上,交通运输要准确把握经济发展新常态下的新形势、新要求,切实转变发展思路、方式和路径,优化结构、转换动能、补齐短板、提质增效,更好满足多元、舒适、便捷等客运需求和经济、可靠、高效等货运需求;要突出对"一带一路"建设、京津冀协同发展、长江经济带发展三大战略和新型城镇化、脱贫攻坚的支撑保障,着力消除瓶颈制约,提升运输服务的协同性和均等化水平;要更加注重提高交通安全和应急保障能力,提升绿色、低碳、集约发展水平;要适应国际发展新环境,提高国际通道保障能力和互联互通水平,有效支撑全方位对外开放。

第2章
运输供给与需求分析

2.1 运输需求分析

2.1.1 运输需求概述

1. 运输需求含义

运输需求是指在一定时期内,一定价格水平下,社会经济活动在货物与旅客空间位移方面所提出的具有支付能力的需要。运输需求必须具备两个条件,即具有实现位移的愿望和具备支付的能力,缺少任一条件,都不能构成现实的运输需求。

运输需求包含以下六项要素:

(1) 对象,即运输的货种及旅客类型。

(2) 流量,即运输需求量,通常用客运量和货运量。

(3) 流向,指货物或旅客发生空间位移时的地理走向。

(4) 流程,即运输距离,指货物或旅客进行空间位移的起讫点距离。

(5) 流速,即货物或旅客的送达速度。

(6) 运价,即运输单位质量或体积的货物和运送每位旅客所需承担的运输费用。

2. 运输需求的特征

与其他商品需求相比较,运输需求有其特殊性,主要体现在以下几个方面:

1) 广泛性

运输业作为一个特殊的物质生产部门,是任何经济社会活动赖以存在的基础。运输需求广泛存在于人类的各种活动之中,是一种普遍性的需求。

2) 派生性

在多数情况下,运输需求是一种派生需求。即运输需求是由社会经济活动的需求派生出来的。

3) 不平衡性

不平衡性体现在时间、空间和方向上。可分为综合货运需求上的不平衡和综合客运需求上的不平衡。

(1) 综合货运需求的不平衡特征。

① 货运需求在方向上的不平衡。运输方向不平衡的主要原因:资源分布与开

发程度、专业化运输工具与货种构成差异、运输组织工作与经营管理的缺陷等。

② 货运需求在时间上的不平衡。运输时间不平衡的主要原因：生产和消费都有季节性、生产比较均衡而消费有季节性、生产有季节性而消费比较均衡、生产和消费是全年均衡的。

（2）综合客运需求的不平衡特征。

① 综合客运需求在时间上的不平衡：法定节假日和旅游季节；农业生产的季节性：农忙、农闲季节；商品经济的发展：总体需求增加；商品交易会、展销会的影响；下班时间：日客流、周客流波动变化。

② 客运需求在方向上的长期平衡性和短期不平衡。

③ 客运需求在时间上和短期方向上的不平衡。

为了解决客运需求的不平衡性，需要重视三个问题：客运能力的布局与客流的长时间增长一致，甚至略微超前；客运能力的布局与客流布局一致；大力开辟农村客运站点。

4）多样性

运输需求的多样性，指不同类型的运输需求均具有对运输服务质量多重要求的特性。多种运输对象对各种运输服务的不同需求无论是人或物的运输需求，都不仅仅要求从出发地至目的地的单纯空间移动，还要对所提供的运输服务质量，如运输的安全性、迅速性、准确性、方便性、经济性和舒适性等方面提出种种要求。货运方面，尤其是鲜活食品特别重视其到达时刻。关于舒适性问题，对这项指标的评价往往因乘客的特性不同，容易带有主观性，如年老体弱或者行动不便的乘客，就特别重视舒适性。

因此，不同类型的运输需求，甚至不同的运输利用者，都对运输质量有其基于本身需要的不同要求，从而表现出运输需求的多样性。

5）部分可替代性

与其他很多产品一样，运输产品也具有部分可替代性。一般不能替代，如人的位移不能和货物的位移相互替代；另一方面存在部分可替代，随着现代通信技术与网络技术的发展，旅客流动的一部分可以被替代。

3. 影响运输需求的因素

影响运输需求的主要因素有五个方面。

1）经济发展水平

运输需求是派生性需求，是由社会经济活动这一本源需求引起的。因此，经济发展水平对运输需求的影响是不言而喻的。如自然资源分布，生产力布局产生了运输需求；经济的高速增长带动了运输需求。

2）政治、体制、政策等因素

政治、体制、政策因素包括国与国之间的关系、国家内部的政治情况、国家经济政策和经济体制等。

通常来说,两国关系向友好方向发展时,进出口贸易将会增长;其次,各个国家的对外开放程度不同,对国际贸易的态度采取的措施不同,都会影响国际货物运输需求。

国家内部政治情况、经济政策等左右着经济发展进程,从而影响运输需求。如国家从计划经济体制转向市场经济体制时,货物流通的范围扩大,运输需求增加。

3）科学技术水平

科学技术水平是影响运输需求的重要的长远性的因素。在人类历史的发展过程中,科学技术作为生产力的构成要素,始终对加速各国经济增长和推动实际经济国际化起促进作用。如蒸汽机的发明,使人类进入以轮船和火车的现代大运输时代;内燃机的广泛应用,使汽车、飞机和高速列车加入运输的大家庭,共同构成现代的综合运输体系。这些技术进步大大激发了客货运输需求。

4）交通运输网络的建设情况

交通运输网络的布局极大地影响对货源地的吸引范围、对货物运输能力和对运输需求增长的适应度。如地处优越的交通地理位置,高质量、高效率的运输网络不仅能满足本地区的运输需求,还可以吸引过境货物、中转货物。中国香港、新加坡是世界知名的集装箱大港,其优越的地理位置使半数以上的集装箱吞吐量来自其他港的中转箱。由此可见,完善合理的运输网络布局无疑会大大刺激运输需求增长。

5）市场价格的变动

运输价格和运输商品的市场价格的变动,都会影响运输需求的变动。一般来说,运价下降,运输需求会上升;反之,运输需求会下降。

此外,人口增长与分布、收入水平、运输服务水平等均会影响运输的需求。

4. 运输需求与运输量的关系

运输需求是社会经济活动在人与货物空间位移方面提出具有支付能力的需要;而运输量则是在一定运输供给条件下所能实现的人与货物间的空间位移。这两个概念,既相互区别,又相互联系。假定运输需求与运输供给均衡,或者在运输供给大于运输需求的情况下,运输需求量才是现实的运输量。但如果运输供给不足,实际运输量明显会小于经济发展所产生的运输需求量。这里的实际运输量小于运输需求的那一部分,并不是由于人们的支付能力不足,而是由于运输供给不足造成的。如果增加运输设施、扩大运输能力,被不正常抑制的运输需求就会迅速变成实际的运输量,并形成诱发运量。

2.1.2　运输需求函数分析

2.1.2.1　运输需求函数分析

1. 运输需求函数

运输需求函数是用函数形式表示运输需求量与影响因素之间的数量关系,是

一种表达式,可记为

$$Q = f(P, G, H, Y, A, Z, L, \cdots) \tag{2-1}$$

式中:Q 为运输需求量;P 为运输服务价格;G 为工农业生产的规模和速度;H 为产品运输系数;Y 为国民经济的产业和产品结构;A 为生产和运输布局;Z 为人口增长及其构成;…为其他因素。

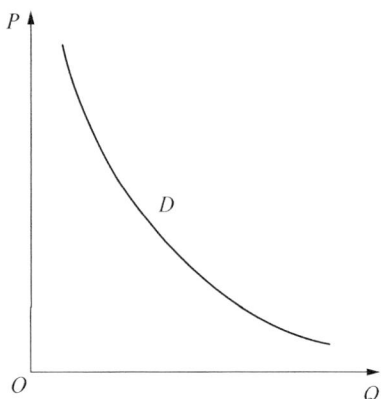

图 2-1 运输需求曲线

2. 运输需求曲线

运输需求曲线是根据需求函数中不同的价格-需求量的组合在平面坐标图上所绘制的一条曲线。由于运输需求是一种派生需求,因此它的需求曲线与所运送的货物的需求曲线有密切的联系。运输需求曲线如图 2-1 所示,呈现自左向右向下倾斜的规律。

造成这种规律的原因有四个方面:

(1) 价格下降,运输消费者用同样的货币可买到更多的运输劳务。

(2) 原来因为价格高而消费不起的,现在可以购买了。

(3) 原来因为价格高而使用代用品(可替代运输方式)的消费者,现因为降价而购买。

(4) 同理,价格上涨,需求量就会减少。

3. 运输需求的变动

(1) 运输需求量的变动——运价以外的其他因素都保持不变的情况下,运价的变化引起的需求量的变化。

需求函数简化为

$$Q_D = f(P) + CD \tag{2-2}$$

图 2-2 说明了该情况下的变化规律为价格上升则需求将下降,价格下降则需求将上升。

需求定理:在影响需求的其他因素都不变的情况下,需求量随价格变动而变动的规律,即沿一条既定的 D 曲线进行移动,当价格下降时,需求量增加;当价格上升时,需求量减少。

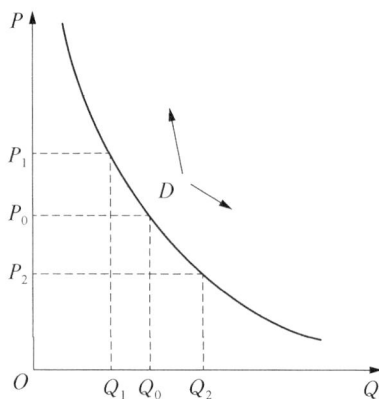

图 2-2 运价-需求量变化

（2）运输需求水平的变动——运价保持不变的情况下，由于其他因素的变动所引起的运输需求的变动。

图 2-3 说明了该情况下的变化规律：D_0 一旦往 D_1 方向移动，需求则会下降；D_0 往 D_2 方向移动，需求则会上升。需求水平的变化是整个需求曲线在面上的移动。例如，经济水平提高，或人均国民收入增加了，或人口的数量增加了，当运价仍为 P_0 时，客运需求则由 Q_0 增加到 Q_2，意味着整个需求曲线由 D_0 移到 D_1 的位置。

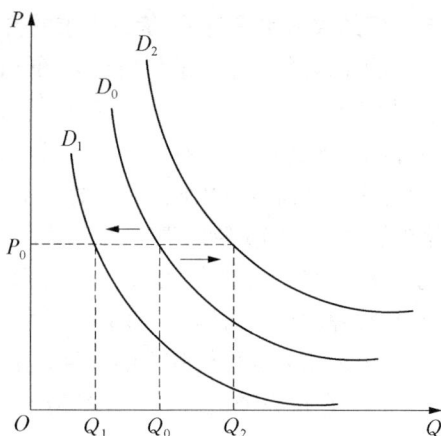

图 2-3　运价-需求量变化

2.1.2.2　运输需求弹性分析

运输需求弹性分析是分析运输需求量对某种影响因素变化而变化的反应程度，即影响运输需求量的因素变化 1%，运输需求量相应变化百分之几。

$$E_d = \frac{Q_{变动率}}{Z_{变动率}} = \frac{\Delta Q/Q}{\Delta Z/Z} \tag{2-3}$$

式中：E_d 为运输需求弹性；Q、ΔQ 为运输需求量及变化值；Z、ΔZ 为影响运输需求的某种因素及其变化值。

下面重点介绍运输需求的价格弹性、收入弹性、交叉弹性和派生弹性（生产弹性）。

1. 运输需求的价格弹性

1）运输需求价格弹性的定义

反映了运输需求量对运输价格变动敏感的程度，其公式可表示为

$$E_P = \frac{Q_{变动率}}{P_{变动率}} = \frac{\Delta Q/Q}{\Delta P/P} = \frac{\Delta Q}{\Delta P} \cdot \frac{P}{Q} \tag{2-4}$$

式中：E_P 为运输需求的价格弹性；Q、ΔQ 为运输需求量及其变化值；P、ΔP 为运价及其变化值。

不同状态的运输市场，价格弹性有很大差别。在运力紧张的运输方式中，在繁忙的运输线路和方向上，运输市场处于卖方市场状态时，运价弹性明显较小，运价的变动，即使是大幅度涨价也难以压缩庞大的运输需求，运价弹性小；而运力富裕的运输方式、运输线路和方向，运输市场处于买方市场状态，运输需求对运价的变动则反应敏感，运价弹性大。

货运需求与客运需求的价格弹性也有明显的差别。客运需求的价格弹性主要

与人们的收入水平有关;货运需求的价格弹性与多种因素有关。

例如,与货物本身的价值有关,低值货对运价的负担能力较差,对运价变动的反应程度较强,因而价格弹性大;高值货对运价的负担能力强,对运价变动的反映程度弱,价格弹性小。与货物的物理、化学性质也有关,不宜久存的鲜活易腐货物,价格弹性小;相反,可较长时间储存、不急于上市的散货、杂货等,相对于鲜活易腐货物则价格弹性大。也与货物的集中、分散程度及批量大小有关。在能源基地、重工业生产基地存在着相当大的货运需求量,一经形成,主要受生产规模制约,而对运价反应程度弱,运价弹性小。而批量较少而又分散的零担货物对运价反映程度强,价格弹性大。

2) 运输需求价格弹性的计算方法

(1) 点价格弹性。点弹性是需求曲线上某一点的弹性。计算式为

$$\varepsilon_P = \lim_{\Delta P \to 0} \frac{\Delta Q}{\Delta P} \cdot \frac{P}{Q} = \frac{\mathrm{d}Q}{\mathrm{d}P} \cdot \frac{P}{Q} \tag{2-5}$$

如果需求曲线为一条直线[见图 2-4(a)],按几何方法,则 S 点上的点弹性为 $\varepsilon_{PS} = \frac{BS}{AS}$,如果需求曲线为一条曲线[见图 2-4(b)],$AB$ 为需求曲线在 T 点的切线,则 T 点上的点弹性为 $\varepsilon_{PT} = \frac{BT}{AT}$。

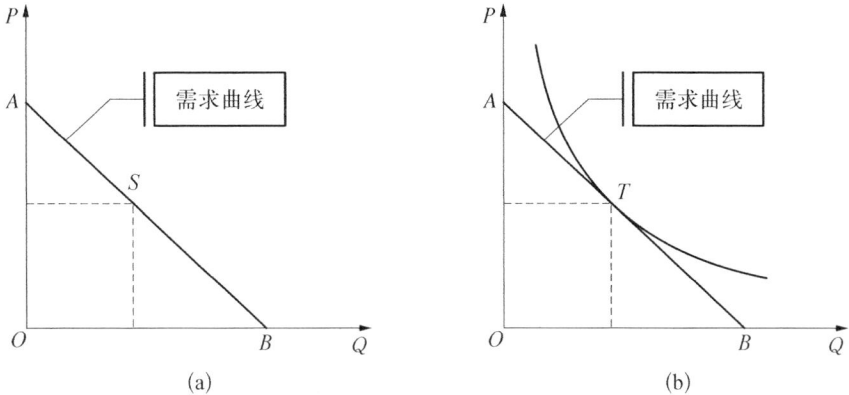

图 2-4 用几何法求点价格弹性

例 2-1 根据我国 1950—1980 年的数据,我国铁路货物周转量 Q 与铁路平均运价指数 P 的关系方程为 $Q = 7\,028.6 - 25.76P$,求 $P = 200$,$Q = 12\,000$ 点处的点价格弹性。

解

$$\frac{\mathrm{d}Q}{\mathrm{d}P} = -25.76$$

$$\varepsilon_P = \frac{\mathrm{d}Q}{\mathrm{d}P} \cdot \frac{P}{Q} = -25.76 \times \frac{200}{12\,000} = -0.429$$

所以,在 $P=200$,$Q=12\,000$ 点处的点价格弹性为 -0.429。

(2) 弧价格弹性。如图 2-5 所示,弧弹性为运输需求曲线上某两点间的平均弹性,计算式为

$$E_P = \frac{\Delta Q/Q}{\Delta P/P} = \frac{(Q_2-Q_1)\Big/\Big(\dfrac{Q_1+Q_2}{2}\Big)}{(P_2-P_1)\Big/\Big(\dfrac{P_1+P_2}{2}\Big)} = \frac{Q_2-Q_1}{P_2-P_1} \cdot \frac{P_1+P_2}{Q_1+Q_2}$$

$$(2-6)$$

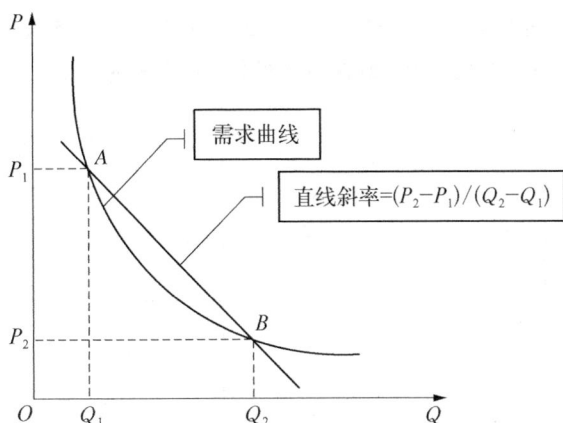

图 2-5　弧价格弹性需求曲线

例 2-2　某货物的运输需求函数:$Q=60-5P$,式中,Q 表示货物运输需求量,P 表示运价,求当 $P_1=5$ 与 $P_2=10$ 之间的运输需求弧价格弹性 E_P。

解　当 $P_1=5$ 时,$Q_1=60-5\times5=35$。

当 $P_2=10$ 时,$Q_2=60-5\times10=10$,

$$E_P = \frac{Q_2-Q_1}{P_2-P_1} \cdot \frac{P_1+P_2}{Q_1+Q_2} = \frac{10-35}{10-5} \cdot \frac{5+10}{35+10} = -1.67$$

在 $P_1=5$ 与 $P_2=10$ 之间的运输需求弧价格弹性为 -1.67。

运输需求的点弹性和弧弹性的本质是相同的。它们的区别在于:前者表示价格变动量无穷小时的需求曲线上某一点的弹性,后者表示价格变动较大时需求曲线上两点间的弹性。

应该说明的是:由于运价与运输需求量是反向变化的,所以求出的弹性值为负值;常使用绝对值比较弹性的大小,当我们说某种运输需求的价格弹性大指的是

其绝对值大;如果需求曲线是一条直线,尽管直线上各点斜率的值不变,但由于 $E_P = \dfrac{\mathrm{d}Q}{\mathrm{d}P} \cdot \dfrac{P}{Q}$,直线上各点 $\dfrac{P}{Q}$ 的值是变动的,所以这条直线上价格弹性也是变动的。

在计算价格弹性时应该注意:弹性值为负值;如果是正值,说明价格的变动对需求量无影响。通常我们用绝对值来比较弹性的大小,平坦的需求曲线弹性大,陡的需求曲线弹性小。

3) 运输需求价格弹性的类型(具有不同价格弹性的运输需求曲线)

(1) $|E_P| \rightarrow 0$,需求完全无弹性。

图 2-6 为需求完全无弹性时运输需求曲线。此时,$\dfrac{\Delta Q}{Q} = 0$,需求量不随价格的变动而变动。需求函数的形式为:$Q = K$(任意既定常数)。表示不管运价怎样变动,运量总是固定不变。即,不管 ΔP 如何,ΔQ 总为零。

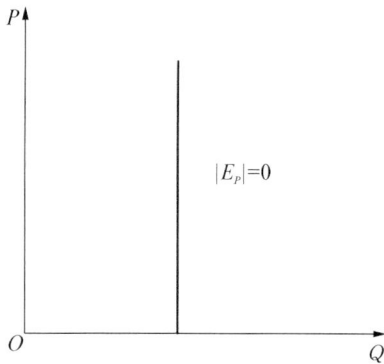

图 2-6 需求完全无弹性时运输需求曲线

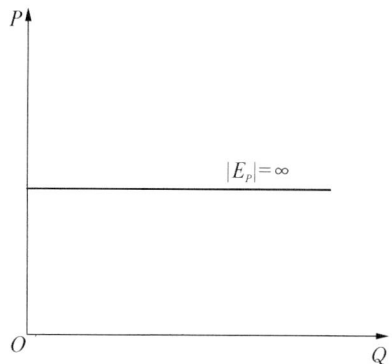

图 2-7 需求完全弹性时运输需求曲线

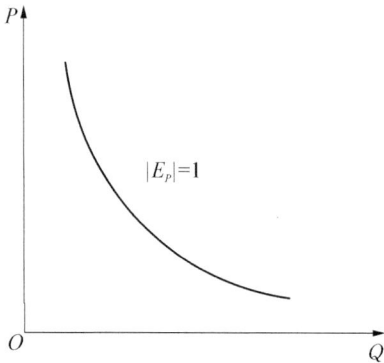

图 2-8 需求单位弹性时运输需求曲线

(2) $|E_P| \rightarrow \infty$,需求完全弹性。

图 2-7 为需求完全弹性时运输需求曲线。此时,$\dfrac{\Delta P}{P} \rightarrow 0$。在既定价格之下,需求量可以任意变动。需求函数的形式为:$P = K$(常数)。这种情况也是罕见的。如中国计划经济时代运价的制订。

(3) $|E_P| = 1$,需求单位弹性。

图 2-8 为需求单位弹性时运输需求曲线。说明运量变动幅度与运价变动幅度相同,即运价每提高 1%,运量相应地降低 1%。

反之则反是。需求曲线特点：等轴双曲线或正双曲线。此时运输需求方程：$PQ = K$（常数）。

（4）$0 < |E_P| < 1$，需求缺乏弹性。

图 2-9 为需求缺乏弹性时运输需求曲线。说明运量变动幅度小于运价变动幅度 $\left(\dfrac{\Delta P}{P} > \dfrac{\Delta Q}{Q}\right)$。即价格每变动 1%，需求量变动的百分率将小于 1%。需求曲线特点：较陡（斜率较大）。

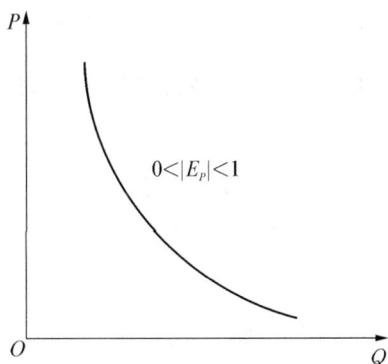

图 2-9　需求缺乏弹性时运输需求曲线　　图 2-10　需求富有弹性时运输需求曲线

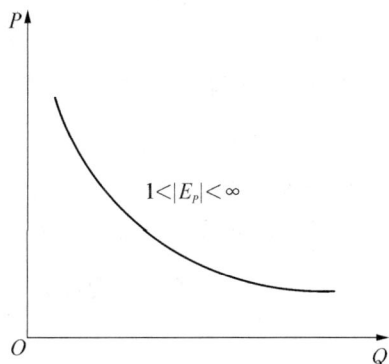

（5）$1 < |E_P| < \infty$，需求富有弹性。

图 2-10 为需求富有弹性时运输需求曲线。说明运量变动幅度大于运价变动幅度 $\left(\dfrac{\Delta P}{P} < \dfrac{\Delta Q}{Q}\right)$。即价格每变动 1%，需求量变动大于 1%。运输需求曲线特点：比较平坦（斜率较小）。

4）运价变动对运输收入的影响

图 2-11 为富有弹性的运输需求曲线。$|E_P| > 1$，当运价为 OP_A 时，运输收入为 $S_1 + S_2$；当运价降为 OP_B 时，运输收入为 $S_2 + S_3$，从图中可以看出 $S_1 < S_3$。所以，当富有弹性时，降低运价可以增加运输收入；反之，提高运价减少运输收入（反向）。

图 2-12 为缺乏弹性的运输需求曲线。$|E_P| < 1$，因为 $S_1 > S_3$，所以缺乏弹性时，降低运价可以减少运输收入；提高运价可以增加运输收入（正向）。

5）运输需求价格弹性的经济学意义

运输需求价格弹性的政策含义——用于定价决策中。运输企业可以通过运输需求价格弹性决定是否提价或降价；政府可以以此影响运价来调节市场；而运输消费者会更多根据收入来进行决策。

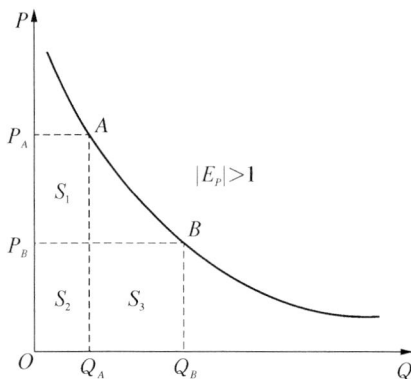

图 2 - 11 富有弹性的运输需求曲线

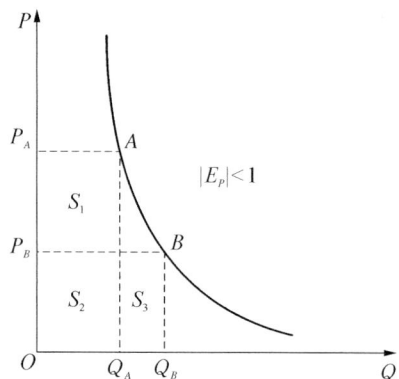

图 2 - 12 缺乏弹性的运输需求曲线

2. 运输需求的收入弹性

运输需求的收入弹性 E_I，是指运输需求量对消费者收入变化的反映程度，一般用于客运需求分析。运输需求收入弹性的计算公式为

$$E_I = \frac{Q_{变动率}}{I_{变动率}} = \frac{\Delta Q/Q}{\Delta I/I} = \frac{\Delta Q}{\Delta I} \cdot \frac{I}{Q} \qquad (2-7)$$

点收入弹性：

$$\varepsilon_I = \frac{\mathrm{d}Q}{\mathrm{d}I} \cdot \frac{I}{Q} \qquad (2-8)$$

弧收入弹性：

$$E_I = \frac{Q_2 - Q_1}{I_2 - I_1} \cdot \frac{I_1 + I_2}{Q_1 + Q_2} \qquad (2-9)$$

式中：I、ΔI 分别为消费者的收入及其变化。

例 2 - 3　某运输企业为了制订长期客运发展计划，假定根据研究资料，已知中档、高档客运的收入弹性在 0.9～1.1，低档客运的收入弹性在 0.8～2.0，估计今后 10 年内，每人每年平均实际收入增加 4%～5%，问 10 年后，中档、高档、低档客运需求量将增加多少？

解　先估计 10 年后，居民平均收入将增加多少。

如果每年增加 4%，则 10 年后可增加到 $(1.04)^{10} = 148.02\%$，即 10 年后每人的实际收入增加 48.02%。

如果每年增加 5%，则 10 年后可增加到 $(1.05)^{10} = 162.88\%$，即 10 年后每人的实际收入增加 62.88%。

根据收入弹性计算公式：

$$E_I = \frac{Q_{\text{变动率}}}{I_{\text{变动率}}}$$

10 年后中档、高档客运需求量将增加（见图 2‐13）：

$$Q_{\text{变动率}} = E_I \times I_{\text{变动率}}$$

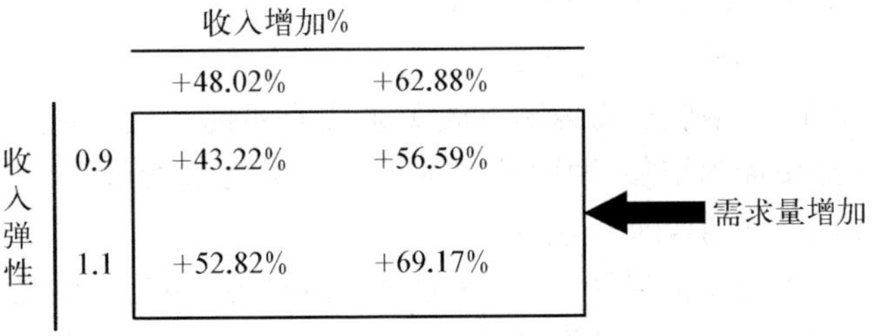

		收入增加%	
		+48.02%	+62.88%
收入弹性	0.9	+43.22%	+56.59%
	1.1	+52.82%	+69.17%

图 2‐13　收入弹性变化

所以中档、高档客运需求量增加幅度在 43.22% ~ 69.17% 之间。

10 年后低档客运需求量增加幅度在 38.42% ~ 125.76% 之间（见图 2‐14）。

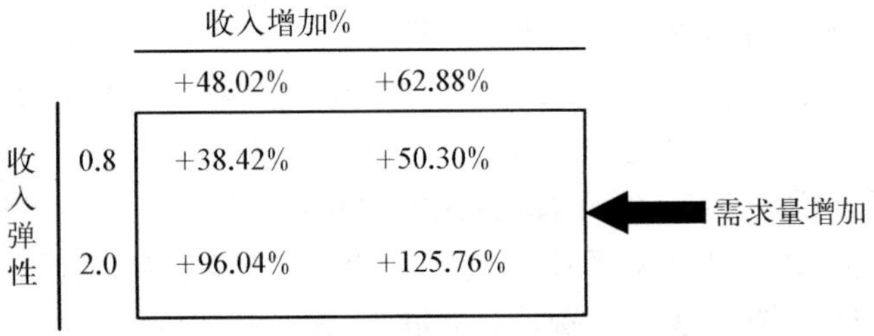

		收入增加%	
		+48.02%	+62.88%
收入弹性	0.8	+38.42%	+50.30%
	2.0	+96.04%	+125.76%

图 2‐14　收入弹性变化

　　运输需求的收入弹性是建立在消费者的收入量和运输需求量之间的一个弹性概念，它也是一个被广泛运用的弹性概念。一般来说，收入弹性的值为正，反应消费者收入与运输需求的同方向变化。

　　3. 运输需求的交叉价格弹性

　　1) 交叉价格弹性的计算

　　运输服务具有替代性，交叉弹性表示在一定时期内一种运输方式、一条运输线路和一家运输企业的运输需求量变动对于另一种运输方式、一条运输线路或一家运输企业的价格变动的反映程度，即一种可替代的运输服务的价格每变化百分之一将引起的另一种被替代的运输服务的需求量变化的百分之几。

　　设有两种可替代的运输方式 X 和 Y，计算 Y 的运输方式交叉价格弹性 E_{PYX} 的一般计算公式为

$$E_{PYX} = \frac{\Delta Q_Y/Q_Y}{\Delta P_X/P_X} = \frac{\Delta Q_Y}{\Delta P_X} \cdot \frac{P_X}{Q_Y} \qquad (2-10)$$

例如,水果铁路运输价格从 1.5 元/kg 增加至 1.8 元/kg,公路运量将增长 10%,则水果铁路运输需求与公路运输需求的交叉弹性为 $E_{P铁公} = \dfrac{10\%}{20\%} = 0.5$。

2) 不同的交叉弹性值具有不同的经济意义

(1) 交叉弹性为正值,即 $E_{PYX} > 0$。

运输方式 X 的价格变动与运输方式 Y 的需求量同向变动。如航空运价提高会使铁路、水路运量需求增加,表明航空与铁路、水路运输的可替代性。

(2) 交叉弹性为负值,即 $E_{PYX} < 0$。

反向变动,如水运价格提高,会使疏港汽车运输需求减少,称之为两者服务具有互补性,即它们结合使用更能满足消费者需求。

(3) 交叉弹性为零,即 $E_{PYX} = 0$。

运输方式 X 的价格变动与运输方式 Y 的需求量没有影响,表明两种运输方式相互独立,如航空运价的提高对公路长途运输需求量没有影响,因而就长途运输而言,航空运输与公路运输无替代性和互补性,两者互不影响。

3) 交叉弹性的应用

运输需求的交叉弹性与价格弹性、收入弹性一样,在价格和运输量分析中起着重要的作用。运输行业管理部门或者计划部门、运输企业在制订行业。企业的运输发展规划时,应当考虑运输项目的替代性和互补性影响。如一条拥有 3 级以上航道的通航河流,在无特殊需要时,一定不要沿河修铁路,因为运输服务具有替代性,否则就会导致运输资源的浪费。又如港口、火车站的建设要与港口、火车站的集疏运系统协调发展,如果在建设港口、火车站的同时,不发展相应的集疏运系统,就会产生压港、压站现象。轮船和火车运输价格的提高,对港口、车站集疏运系统会产生影响,这是由于运输服务具有互补性。

4. 运输需求的派生弹性

1) 运输需求派生弹性的概念及其计算

派生弹性用来分析运输需求随其本源需求的变化而变化的灵敏程度。其一般的计算公式为

$$E_G = \frac{Q_{变动率}}{G_{变动率}} \frac{\Delta Q/Q}{\Delta G/G} = \frac{\Delta Q}{\Delta G} \cdot \frac{G}{Q} \qquad (2-11)$$

式中:E_G 为运输需求的派生弹性;Q、ΔQ 为运输需求量及其变化值;G、ΔG 为工农业生产水平及其变化值。

具体计算时,派生弹性也分点弹性和弧弹性两种计算方法。

（1）点派生弹性：

$$\varepsilon_G = \frac{dQ}{dG} \cdot \frac{G}{Q}$$
(2-12)

（2）弧派生弹性：

$$E_G = \frac{Q_2 - Q_1}{G_2 - G_1} \cdot \frac{G_1 + G_2}{Q_1 + Q_2}$$
(2-13)

2）运输需求派生弹性的应用

例2-4　已知我国各时期货运周转量和国内生产总值的统计数据，计算和分析货运量对于国内生产总值的派生弹性（见表2-1）。

表2-1　我国各时期货运周转量和国内生产总值的统计数据

年　份	变化率（货运）	变化率（生产总值）	弹 性 值
1991	0.068	0.166 794	0.407
1992	0.044	0.236 071	0.186
1993	0.045	0.312 383	0.143
1994	0.090	0.364 067	0.247
1995	0.079	0.261 337	0.303
1996	0.019	0.170 788	0.111
1997	0.049	0.109 537	0.448
1998	−0.01	0.068 748	−0.145
1999	0.065	0.062 496	1.041 4
2000	0.092	0.106 354	0.865
2001	0.076	0.105 233	0.727
2002	0.062	0.097 374	0.641
2003	0.063	0.128 727	0.486
2004	0.289	0.177 110	1.634
2005	0.156	0.150 049	1.038
2006	0.108	0.146 861	0.738

1999 年以前，货物周转量对于国内生产总值的弹性低于 1.0，且呈现下降趋势，尤其是 1998 年，其货运周转量比起 1997 年反而下降了，最后的弹性值也为

负值。

随着我国经济的发展和工业技术水平的提高,工业产品逐渐升级换代,技术含量和附加值不断提高,产品向重量轻、价值高、体积小的方向发展,使得货物周转量的增长幅度逐渐低于国内生产总值的增长幅度。

再后来,2004 年、2005 年两年的弹性值都大于 1,说明货运周转量与我国国民生产总值有较强的相关性,国民生产总值对货运周转量的敏感性较强,并且弹性值的变化具有一定的周期性。

3) 派生需求弹性经济学意义

对政府来说,可以根据运输需求弹性判断经济发展情况;对企业而言,为运输企业生产经营决策和制定运价提供依据。

2.2 运输需求预测

2.2.1 运输需求常用方法

根据预测方法的性质可分为定性预测、定量预测和综合预测。

(1) 定性预测。定性预测是依靠人的观察分析能力,借助于经验和判断能力进行预测的方法。主要有专家征询法、智囊团式讨论等。

(2) 定量预测。定量预测主要依靠历史统计数据,在定性分析的基础上,运用数学方法构造数学模型进行预测的方法。主要可分为因果关系预测、时间序列预测、结构预测等。

(3) 综合预测。综合预测是指两种以上方法的组合运用。这种综合可以表现为定性方法和定量方法的综合,也可以是两种以上定量预测方法的综合。由于各种预测方法都有它的适用范围和缺点,综合预测兼有多种方法的长处,因而可以得到较为可靠和精确的预测结果。

各种常用的预测方法的特点如表 2-2 所示。

表 2-2 预测方法分类

方　法	时间范围	适用情况	应做工作
定性预测法	短期、中期、长期	对缺乏历史统计资料而趋势面临变化转折的事件进行预测	需做大量的调查研究工作
一元回归分析预测法	短期、中期	自变量与因变量两个变量之间存在着线性关系	为两个变量收集历史数据,十分费时
多元回归分析预测法	短期、中期	因变量与两个或两个以上自变量之间存在着线性关系	为所有变量收集历史数据,十分费时

续　表

方　　法	时间范围	适　用　情　况	应做工作
非线性回归分析预测法	短期、中期	因变量与一个或多个自变量之间存在着某种非线性关系	必须收集历史数据,并用几个非线性模型试验
趋势外推预测法	中期、长期	当被预测项目的有关变量用时间表示时,用趋势进行外推	只需要因变量的历史资料用趋势试探时费时
时间序列分解分析预测法	短期	适用于一次性的短期预测,要消除季节变动的因素	只需要序列的历史资料
移动平均数预测法	短期	不带季节变动的反复预测	只需要因变量的历史资料
指数平滑预测法	短期	具有或不具有季节变动的反复预测	只需因变量的历史资料,建模时费时
自适应过滤预测法	短期	适用于趋势形态的性质随时间而变化,而且没有季节变动	只需因变量的历史资料,但检查模型时费时
博克斯—詹姆斯预测法	短期	适用于任何序列的发展形态的一种高级预测方法	计算过程复杂、烦琐
景气预测法	短期、中期	适用于时序趋势延续及转折预测	收集大量历史资料和数据并需大量计算
灰色系统预测法	短期、中期	适用于时序的发展呈指数趋势	收集对象的历史数据
状态模式型和卡尔漫滤波预测法	短期、中期	适用于各类时序的预测	收集对象的历史数据并建立状态空间模型
基于遗传算法的神经网络模型预测法	短期、中期	适用于综合性预测	数据的收集、建模费时,并需考虑神经网络与遗传算法的结合方式

2.2.2　运输需求预测

运输需求预测是指运输企业在未来一段时间里对运输需求的期望水平,通过对运输需求函数的分析以及对所掌握的现有信息等加以测算处理而做出预测。一个完整的运输需求预测流程如图 2 - 15 所示。

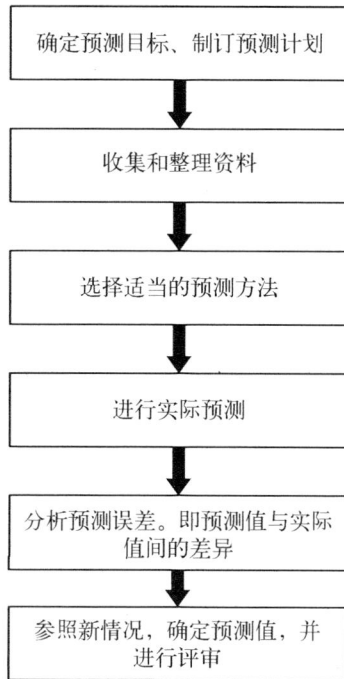

图 2－15　运输需求预测流程

2.3　运输供给分析

2.3.1　运输供给概述

1. 运输供给的概念及特征

1）运输供给的概念

运输供给是指运输生产者在某一时刻,在各种可能的运输价格水平上,愿意并能够提供的各种运输产品的数量。

运输供给在市场上的实现要同时具备两个条件：ⅰ.生产者有出售运输服务的愿望；ⅱ.生产者有提供运输服务的能力。

运输供给分两种情况：一是单个运输生产者的供给；二是运输服务的市场总供给。

运输供给包含四个方面的内容。

（1）运输供给量。通常用运输工具的运输能力来表示,说明承运货物和旅客的数量与规模。

（2）运输方式。指铁路、水路、公路、航空和管道五种不同的运输方式。

（3）运输布局。指运输基础设施在空间的分布和运输工具和设备的配备情况。

（4）运输经济管理体制。包括为指导运输业发展而建立的运输所有制结构、运输企业制度、运输资源配置方式以及相应的宏观调节机构、政策和法规等。

2）运输供给的特征

（1）运输产品的非储存性，只能采取运输供给能力储备形式来适应需求变化。

（2）运输供给的成本转移性，主要表现在对运输对象的转移上，如转嫁给消费者。

（3）运输供给的时空差异性，如在运输方向上，空载行驶导致回程运力浪费。

（4）运输供给具有一定的不可分性，资金上、时间上、空间上、费用上等。

（5）运输供给的不平衡性，时间、空间上的不平衡性。运输需求的季节性不平衡，导致运输供给出现高峰和低谷供给量的悬殊变化。

（6）运输供给的可替代性和不可替代性并存，是竞争和垄断的基础。

2. 影响运输供给的因素分析

运输供给有赖于四个主要影响因素：ⅰ. 技术因素；ⅱ. 运营策略；ⅲ. 政府机构的要求和限制；ⅳ. 使用者行为。

2.3.2　运输供给函数分析

1. 运输供给函数分析

1）综合运输供给函数

综合运输供给量与影响这一数量的诸因素之间关系的函数表达式为

$$Q_s = f(P, C, E, \cdots) \qquad (2-14)$$

式中：Q_s 为运输供给量；P 为运价；C 为运输成本；E 为技术水平；$\cdots$ 为其他影响因素。

市场经济下，运价是影响运输供给的最灵敏、最直接的因素。

2）综合运输供给曲线

综合运输供给曲线如图 2-16 所示。

运输供给曲线是在假定运价以外的各种因素保持不变的情况下，运输供给量变化与运价变化之间关系的曲线。供给曲线是一条自左向右向上倾斜的曲线（斜率为正）。

3）运输供给的变动

（1）运输供给量的变动：运价以外的其他因素都保持不变，运价的变化引起的供给

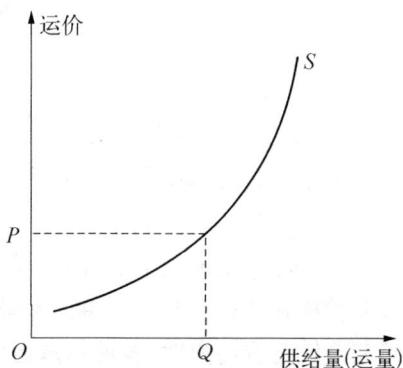

图 2-16　综合运输供给曲线

量的变化(见图 2 - 17)。

供给函数简化为

$$Q_s = f(P) + CS \tag{2-15}$$

供给定理：影响供给的其他因素都不变的情况下,供给量随价格变动而变动的定律,即价格上升,供给量增加;价格下降,供给量减少。

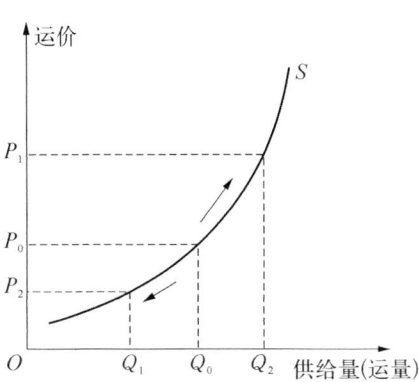

图 2 - 17 运价以外其他因素都保持不变的运输供给曲线

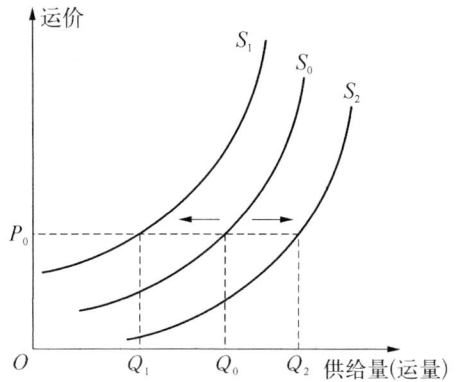

图 2 - 18 运价保持不变的情况下运输供给曲线

(2) 运输供给水平的变动:运价保持不变的情况下,由于非价格因素的变动所引起的运输供给的变动(见图 2 - 18)。

2. 运输供给弹性分析

运输供给的弹性主要是运输供给的价格弹性。

运输供给的价格弹性:等于供给量的相对变化与运价相对变化之间的比值,表示运输供给对运价变化的反应程度,表达式为

$$E_s = \frac{\Delta Q_s / Q}{\Delta P / P} \tag{2-16}$$

有三点需要进行说明。

(1) 表达的是价格和数量之间的相对变动,而不是它们之间的绝对变动,不能与供给曲线的斜率相混淆。不过,根据运输供给定理,运输供给的变动与运价的变动方向是相同的。一般的情况下,供给价格弹性 E_s 是正数。

(2) 同一条供给曲线上的不同点的价格弹性一般不同(见图 2 - 19)。i. $E_s > 1$,富有价格弹性;ii. $E_s = 1$,单元价格弹性;iii. $E_s < 1$,价格弹性不足;iv. $E_s = 0$,供给完全缺乏价格弹性,表示不论运价怎样变化,供给量都保持不变,这时的供给曲线是垂直于横轴的一条直线;v. $E_s = \infty$,完全富有价格弹性,这时的运输供给曲

线是与横轴平行的一条直线,表明对于某一给定的价格,供给量可以任意增加。

由图 2 - 19 可知,在 PA 段为水平时,完全富有价格弹性;在 AB 弧,富有价格弹性;在 B 点,具有单元价格弹性;在 BC 弧,运输供给是缺乏价格弹性;在 C 点以上垂直于横轴时,完全缺乏价格弹性。

(3) 不同运输供给的价格弹性不同: i. 不同运输方式的供给价格弹性明显的不同。一般,管道<铁路<水运<航空<公路。ii. 同一运输方式不同的运输线路和方向上,供给价格弹性

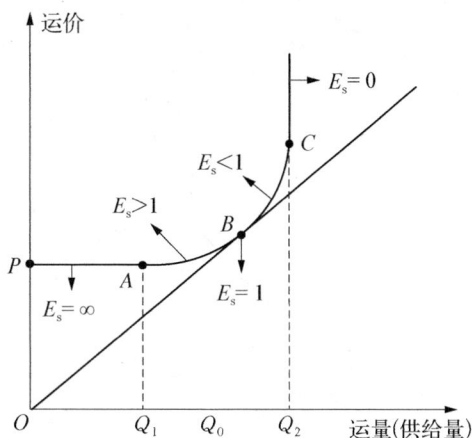

图 2 - 19　同一条供给曲线上的不同点的价格弹性

不同。运力紧张的运输线路或路段>不太紧张的运输线路或路段;设计能力大量闲置的线路或路段往往无弹性。iii. 同一运输方式中的不同类别,供给的价格弹性也不同。如水运中: 远洋<近海<内河。iv. 同一运输方式中不同类型的运输工具对运价的反映程度也有明显的差别。一般,大型、特大型运输工具和专业运输工具价格弹性小,小型轻便的运输工具价格弹性大。v. 运输企业的性质和经营方式不同,供给价格弹性不同。一般,依附于政府的企业供给价格弹性小,自主经营、自负盈亏的运输企业供给价格弹性大。

2.4　运输供需平衡

2.4.1　供需平衡的形成

供需均衡是指需求与供给两种相反的力量在市场上达到均衡(相对稳定)时的状态,这时,供需曲线的交点所对应的运量就是均衡运量,所对应的价格就是均衡运价(见图 2 - 20)。

当实际运价偏离了均衡运价,供求关系的作用就会推动实际价格向着均衡价格移动(见图 2 - 21)。

由图 2 - 21(a)可知,当实际价格 P_1 >均衡价格 P,则供给 Q_1 >需求 Q_2,导致价格下降,实际价格 P_1 向着均衡运价 P_2;如

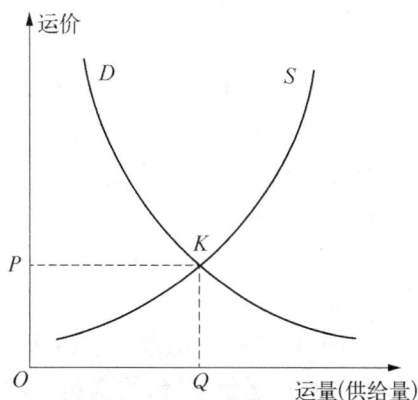

图 2 - 20　供需平衡曲线

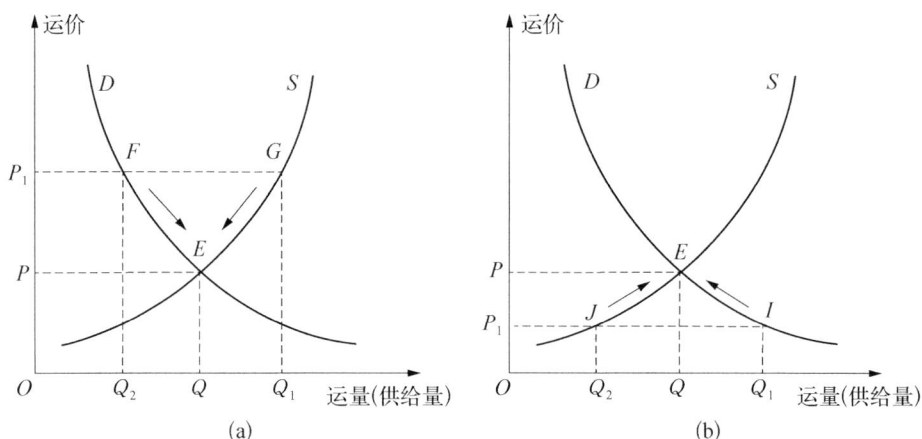

图 2‐21 供需平衡曲线

图 2‐21(b)所示,实际价格 $P_1 <$ 均衡价格 P,则供给 $Q_1 <$ 需求 Q_2,导致价格上升,实际价格 P_1 向着均衡运价 P 移动。

在这里要说明的是,供求均衡形成的前提是在完全竞争的市场情况下。现实中,宏观上的全国范围内的运输市场达到均衡状态可能性十分微小,而在区域市场,在局部范围内的均衡则具可能性,将此理论用于局部均衡分析更能接近实际。

所以我们可以得到以下两点结论:

(1)影响运输价格的因素很多,但都是通过需求和供给两方面来影响价格。

(2)供需关系决定了市场运价(供求机制);反过来,运输价格也调节供需(价格机制)。

2.4.2 供需平衡的变动

1. 需求水平的变动对均衡的影响(D 移动)

由图 2‐22 可知运输需求曲线向右移,会使均衡运价提高,均衡运量增加;运输需求曲线向左移,会使均衡运价下降,均衡运量减少。

2. 供给水平的变动对均衡的影响(S 移动)

由图 2‐23 可知运输供给曲线向右移,会使均衡运价下降,均衡运量增加;运输供给曲线向左移,会使均衡运价提

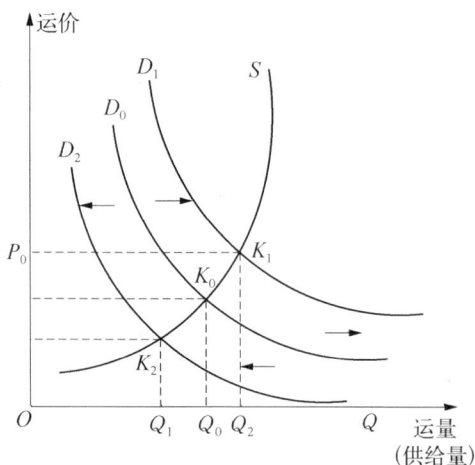

图 2‐22 需求水平的变动下的供需平衡曲线

高,均衡运量减少。

因此,可知需求水平的变动引起均衡运价与均衡运量以同方向变动;供给水平的变动引起均衡运价以反方向变动,引起均衡运量以同方向变动。这也是之前提到的供求定理。

若需求水平和供给水平同时变动,则会有什么样的影响。

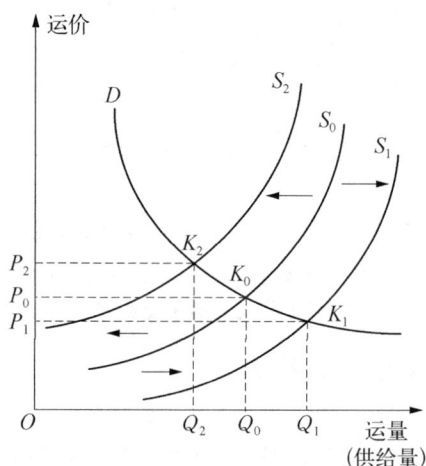

图 2-23 供给水平的变动下的供需平衡曲线

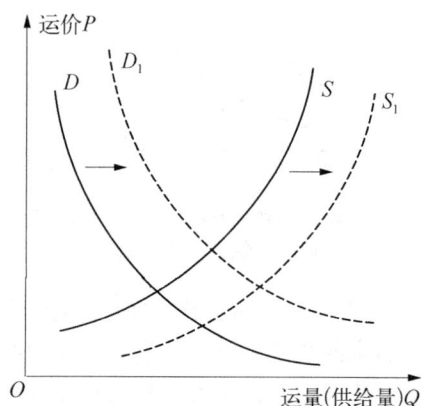

图 2-24 需求曲线和供给曲线同时向右移动下的供需平衡曲线

1) 需求曲线和供给曲线同时向右移动(见图 2-24)

需求曲线和供给曲线同时向右移动时,均衡运量增加,均衡运价则根据需求变化效应与供给变化效应相比较而定,当前者大于、等于、小于后者的时候,均衡运价分别会提高、不变、下降。

2) 需求曲线和供给曲线同时向左移动(见图 2-25)

需求曲线和供给曲线同时向左移动时,均衡运量会减少,均衡运价则根据需求变化效应与供给变化效应相比较而定,当前者大于、等于、小于后者的时候,均衡运价分别会下降、不变、提高。

3) 需求曲线向右移动而供给曲线向左移动(见图 2-26)

需求曲线向右移动而供给曲线向左移动时,均衡运价会提高,均衡运量则根据需求变化效应与供给变化效应相比较而定,当

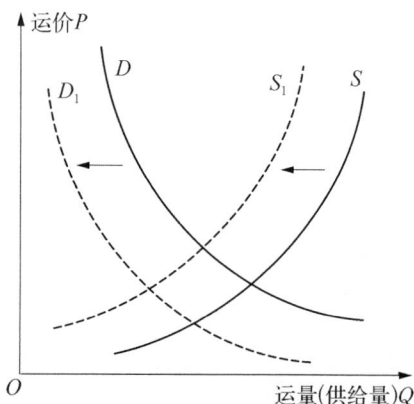

图 2-25 需求曲线和供给曲线同时向左移动下的供需平衡曲线

前者大于、等于、小于后者的时候,均衡运量分别会增加、不变、减少。

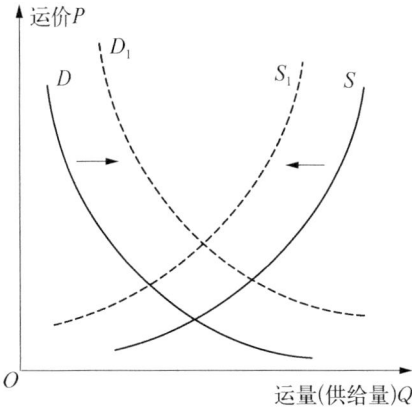

图 2 - 26 需求曲线向右移动而供给曲线向左
移动下的供需平衡曲线

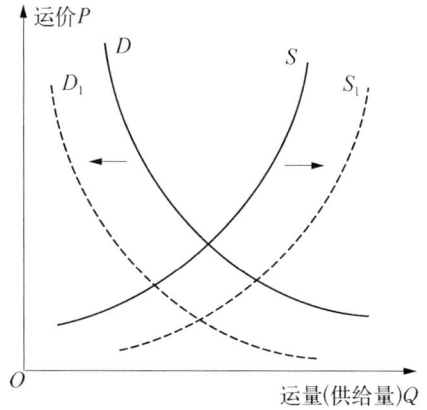

图 2 - 27 需求曲线向左移动而供给曲线向右
移动下的供需平衡曲线

4) 需求曲线向左移动而供给曲线向右移动(见图 2 - 27)

需求曲线向左移动而供给曲线向右移动时,均衡运价会下降,均衡运量则根据
需求变化效应与供给变化效应相比较而定,当前者大于、等于、小于后者的时候,均
衡运量分别会减少、不变、增加。

第3章
水路运输系统

3.1 港口

3.1.1 港口的概念及分类

《中华人民共和国港口法》将港口定义为：港口是指具有船舶进出、停泊、靠泊，旅客上下，货物装卸、驳运、储存等功能，具有相应的码头设施，有一定范围的水域和陆域组成的区域。按照用途不同可将港口分为商港、渔业港、军港、避风港等。其中，商港则为商业运输所使用的港口，设计港口商务管理。按照交通运输的对象不停，商港可分为货物运输港口和旅客运输港口。

1. 按前沿线布置型分类

港口前沿线的平面布置形式，依据建设地点的自然条件，从有利于船舶作业和陆上货物集疏运、存储作业等营运条件出发，常见有顺岸式、突堤式、挖入式、离岸式和其他。

1) 顺岸式

顺岸式为码头前沿线大体上与自然岸线平行的布置方式。顺岸式广泛用于河港和河口港。其主要优点是：船舶靠离码头比较方便，陆域较宽阔，使用方便，与后方联系配合密切；主要缺点是：自然岸线长，作业区分散，管理不变；岸线较顺直时，需修筑很长的防波堤。

2) 突堤式

突堤式为码头前沿线与自然岸线成较大角度的布置形式。突堤式布置广泛用于海港。另外，在岸线较短的条件下，或为了减少必须掩护码头岸线所需的防波堤长度时宜优先考虑突堤式。其主要特点是：大部分码头岸线伸出自然岸线，码头场地主要以填方形成；一般尽量将港池挖泥吹填至潮间带，经固结成为港口发展用地；把挖泥弃土与填土造地两种作业结合在一起，可以取得减少投资的效果。

3) 挖入式

挖入式为码头、港池水域在向岸的陆地内侧开挖而成的布置形式。多见于河港，多在悬移质泥沙运移而含沙量很低，或泥沙运移以推移质为主的地点采用。

4）离岸式

离岸式布置是指码头布置在离岸较远的深水区,一般为开敞式的、不设防波堤。当码头前沿自然水深小,但需要停泊大型油轮或散货船时,可以设置岛式泊位,通过栈桥与岸连接。当发生超过作业标准的自然条件时,泊位停止作业,船舶暂时离开码头。

5）沿防波堤内侧

码头沿防波堤内侧布置,可以对外用作防波堤,对内布置泊位以停靠船舶。防波堤内侧水域相对平静,与后方连接方便,通常可以取得减少码头投资的效果。

2. 按货种分类

1）杂货码头布局

杂货码头,是专供停靠杂货船或多用途船装卸杂货的港口作业场所。杂货码头通常应具备的必要设施有:泊位、码头前沿、堆场、仓库、工夹具库、道口和维修车间等。杂货码头的特点是:杂货船装载货物类型比较多,因此对装卸设备配套能力强;杂货船一般兼用作其他用途,如散货装卸、集装箱装卸等。

2）集装箱码头布局

集装箱码头,是专供停靠集装箱船舶装卸集装箱用的港口作业场所,是在集装箱运输过程中,水路和陆路运输的连接点,也是集装箱多式联运的枢纽。集装箱码头通常应具备的必要设施:泊位、码头前沿、集装箱堆场、货运站、控制室、行政楼、检查口、维修车间等。

(1)泊位。在码头内,为停靠船舶停靠使用的岸壁线与对应水域构成的区域,应有一定的岸壁线,其长度应根据所要停靠的集装箱船舶的主要技术参数确定,并有一定的水深。一般集装箱船舶泊位长度为 300 m,水深在 12 m 左右。

(2)岸壁。船舶停靠时所需的系船设施构成了泊位的岸壁,这些设施一般包括:系缆桩和碰垫木(橡胶墩)。

(3)前沿。前沿系指码头岸线从码头岸壁到堆场前这一部分区域。前沿处设有集装箱装卸桥,供船舶装卸集装箱之用。前沿的宽度主要根据集装箱装卸桥的跨距,以及使用的装卸机械种类而定,一般为 30~50 m。

(4)集装箱码头堆场。集装箱码头堆场系指在集装箱船舶进港前,将准备装船的集装箱按预先制定的船舶配载图堆放所占用的场地,以及将从船上卸下的集装箱按交货计划要求暂存所占用的场地。码头堆场分为前方堆场和后方堆场。前方堆场位于码头前沿和后方堆场之间,为加快船舶装卸作业效率,用以堆放集装箱的场地;后方堆场是指保管空、重箱的场地,是码头堆场中除前方堆场以外的部分。

(5)集装箱货运站。集装箱货运站系指出口拼箱货的接收、装箱,进口拼箱货的掏箱、交货的场所。货运站一般建于码头后方,侧面靠近码头外公路或铁路的区域,尽可能保证陆运车辆不必进出码头堆场,而直接进出货运站。

(6) 控制塔。控制塔也称为指挥塔,是集装箱码头的指挥中心,负责指挥和督促集装箱装卸作业和集装箱码头工作计划的执行。

(7) 大门。大门是集装箱码头的出入口,是划分集装箱码头与其他部门责任的地方。出入集装箱码头的箱子,均应在大门口进行检查,办理交接手续。

(8) 维修车间。维修车间主要是对码头所有的机械设备进行维修、保养的地方,以保证集装箱码头机械化作业高效而顺利地进行。

以上是集装箱码头的主要设施,除此以外,还有供码头行政职能部室办公用码头行政楼,以及其他电力、通信、食堂、油库、给水/排水、照明、道路等辅助设施。

3) 散粮码头布局

散粮码头,是专供停靠散粮船舶,装卸散粮的港口作业场所。散粮码头通常应具备的必要设施有:泊位、码头前沿、粮食筒仓、道口、集疏运和维修车间等。散粮码头通过皮带机将货物作业泊位、粮食筒仓及疏港车船相衔接。

4) 煤炭、铁矿石码头布局

煤炭、铁矿石码头,是专供停靠煤炭、铁矿石船舶,装卸煤炭、铁矿石的港口作业场所。煤炭、铁矿石码头通常应具备的必要设施:泊位、码头前沿、堆场、仓库、道口、集疏运和维修车间等。其中堆场可分为地面露天堆场系统和地下存仓系统。

5) 石油码头布局

石油码头通常应具备的必要设施:泊位、装卸油平台、输油管、油罐区和维修车间等。

航行于国际航线的原油船,主要船型为 22～30 万载重吨,船舶吨位比较大,吃水也比较深,并从安全考虑,一般原油码头都采用离开市区和其他港区布置在天然水深较大的新区,原油船船岸间装卸通过设在码头上的输油管或软管。海上卸油设备、油船和岸上设施之间的布置形式分为单点系泊、多点系泊、固定码头形式和栈桥形式。

3.1.2　港口设施构成

港口的组成主要包括水域布置和陆域布置。其中水域部分包括锚地、防波堤、口门、航道、泊位和护岸等。陆域布置主要包括码头前沿、堆场、仓库和集疏运系统。

3.1.2.1　港口水域布置

1. 码头泊位

1) 码头泊位概念

泊位就是一艘设计船型停靠码头时所占用的空间,系供船舶停靠、装卸货物、上下旅客、补给燃料淡水或进行其他专门业务的水上基础设施。泊位长度为泊位占用的码头岸线长度,泊位宽度为占用的码头前水域宽度,泊位深度为占用的相应的水深。

2) 码头泊位布置原则

(1) 泊位长度：泊位长度一般由船长和船与船之间的必要间隔所构成。确定船长间隔要考虑系缆要求，船舶靠离安全、方便，一个泊位的装卸作业对相邻泊位作业互不妨碍以及要考虑装卸机械检修方便等因素。

(2) 泊位水深：码头前沿水深，即泊位水深，通常是指在设计低水位以下的深度。由停靠本泊位的设计船型满载吃水和必要的富裕水深构成。码头前沿水深可用下式计算：

$$D = T + Z_1 + Z_2 + Z_3 + Z_4 \qquad (3-1)$$

式中：D 为码头前沿设计水深，m；T 为设计船型满载吃水，m；Z_1 为龙骨下最小富裕深度，m；Z_2 为波浪富裕深度，m；Z_3 为船舶因配载不均匀而增加的尾吃水，m；Z_4 为备淤深度，m。

2. 港口航道

1) 港口航道概念

港口航道系指为保证船舶安全、便利地进出港口和靠离码头，港内留有的有足够水深和一定宽度的航道。航道可分为天然航道和人工航道。天然航道在低潮时其水深已足够船舷航行需要，即无需人工开挖航道。为了满足船舶航行所需的深度和宽度等要求，需进行疏浚的航道称为人工航道。船舶进出港，必须在规定的航道内航行，一是为了贯彻航行规则，减少事故，二来则是为了引导船舶沿着足够水深的路线行驶。

2) 港口航道布置原则

(1) 航道宽度：航道宽度是指航槽断面设计水深处两底边线之间的宽度。航道宽度一般由三个部分组成，即航迹带宽度 A、船舶间错船富裕间距 b 和船舶与航道侧壁间富裕间距 C，如图 3-1 所示。航道宽度 W 的取值为双向航道 $W = 2A + b + 2C$，单向航道 $W = A + 2C$。

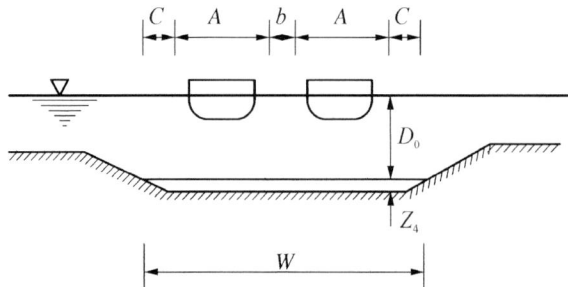

图 3-1 航道有效宽度

航迹带宽度 A：为船舶以风流压偏角在导航令线左右摆动前进所占用的水域宽度。首先，船舶为了克服风流的影响保持航向，常使船舶实际航向与真航向保持一风流压偏角；另外，船舶在无风流状态下行驶，由于螺旋桨产生的强力矩，亦迫使船舶偏转，船舶常需不断地操纵舵角才能保持航向，故其航迹是在导航令线左右摆动呈蛇形的路线。

船舶错船富裕间距 b：船舶相遇错船时，为了防止船吸现象，保证安全，两航迹带间应留有一定距离。由于航迹带有一定宽度，错船时两船可注意调整船位，使本船尽量靠右舷侧航行，故此值取等于船宽 B。

船舶与航道底边间的富裕间距 C：人工开挖的航道，由于航槽内外水深差形成航槽壁，航舶在这样狭窄的航道内航行，为防止擦壁或搁浅船舷，必须与槽壁保持一定距离。

(2) 航道水深：与确定码头水深相比，航道水深需要考虑船舶航行时船体下沉增加的富裕水深，即

$$D = T + Z_0 + Z_1 + Z_2 + Z_3 + Z_4 \qquad (3-2)$$

式中：D 为航道设计水深，m；T 为设计船型满载吃水，m；Z_0 为船舶航行时船体下沉增加的富裕水深，m；Z_1 为龙骨下最小富裕深度，m；Z_2 为波浪富裕深度，m；Z_3 为船舶因配载不均匀而增加的尾吃水，m；Z_4 为备淤深度，m。

(3) 航道选择的其他注意问题：为了提高船舶航行的安全性，航道在选线时，应该尽量避免与超过 7 级风力的风向、大于 1 kn(1 kn=1.852 km/h)横流正交；航道轴线应尽量顺直；对于自然条件恶劣的航道，具体通航时，实行强制引领的制度。

3. 港口锚地

1) 港口锚地概念

港口锚地系专供船舶停泊及进行水上装卸作业用的水域。

按锚地的位置和功能可分为外港锚地和内港锚地。外港锚地供船舶候潮、待泊、联检及避风使用，也可用于装卸易燃易爆危险品停泊，有时也进行水上装卸作业。内港锚地供船舶待泊和水上装卸作业用，有的锚地还提供船队进行船舶编解组作业。锚地一般设置系船浮筒、趸船等设施，供船舶靠泊，也有直接采取锚泊的。

2) 港口锚地布置原则

港口锚地在选址时，需要注意以下问题：需要保证锚地一定的水域面积和水深；锚地地质要适合于抛锚；锚地的风、流等自然条件要适合于船舶抛锚停泊。

4. 港口防波堤

1) 防波堤概念

港口防波堤系港口水域外围用以防御波浪和防御漂沙，以保持水面平稳以及船舶停泊和作业安全的水工建筑物。按照结构不同，防波堤可以分为单突堤、双突

堤和岛堤。

2) 防波堤布置原则

(1) 布置防波堤轴线时,要与码头线布置相配合,另外应防止长周期波穿透抛石堤对港内泊稳的影响。

(2) 防波堤所围成的水域应有足够的面积和水深,供船舶在港内航行、调头、停泊及布置码头岸线。

(3) 防波堤所包围的水域要适当留有发展余地,应尽可能顾及港口发展的"极限"和港口极限尺度的船型。

(4) 防波堤所包围的水域也不全是越大越好,水域面积形状要注意大风方向港内自生波浪对泊稳条件的影响。对于淤泥质海岸的港口,应缩小无用水域面积,以减少纳潮量和进港泥沙。

(5) 要充分利用有利的地形地质条件,将防波堤布置在可利用的暗礁、浅滩、沙洲及其他不大的水深中,以减少防波堤投资。

(6) 从口门进港的波浪,遇堤身反射,反复干扰亦是恶化港内泊稳条件的因素。

5. 口门

1) 口门概念

口门一般开设在防波堤与进口航道的交叉处,以便使船舶进入港内水域。

2) 口门布置原则

(1) 口门位置应尽可能位于防波堤突出海中最远、水深最大的地方,方便船舶出入。在沙质海岸,口门宜布置在沙完全移动临界水深之外,以减少口门外泥沙进港和口门淤积。在淤泥质海岸,港口淤积与含沙量大小、纳潮量大小直接相关,口门宜布置在远离破碎带、含沙量小的深水处。

(2) 从口门至码头泊位,一般宜有大于4倍船长的直线航行水域和调头圆,以便于船舶进入口门后控制航向、减低航速、与拖船配合或完成紧急转头等操作。

(3) 口门方向力求避免大于7级横风和大于0.8 kn的横流。

(4) 口门布置时,应使进入的波能尽可能少,维护水域泊稳要求也是重要的。

(5) 口门宽度,要既考虑到船舶通过所需的水域面积,又要考虑港内泊稳要求。

(6) 口门数量,与考虑航行密度、港口性质、环境条件等因素有关,一般可以设为1~2个。

6. 助航设施

助航设施是为了指示船舶进出和保证航行的安全,在航道和水域里所设置的灯塔、航标、导标、浮标和各种灯光设施。

3.1.2.2　港口陆域布置

1. 港区道路

系供流动机械运行,并与城市道路和疏港道路相连接的港内通行道路。港口道路包括进港道路及港内道路两部分。

进港道路按货运量,分为公路年货运量(双向)等于或大于 200 万吨的道路;货运量(双向)200 万吨以下的道路。港内道路分为三种:i.主干道:全港(或港区)的主要道路,一般为连接港区主要出入口的道路;ii.次干道:港内码头、库场、生产辅助设施之间交通运输较繁忙的道路;iii.辅助道路:库场引道、消防道路及车辆和行人均较少道路。港内道路系统应包括停车场、汽车装卸台位等设施。

港内道路建设需要考虑:一般布置成环行,以便运输车辆通行,并尽可能减少与铁路线交叉或干扰装卸生产作业;若有必要可在作业区域设置停车场,并设立必要的交通标志,以保证港内车辆行驶安全;港口道路的建设要充分考虑汽车运输大型化趋势及一些专用车辆的运输要求。

2. 港内铁路

系铺设在港区内部的铁路运输线。包括线路、机车、通信、信号以及其他与铁路运输有关的各种建筑物、设备等。

为了完成货物在铁路网与港口之间的转运,一个完整的港口铁路系统应由港口车站、分区车场及货物装卸线三部分组成。其中港口车站承担来自路网或码头方向列车的到发、编解、选分车组和向分区车场或装卸线取送车辆等作业。港口车站距码头、库场作业区不宜太远,以便于取送车作业;分区车场承担分管港区范围内的车辆分组、集结及向前方库场、二线场、分运中心或码头装卸线取送车等作业。根据车流的性质,有条件时亦可接发直达列车。分区车场宜布置在临近泊位或库场装卸线;装卸线布置在库场或码头上供停车进行装卸作业的线路。

港口铁路按其各部分位置的配置不同,可分为横列式、纵列式和混合式三类。

港区铁路布置要遵循的原则:线路短捷、布置紧凑、线路的运输能力同港口各装卸环节相适应,并留有一定的发展余地。铁路专用线长度根据装卸作业量及码头、库场的条件而定,一般应分别等于泊位和库场的长度,若装卸作业量大,可设多条线路。一般说铁路专用线位于码头前沿和库场前后,较好地满足装卸作业的要求,多采用尽头式布置,设在平直道上,便于取送车辆,与道路系统相协调。

3. 装卸设施

装卸设施主要指港口为船舶、车辆装卸货物和港区内货物搬运所用的装卸、搬运机械。港口装卸机械的种类和数量根据港口所要装卸的货物种类、吞吐能力和装卸工艺确定。港口装卸机械设备是港口系统的重要组成部分,可分为起重机械、搬运机械、输送机械及各类装卸专用机械等。

4. 仓库和堆场

港口库场是港区仓库、货棚、堆场的统称。为货物在装船前卸船后提供短期存放的港口设施。港口库场是货物的主要集散场所,在货物装卸转运过程中起储备、调剂、整理和缓冲的作用。

仓库主要用于存放不宜日晒雨淋的货物和易于散失的贵重货物,它可分为前方仓库和后方仓库,前方仓库用于短期存放货物,以达到加快车船、货周转为目的;后方仓库可供货物较长时间储存,以服务于货主储存待时的目的。堆场主要用于存放不怕雨淋、日晒和气温变化影响的货物,如煤炭、矿石、沙石砖瓦等建筑材料。货棚是指仅有棚顶遮盖而四周无掩蔽的堆场,供临时堆放不宜日晒雨淋的货物。

5. 航标

航标具有定位、警告、交通指示和特殊区域四方面功能。航标即为航行船舶提供定位信息;提供碍航物及其他航行警告信息;根据交通规则指示航行;指示特殊区域,如锚地、测量作业区、禁区等。

3.1.3 港口的功能

(1)提供船舶服务。擦混播进港停航后,进行船舶检修、维护、补充船舶供给、船员更换、得到技术支援等服务,保证船舶的继续航行。港口向船舶提供泊位、引航、作业设施,为船舶停泊提供服务,进行货物装卸、船舶供应等服务。

(2)水路运输的枢纽。港口是水路和陆路运输的衔接地,连接着水路运输。同时,由于港口四通八达的公路运输网与铁路的连接,也形成了陆路运输的枢纽。

(3)货物的保管、处理功能,包装、标注标志、分拣、修整及其他加工功能,以及商品检验、卫生检疫、海关检查等进出口手续的办理功能。

(4)物流的集散地。港口承担着集散货物的作用,以及集散货物的信息传递、物流管理和配送等物流节点的作用。

(5)地区经济的带动作用。港口地区凭借物流成本低廉的优势,成为生产布局、产品供应链的主要组成环节所在地。同时港口地区的发展推动了港口城市经济的发展,也是港口腹地的经济发展的动力。

3.1.4 港口的发展趋势

"智慧港口"理念的提出来源于智慧地球、智慧城市等概念的提出,并引入到交通领域。"智慧港口"的认识与发展伴随着港口从作为运输枢纽的第一代港口(作为装卸和服务的第二代港口,作为贸易和物流中心的第三代港口)向着枢纽转运整合型物流中心的第四代港口的发展。在全球港口不断向第五代港口迈进,逐步加快升级创新的背景下,港口的智能化和信息化建设已被视为提升其核心竞争力的重要手段,也是其降低物流成本、提高物流效率的关键所在。此背景下,我国诸多港口纷纷尝试将物联网技术、大数据技术、云计算技术、地理信息系统(GIS)等信息技术应用到港口生产中,一些智能化港口纷纷亮相投入运营。

智慧港口发展呈现六大趋势:ⅰ. 港口运营更加智能化;ⅱ. 港口物流链服务更加注重协同化;ⅲ. 港口数据应用服务更加社会化;ⅳ. 港口国际贸易更加便利化;ⅴ. 港口业务模式创新更加开放化;ⅵ. 港口生态圈构建更加和谐化。

3.1.5　无水港

自 2002 年我国建成首个无水港以来,国内港城联动经济发展速度逐步加快,我国无水港在数量和规模上也得到较快的发展。当前,我国经济发展已进入新常态阶段,社会经济面临着结构和模式上的转型发展,无水港作为沿海港口对接内陆腹地联动发展的重要桥梁,其发展现状及未来发展对策值得思考和探索。

无水港(dry port)是一个与沿海港相对的概念,欧洲学者 Hanappe 于 1986 年提出。我国对无水港尚未形成统一的定义,其称谓相对较多,有无水港、陆港、内陆物流港等多个名称。从无水港概念内涵上看,主要存在三种观点:① 无水港即内陆港,是设立在内陆地区的具备报关、报检等港口服务功能的物流中心,是一种高级别、多功能的物流园区;② 无水港是在内陆经济中心设立的对外开放国际商港,是沿海港口在内陆经济中心城市的支线港;③ 无水港是建在内陆地区但具有与沿海港口功能基本相似的现代物流中心,除了没有港口码头装船、卸船的操作外,其他功能与港口基本相同。

无水港主要包含三个特征。

(1)无水港主要位于内陆经济腹地,大多具备高效的交通运输方式,服务以对接沿海港口为主。

(2)无水港服务功能具有多样化、地域化特点,但大多以口岸和物流的基本服务功能为主。

(3)无水港主要为外贸进出口服务,货种以集装箱及适箱货物为主。

无水港是资源与服务的集合体,一方面无水港集约内陆城市的物流资源,为内陆地区提供属地化进出口服务,降低物流成本、提高通关效率;另一方面,集约交通运输资源,有效延伸港口腹地距离,提高港口运营效率,在交通运输业、物流业发展中扮演着重要的角色。

3.1.6　港口通过能力

3.1.6.1　港口通过能力的概念

港口通过能力是港口企业的生产能力。它是在外部环境条件下为一定时港口各项生产要素和经营管理条件综合作用的结果。港口通过能力分为理论通过能力、营运通过能力、后备通过能力。理论通过能力是港口最大的通过能力,是指最大限度利用港口个生产要素所能装卸的一定结构的货物的自然吨数;营运通过能力是港口的实际通过能力;后备通过能力是应付运输工具或货物密集到港时的那部分生产能力,在非高峰时则以闲置状态存在着。

3.1.6.2 影响港口通过能力的因素

(1)货物种类、批量、单件重量、运输形式(如散装、包装等),以及货物在流向和时间上的分布特征等。

(2)港口设施和设备的数量、规模、性能和技术状态是主要影响因素。如航道水深、锚地规模、泊位数量、仓库堆场面积及布置、其他辅助设施和设备。

(3)港口的总体布置。主要表现在码头布置,码头的前沿、堆场、仓库的相对位置;水域、陆域面积是否满足需要;港内外交通的方便程度;中转换装是否方便等。

(4)港口的自然条件和经营管理水平及港口系统和外部环境之间的协调发展程度,以及装卸工人和机械司机的技术水平、数量等。

3.1.6.3 港口通过能力计算

由于港口各环节对的功能和计算单位的不同,需要分别计算各环节的能力,从而确定港口综合通过能力。

1. 各环节能力

1)泊位装卸能力

用装卸船舶的货物吨数表示,计算式为

$$P_{泊营} = P_{泊理} \times K_{合泊} \qquad (3-3)$$

$$P_{泊理} = N_年 \times \overline{Q}_船 \qquad (3-4)$$

$$N_年 = \frac{T_年}{t_占 + t_让} \qquad (3-5)$$

式中:$P_{泊营}$为以装卸吨数表示的泊位营运装卸能力,t;$P_{泊理}$为以装卸吨数表示的泊位理论装卸能力,t;$K_{合泊}$为合理泊位利用率;$\overline{Q}_船$为每艘船平均在港装卸货物吨数,t;$N_年$为全年所能装卸船舶艘数;$T_年$为泊位全年工作天数,d;$t_让$为船舶让档时间,指一般船舶离开泊位后,下一艘船舶开始靠泊以前,因技术原因必需的间隔时间,d;$t_占$为船舶占用时间,指船舶开始靠码头到离开码头的延续时间,d。

以上计算的泊位装卸能力是在单一货种、单一船型的情况下进行的。泊位理论装卸能力应先分货种、分流向和船型,然后再按下式计算泊位的综合理论通过能力:

$$P_{泊理综} = \frac{1}{\sum \dfrac{\alpha}{P}} \qquad (3-6)$$

式中：α 为分货种、分船型、分流向的货物吨数占该泊位装卸货物总吨数的比重；P 为与 α 相对应的泊位理论装卸能力(t)。

2) 库场堆存能力

库场在计算期内可以堆存的货物数量。计算式为

$$P_{库场堆} = \frac{A_{库场总} \times K_{总利} \times \overline{P}_{堆} \times T_{库场} \times P_{库场运}}{\overline{T}_{堆存}} \qquad (3-7)$$

式中：$A_{库场总}$ 为库场总面积，指仓库货堆场地面总面积；$K_{总利}$ 为库场总面积利用率，指库场有效面积与总面积的比值；$\overline{P}_{堆}$ 为单位面积堆存定额，指同一时间内平均每平方米有效面积上所能堆存的货物吨数；$T_{库场}$ 为库场年工作天数，它等于港口年营运期减去仓库和堆场因为修理不能堆存货物的时间，d；$P_{库场运}$ 为库场利用率，指平均每天在库场内堆存货物的数量和库场容量之比；$\overline{T}_{堆存}$ 为平均堆存期，指平均每吨货物在库场内堆存的天数，d。

3) 铁路装卸能力

指计划期内在铁路装卸线上可以装卸货车的货物吨数，以铁路作业吨表示，计算式为

$$P_{装卸线} = N_{停车} \times N_{车次} \times \overline{Q}_{车} \times T_{装卸线} \times K_{合线} \qquad (3-8)$$

式中：$N_{停车}$ 为装卸线可以同时进行装卸及等待装卸的车辆数；$N_{车次}$ 为装卸数每昼夜最大可能的取送车次数；$\overline{Q}_{车}$ 为平均每车载货数量；$T_{装卸线}$ 为装卸线每年可以进行装卸作业的天数；$K_{合线}$ 为装卸线合理利用率。

4) 工人装卸能力

以一定时期内完成的操作吨表示，计算式为

$$P_{工人操} = N_{工人} \times T_{营} \times (1-K_{轮}) \times K_{装出} \times K_{工利} \times (1-K_{辅}) \times T_{班} \times P_{工时}$$
$$(3-9)$$

式中：$N_{工人}$ 为在册工人数；$T_{营}$ 为港口营运期；$K_{轮}$ 为装卸工人轮休率；$K_{装出}$ 为装卸出勤率；$K_{工利}$ 为工时利用率；$K_{辅}$ 为辅助作业率，指装卸工人从事辅助作业工时与实际工作工时之比；$T_{班}$ 为班制时间；$P_{工时}$ 为工时效率。

5) 机械装卸能力

以起运吨表示，计算式为

$$P_{机起} = N_机 \times T_营 \times N_班 \times T_班 \times K_{机使} \times \overline{P}_{台时} \tag{3-10}$$

式中：$N_机$ 为装卸机械台数，仅指用于装卸作业的机械台数；$N_班$ 为昼夜班次数；$K_{机使}$ 为机械使用率；$\overline{P}_{台时}$ 为平均台时产量。

2. 换算

将各环节通过能力进行换算，换算系数视各环节具体情况而定。

3. 综合通过能力

确定港口的综合通过能力，要根据各生产要素的共用程度确定平衡的范围，通常按照泊位—装卸企业—全港的顺序进行，即

$$P_{泊综} = \min\{P_泊, P_{工人}, P_机\} \tag{3-11}$$

$$P_企 = \min\left\{\sum P_{库场}, P_{铁路}\right\} \tag{3-12}$$

$$P_港 = \min\left\{\sum P_{泊综}, \sum P_企, P_{港运}, P_进\right\} \tag{3-13}$$

式中：$P_企$ 为装卸企业综合通过能力；$P_港$ 为全港综合通过能力；$P_{港运}$ 为港内运输工具运输能力；$P_进$ 为进港航道通过能力。

3.1.7 航道通过能力

3.1.7.1 航道通过能力的概念

航道通过能力是指在一定的船舶技术性能和一定的运行组织方法条件下，一定航道区段在单位时间内可能通过的货吨或船吨数，它取决于各困难航道的通过能力及其相互影响。

3.1.7.2 影响航道通过能力的因素

（1）航道和船舶的技术性能：天然航道区段的通航尺度和人工运河及船闸的尺度与设备；航道通航及枯、中、洪水位的水深，历期的流速；天然航道的航标设置和过滩设备能力；航道困难地段的长度、数量、分布；船舶尺度；船舶速度。

（2）经济因素：航区的客流结构及船舶性能与货物性能的适应情况。

（3）自然因素：风、雨、雾灯自然气象因素。

（4）运行组织因素：发船方法、船舶通过困难地段的方法和驾驶人员的技术水平。

3.1.7.3 航道通过能力计算

（1）天然航道通过能力一般通过图解分析法计算：ⅰ. 收集和掌握区段资料；ⅱ. 确定通过航道区段的航线及营运的标准船型和负载率等指标；ⅲ. 计算区段内困难区段的通过能力；ⅳ. 全面分析各困难区段的相互制约关系，确定整个区段的通过能力。

（2）人工航道通过能力主要取决于船闸的通过能力。计算船闸的通过能力首先要研究船舶通过船闸的作业程序和时间，其次要计算同向过闸的间隔时间。

3.2 船舶

3.2.1 船舶

运输船舶是指载运旅客与货物的船舶，通常又称为商船。在几千年的船舶发展史中，大致经历了舟筏、木帆及蒸汽机船三个阶段，目前正处于以柴油机为主要动力的钢船时代。随着世界经济的发展，现代运输船舶已形成了种类繁多、技术复杂及高度专业化的运输船舶体系。运输船舶以运载物的性质分类，可分成客船和货船两大类。货船通常含有干货船、液货船等；客船通常按航行区域划分为远洋船舶、近海客船、沿海客船和内河客船等。

船舶的基本参数如下所述。

1. 基本结构

船舶结构随着船舶类型的不同而不同，对于钢结构船舶来说，全船结构分为主船体和上层建筑两部分。主船体是由船舶外板和连续的上甲板包围起来的水密空心结构。主船体部分有船首部、中部、尾部组成。每一部分都是由船底、舷侧、上甲板形成水密的空心结构。在主船体空心结构内部又用水平的与垂直的隔壁分隔成许多舱室。其中，首尾贯通的水平隔壁称下甲板，垂直的隔壁称为舱壁。安装在船宽方向的舱壁称为横舱壁，安装在船长方向的舱壁称为纵舱壁。为了加强船体首尾端结构，在首尾端设置有首尾柱。上层建筑是指上甲板原始的各种围壁建筑物，上层建筑部分有首楼、桥楼、尾楼、甲板室及各种围壁建筑。

船舶在行驶过程中，由船舶主机带动推进器产生推力行驶，并通过设在尾部的舵装置控制、调整航向。船舶靠舵调整航向需要一定的时间和空间，其自行回转的航迹半径通常大于（3～4）L（L：船舶全长），船速需要大于 3～5 kn。某些大型专用船舶为改善控制航向的能力，在船首两侧设小型侧推进器，以帮助船舶在狭窄水域航行和靠离码头。

船舶在首部两侧设锚、锚链、锚链筒和锚链舱，锚是船舶停泊和帮助船舶停泊操纵的装置。锚靠自重和形状入土产生抓力，一般万吨级船锚重 5～7 t 左右。船舶在停泊前抛锚，可以克服停车后船舶惯性力；船舶驶靠码头时点用锚调节降低船速；在一般风浪条件下锚地停泊，也是靠抛锚来控制船位。船舶在锚地停泊锚链长度一般为 3～4 倍水深，最好要达到 6 倍水深。

船舶停靠码头时，用缆绳系在码头系船柱上，以防止船舶移位。船舶在靠码头过程中，当船舶接近码头时，将缆绳一端系在码头系船柱上，用绞缆协助船舶靠泊码头。

船舶沿船长方向划分为相互隔断的舱室。船舱底采用双层结构,其间容积为燃料油舱和压载水舱。

为满足船舶安全营运和船员、乘客生活需要,船上设有导航系统、供电系统、供水系统、通风系统、冷暖系统、舱底水排泄系统、灭火系统和救生装置等。

2. 船舶尺度

船舶的主要尺度有:船长、船宽、型深和吃水。由于不同的用途和目的,下述主要尺度区分为船型尺度和实际尺度(结构尺度)两种量测方法。船型尺度一般均从船壳板内侧的表面丈量,它主要用于船舶性能的计算和研究。实际尺度一般是从船体外缘丈量,主要用于船舶建造和运行。

1) 船型尺度

(1) 垂线间长。通过船宽中央沿船长方向的纵向垂直剖面称为纵中剖面。在纵中剖面内,从满载吃水线与首柱交点作垂线称为首垂线,舵柱后缘称为尾垂线,该两垂线间的水平距离称为垂线间长。

(2) 型宽。位于首垂线与尾垂线正中处的船体横剖面称为中横剖面。在中横剖面内两侧舷板的最大水平距离称为型宽。

(3) 型深。在中横剖面上,自上甲板边板的内表面至龙骨(即船中底纵梁)上表面的垂直距离称为型深。

(4) 型吃水。在中横剖面上,自龙骨上表面量至满载吃水线的垂直距离称为型吃水。

2) 实际尺度

(1) 全长。船体首尾两端间的最大水平距离,如果首柱尾柱以外还有突出部分,也应包括在总长之内。

(2) 全宽/最大船宽。船舷两侧突出部分,包括护舷材在内的最大水平距离称为全宽。

(3) 满载吃水。在中横剖面上,满载吃水线与中龙骨底面的垂直距离称为满载吃水。当首吃水与尾吃水相同时,龙骨是水平的。由于机舱的位置、设备重量及各舱载货不均衡等原因,龙骨线常有倾斜,使首尾吃水不同,这种现象称为纵倾。船舶航行时船舶配载使尾吃水大于首吃水,故船尾的满载吃水才是船舶营运时的最大吃水。

结构吃水(实际尺度)比型吃水一般大 0.4~1.0 m,有时远大于 1.0 m。

实际尺度是设计航道、港口、船坞和船闸的依据数据。在港口、航道实际工作中,对船长和吃水数据要认真区别,注意选用实际尺度。河船的全宽和型宽差别是很大的,常在 1~3 m 的幅度,这种差别对船闸、船坞设计十分重要。

上面提到的满载吃水线,即船舶设计所标记的满载吃水线,是指夏季满载吃水线,与冬季吃水线、热带吃水线稍有差异。船舶从密度 1.025 t/m³ 的海水到密度

$1.00\ t/m^3$ 的淡水航行,吃水约可增加 2.5%。

3) 登记尺度

船舶的登记尺度是根据《船舶丈量规范》的规定进行丈量所得到的尺度,是船舶登记、吨位计算及交纳费用的依据。

3. 船舶吨位

船舶吨位是表明船舶大小与运输能力的标志。由于用途不同,有两种计算方法。

1) 容积吨位

(1) 总吨位(GT)。船舶内部所有封闭容积,以 $2.83\ m^3$($100\ ft^3$)作为 $1\ t$ 所表示的吨位。容积总吨的用途很广,它可以用于国家对商船队的统计;表明船舶的大小;用于船舶登记;用于政府确定对航运业的补贴或造舰津贴;用于计算保险费用、造船费用及船舶的赔偿等。

(2) 净吨位(NT)。从总吨位中减去机舱、船员生活舱室、压载舱等,即减去直接供船舶航行需用部分的吨位后,余下的称为净吨位。净吨位是计算吨税、停靠船费等各种手续费和税款的标准。

2) 重量吨位

(1) 排水量(DT)。指船舶在某一吃水时,包括装载物的总质量,习惯上称为重量,以 t 为单位。在密度 $1.025\ t/m^3$ 的海水中,满载吃水时的重量称为满载排水量。船体和机舱部分重量之和称为空载排水量。

(2) 载重吨位(DWT)。分总载重量和净载重量。总载重量是满载排水量与空载排水量之差,是所允许装载的最大重量,包括货物、燃料、滑油、淡水等储备消耗物资,单位用 t。净载重吨是船舶所能运载货物与旅客的重量。对货船而言,总载重量与净载重量两者之差,在沿海航线低于 10%,在远洋航线约为 $10\%\sim15\%$。

3) 各种吨位间的换算关系

各种吨位间的相互关系随船型、船种和大小而有很大的不同,可参考下述的统计相关式。

集装箱船：$\lg GT = -0.670 + 1.140\,1\lg DWT\ (DWT > 14\,000\ t)$
$$\lg\Delta_f = 0.177 + 0.99\lg DWT$$

货船：$\lg GT = -0.347 + 1.049\,1\lg DWT\ (DWT < 6\,000\ t)$
$$\lg GT = 0.162 + 0.915\,1\lg DWT\ (DWT \geqslant 6\,000\ t)$$
$$\lg NT = -0.721 + 1.082\lg DWT$$
$$\lg\Delta_f = 0.404 + 0.932\lg DWT\ (\Delta_f > 1\,000\ t)$$
$$\lg\Delta_1 = 0.308 + 0.791\lg DWT$$

油船：$\lg GT = -0.336 + 1.014\lg DWT$

$$\lg NT = -0.561 + 1.030\lg DWT$$
$$\lg \Delta_f = 0.326 + 0.950\lg DWT$$
$$\lg \Delta_l = 0.224 + 0.814\lg DWT$$

矿石船：$\lg GT = -0.312 + 0.984\lg DWT$
$$\lg NT = -0.317 + 0.921\lg DWT$$
$$\lg \Delta_f = 0.294 + 0.956\lg DWT$$
$$\lg \Delta_l = 0.308 + 0.791\lg DWT$$

式中：DWT 为总载重量(t)；GT 为总吨位(t)；NT 为净吨位(t)；Δ_f 为满载排水量(t)；Δ_l 为空载排水量(t)。

3.2.2 船舶的分类

1. 客船与客货船

《国际海上人命安全公约》中规定，凡载客超过 12 人以上的海船须按客船标准要求进行设计及配置设备及人员。专运旅客的称为客船，而客货兼运的称为客货船。客船的建造具有如下特点：

(1) 快速性。为此客船具有较好的线型，推进器具有较高的效率。

(2) 安全性。除保证船舶速度外，还要保证船舶具有良好的稳定性、抗沉性、防火结构及其他安全设施。

(3) 耐波性。为保证旅客有较平稳的旅行环境，因此客船要具有较好的耐波性。

(4) 操纵性。为改善船舶的操纵性，客船选择先进的舵性、性能良好的主机遥控装置，一般采用双螺旋桨，并尽可能地增加螺旋桨轴的间距。

2. 货船

货船是用运送货物的船舶的统称。常见的干货船：杂货船、集装箱船、散货船、滚装船、载驳船、运木船及冷藏船等。

1) 杂货船

杂货船又分为普通型杂货船与多用途杂货船。由于杂货船运送的单件货物，最小的为几十千克，最大的可达几百吨，航线遍布内河与大海，到达的港口也大小不等，排水量从几吨到 1～2 万吨。海上杂货船载重量在 2 000～15 000 t 之间；航速为 12～18 kn(1 kn=1.852 km/h)；货舱通常分为两层或三层，便于装货分票和避免挤压；货舱有 1～6 个不等。每个货舱的甲板上有舱口及吊杆。吊杆起重能力为几吨，而吊重大件货的重吊负荷可达 500 t。机舱大多在船地舯后与尾部。由于普通型装船装卸效率低，逐渐出现一些多用途杂货船，既可装杂货，有可装散货、集装箱、甚至滚装货，以提高烂货能力与装卸效率，提高营运经济型。

2) 集装箱船

集装箱船是载运规格统一的标准货箱货船,集装箱船装卸效率高,经济效益好。集装箱运输的发展是交通运输现代化的重要标志之一。集装箱船在船型与结构方面与常规杂货船有明显的不同,船型尖瘦(方型系数小),通常设置单层甲板,上甲板平直,设有巨大的货舱口,舱口宽度可达船宽的 70%~80%。机舱及上层建筑通常位于船尾,以留出更多甲板面积堆放甲板集装箱。甲板及货舱口盖上设有固定的绑缚设备,甲板上可堆放 2~6 层集装箱,货舱内部装有固定的格栅导架,以便于集装箱的装卸和防止船舶摇摆时货箱的移动。根据船舶大小,舱内可堆放 3~9 层集装箱。货舱舷部一般多做成双壳体,这对船舶的强度和航海性能都是有利的。集装箱的装卸通常是用岸上的专用起重机集装箱装卸桥来进行的,因此,绝大多数的集装箱船上不设起货设备。

集装箱船由于装卸效率高,船舶停港时间短,为加快船舶周转,要求其具有较高航速,通常为 20~30 kn(n mile/h),高的可达 33 kn 以上。

第一代至第六代集装箱船代表船型如表 3-1 所示。

表 3-1 各代集装箱与载箱量、船型参数的关系

船 型		载箱量/TEU	载重量/万吨	参考船型尺度/m				代表船船名
				船长	型宽	型深	吃水	
第 1 代		800	1.0~1.5	165	23.7	13.6	9.0	
第 2 代		1 500	2.0~3.0	187.4	28.7	15.1	10.7	冰河号
第 3 代		3 000	4.0	248	32.2	21.5	12.0	
第 4 代	巴拿马型	3 800	5.0	274	32.2	21.5	12.0	
	超巴拿马型	4 400	6.0	275.2	39.4	22.4	12.5	大河号
第 5 代		5 500	7~8	280.0	39.8	23.6	14.0	鲁河号
第 6 代		6 670	8~10	299.9	42.8		14.0	华盛顿号

3) 散货船

散货船是指专门用于载运粉末状、颗粒状、块状等非包装类大宗货物的运输船舶。散货船运货量大、运价低,目前在各类船舶的总吨位中排第二位。散货船的特点:单层甲板,单机型,船体肥胖,航速较低,因常有专用码头装卸,船上一般不设装卸货设备。通常载重量为 3 万吨左右,巴拿马型船载重量一般为 5 万吨~8 万吨,最大载重量也有近 40 万吨的。由于散货船常为单程运输,为使船舶有较好的空载性能,压载水量较大,常在货舱两侧设有斜顶边水舱,在舭部有斜底边舱。

为了克服散货船的单向运输,出现了一些兼用散货船。兼用散货船是根据某

些特定的散货或大宗货对海上运输技术的特殊要求设计建造,并具有多种装运功能的船舶,它们各自的特点如下:

(1)车辆-散货船。这类船舶装有若干层悬挂式或折叠式车辆甲板,配以轻便的舱盖,用于装载汽车。车辆甲板一般呈网格式花铁饭结构,以减轻重量。当装载散货时,可将舱盖吊到甲板上,并将车辆甲板收起悬挂在主甲板下或折叠起来紧贴在横舱壁旁。

(2)矿-散-油兼用船。这类船舶吨位都比较大,舱容丰富,中间为矿砂或其他货舱,开有大舱口,能方便抓斗上下;两侧为油舱,能利用回程和矿砂、散货贸易的淡季装油,以提高船舶的营运经济效果此外,根据货源情况,这类船舶常见的还有矿-油兼用船和散-油兼用船等。

(3)大舱口散货船。这类船舶的货舱口宽度达船宽的70%以上,并装有起货设备,既能装载散货,也能装载木材、钢材、橡胶、机械设备、新闻纸及集装箱等,适应性很强。

(4)自卸散货船。是一种具有特殊货舱结构和自身装有一套自动卸货系统的运输船舶。它不必依赖港口设施就可进行集中操纵和快速自动卸货作业,适合于运送散装的矿砂、粮食、煤、水泥、化肥等。大功率自卸系统的卸货速度为 6 000~10 000 t/h,有的甚至高达 20 000 t/h,自卸散货船在多港口卸货和海上转运散装货物中显示出它的优越性。

(5)浅吃水肥大型船。是在船型向大型化发展过程中出现的一种船舶,与普通货船相比,在吃水不变的情况下,增加船宽,采用较大宽吃水比的办法,提高载重量,主要适用于港口和航道水深受限制的水域,也是发展江海联运的首选船舶。

4)滚装船

滚装船是把装有集装箱及其他件货的半挂车或装有货物的带轮子的托盘作为货运单元,由牵引车或叉车直接进出货舱进行装卸的船舶滚装船是由汽车轮渡发展起来的一种专用船舶。使用滚装船运输货物,能大大提高装卸效率、加速船舶周转,并有利于水陆直达联运。

滚装船上甲板平整全通,上甲板下有多层甲板。主甲板下通常是纵通的无横舱壁的甲板间舱,甲板间舱高度较大,适用于装车;首尾设有跳板,供车辆上下船用;船内有斜坡道或升降机,便于车辆在多层甲板间舱行驶;主甲板以下两舷多设双层船壳;机舱位于尾部,多采用封闭式;从侧面看,水上部分很高,没有舷窗。上层建筑位于船头或船尾,载货甲板面积较大。机舱在尾部主甲板下,烟囱位于两舷。有的滚装船甲板可以移动,便于装运大件货物。滚装船在尾部、或首部、或船侧设有开口,开口处的水密门有的兼作跳板,有的则另设跳板,以实现船岸的滚上滚下装卸作业。铰接式跳板一般以 35°~45° 角度斜搭到岸上,航行时跳板可折起矗立。

5) 载驳船/子母船

载驳船是一种用来运送载货驳船的运输船舶,又名子母船。由一大型机动船运载一批驳船(子船),驳船内装货或集装箱。母船到锚地时,驳船队从母船卸到水中,有拖船或推船将其带走;母船则再装载另一批驳船后即可开航。驳船的装卸方式有三种:利用尾部门式起重机、尾部驳船升降平台或浮船坞原理装卸驳船。载驳船的最大优点是装卸效率高、运输成本较低。载货驳船不需占用码头泊位。其主要缺点是船舶造价较高,子驳深入内地河流,其管理较困难。

6) 冷藏船

冷藏船类似一个能够航行的大冷库,是使易腐货物处于冻结状态或某种低温条件下进行载运的专用船舶。因受货源限制,专用冷藏船吨位不大,常见吨位为数百吨至数千吨。为提高冷藏船的利用率,目前常设计成能兼载集装箱和其他件杂货的多用途冷藏船,吨位可达 2 万吨左右。航速较高,一般在 22 kn 以上。船上设置冷藏舱,对制冷、隔热有特殊要求。

3. 液货船

液货船主要是专门用于运输液态货物的船舶。它在现代商船队中占很大的比例。液货船主要包括油船、液化气船和液体化学品船等。

1) 油船

油船是专门用于载运散装石油及成品油的液货船。因此,一般油船分为原油船和成品油船两种。就载重吨而言,油船列世界第一位。

油船多为尾机型船舶,以防止烟囱火星散落到货油舱区域而引起火灾。为防止石油在船体内部渗漏,货油舱区前后两端与首尖舱或机舱、泵舱之间须加设隔离舱。为满足防污染的要求,现代大型油船已多为双底结构;油舱多设 1~3 道纵舱壁,以减少自由液面对船舶稳性的影响,同时也利于装载不同种类的石油。装卸油船有专门的油泵和油管,为了便于卸净舱底的残油,设有扫舱管系;为降低重质货油的黏度以便装卸,设有加热管系。油船为单甲板,甲板上一般不设起货设备和大的货舱口。由于干舷较小,甲板上常设步桥,以便船员安全通行。

原油船的油种单一,吨位较大。由于货油批量较大与港口系泊技术的发展,使原油船在航道许可的条件下,尽可能地大型化,以取得规模效益。成品油船受货物批量与港口设备条件的限制,一般比原油船小。由于成品油品种较多,为不使混装,船上装有较多的独立装卸油泵和管系。

2) 液化气船

液化气船是专门装运液化气的液货船。这种船舶装有特殊的高压液舱,先把天然气或石油气液化,再用高压泵打入液舱内运输。分为液化天然气船(liquified natural gas carrier, LNG 船)与液化石油气船(liquified petroleum gas carrier, LPG 船)。采用常温加压方式运输的液化气体,装载于固定在船上的球形或圆筒形的耐压容器中;采用冷冻方式运输的液化气体,装入耐低温的特种钢材制成的薄膜式或球式容器内,外面包有绝热材料,并装有冷冻系统。加压式适用于小型船舶,载重量在 4 000 t 以上的船舶以冷冻方式运输较多。

4. 驳船、推船与拖船

1) 驳船

驳船是内河运输货物的主要运载工具。它本身一般无推进动力装置,依靠推船或拖船等机动船带动形成船队运输,其船体结构和类型都比货船简单。上层建筑简单,一般无装卸货设备。驳船主要用于内河、沿海或港内驳运货物,往往用于转驳那些由于吃水等原因不便进港靠泊的大型货船的货物,或组成驳船队运输货物。驳船结构简单,造价低廉,管理维护费用低,可航行于浅狭水道,编组灵活,在内河运输中占有重要地位。

2) 推船

推船是用以顶推驳船或驳船队的机动船,因此推船要有强大的功率。推船的功率要求能推动整个船队在一定航速下航行,并且要有良好的操纵性能。内河推船船型总的来说是短、宽、扁。推船机舱位置多在船中附近,为便于驾驶,驾驶室较高。为了安全通过桥梁及其他水工建筑物,有些驾驶室是升降式的。推船的结构比一般运输船舶坚固。推船首部装有顶推设备和联接装置。一般呈方形,装有顶推架,用缆绳或机械钩合装置联接驳船。为了提高推进和操纵性能,推船常加装导管和倒车舵。

3) 拖船

拖船是专门用于拖曳其他船舶、船队、木排或浮动建筑物的工具。拖船上不载旅客和货物。船上除有一般的航行设备外,在拖船的后部装有专门的拖曳设备,包括拖缆、拖钩弓架、拖缆绞车等。为避免拖缆碰坏尾部设施,拖钩后面装有横跨左右舷墙上的拖缆承梁。拖船有较强的护舷和防撞设施。衡量拖船能力大小的是主机功率和拖力,功率越大,拖船的拖曳能力越强。目前我国拖船除拖带钢驳、木驳和水泥驳外,有些地区也用拖船拖带木帆船以利用民间运力,提高运输效率。

5. 发展中的高性能船舶

上述各类运输船舶均属排水型船舶,即包括船体、货物、人员等在内的全部重力是由船体在水中部分排开同体积水的浮力所支承。排水型船舶浸没在水中的船体部分,在航行中受到很大的水阻力,严重影响了船舶速度的提高。为此,世界各国的造船专家、学者们转而研究将船体部分或全部脱离水面,避开水的巨大阻力,而使船舶在空气中航行,出现了一些新型的高性能船舶。

所谓高性能船舶主要是指那些具有某种优良性能的船舶,这些性能包括快速性、两栖性、耐波性、抗风性、浅吃水、较小的水下物理场(磁场、音场和压力场)、水下抗爆炸能力、宽敞的客舱和甲板面积等。因此,用高性能船舶来统称这些船舶比高速船更贴切。

以下讲述的是主要的高性能船舶,包括气垫船、水翼船、冲翼船、高速双体船及高速单体船等。

1) 水翼船(艇)

水翼船(艇)是一种在船体下装有类似于飞机机翼的水翼,在船达到一定航速时,水翼产生的升力,将全部或部分船体抬出水面,大大降低水阻力,从而获得高速的一种船型。

2) 气垫船

气垫船是利用高于大气压的压缩空气在船底和支承表面(水、地、沙滩等)间形成静态气垫,从而托起船体离开水面,减少航行水阻力,提高航速的一种船型。现在,气垫船在军用和民用方面都得到了较大发展。目前,气垫船船型不大,载重量约为 400 t,航速则可达到 65 kn 以上。

3) 冲翼船(艇)

水翼船和气垫船的船体已经能部分或全部的被抬出水面,从而降低了水阻力,大大提高了航速。但是,它们的水翼、侧壁或围裙还留在水面,这在一定程度上仍影响到船舶的航行性能和航行速度。为了进一步将船体抬离水面,人们开始对空气机翼表面效应原理在造船技术上的应用进行研究,出现了冲翼船(艇),在我国命名为掠海地效翼船。

4) 高速双体船

高速双体船是由两个瘦长片体通过中间连接桥而构成的,结构简单,甲板面积大,采用螺旋桨或喷水推进装置。高速双体船属于排水型船舶,航速越高,船的阻力越大,因此,它的最大航速一般不超过 35 kn。

高速单体船有滑行型、深 V 型和消波型等多种类型。

3.2.3 船舶发展趋势

在经济全球化的今天,长距离的海上运输促进了船舶大型化、智能化、绿色化。

1) 船舶大型化

船舶大型化的主要驱动力是发挥大型船舶的规模效益、降低运输成本、提高竞争实力,这是世界经济和贸易发展的必然结果,是航运企业在激烈的市场竞争中求生存谋发展以及船队结构调整的必要手段。但是,船舶大型化会受到一些限制: ⅰ. 船舶在港时间的长短对规模经济的限制。如港口对大型船舶装卸效率不能同步提高,那么船舶越大,在港口的停泊时间越长,在岗的单位停泊成本也将随之增加。ⅱ. 货源是否充足,货主发货批量大小和发货时间间隔长短,将确定航线发船密度和集装箱船舶的载箱率的高低,影响竞争和运费收入。ⅲ. 港口堆场容量的大小及内陆集装箱集疏运系统能力的限制,将影响在岗停泊时间和单位停泊成本。

iv. 运河通航能力的限制,大型船舶不能通过运河只能绕道,会增长航行时间和航行成本。

2) 船舶智能化

在传感通信、计算机、信息、自动化、智能控制的引导下,船舶智能化发展较快,并推动了船舶导航设备、自动化设备、环境感知设备的更新与升级。物联网技术、信息物理系统和大数据技术的应用加快了船船、船岸之间信息交互的发展,也为船舶智能化提供了必要的基础。船公司将依靠现代化通信技术,将各个分散的、独立的通信、导航、避碰、配载和维修、支持系统连成一个综合性的网络。

3) 船舶绿色化

船舶的增加、航区的扩大、航线的密集,不仅会促进生产力的增长,也必然会带来严重的环境污染。"绿色船舶"即指对船舶所有废弃、废液、废物对的排放都要经过一定的装置和设备处理,全面符合国际公约和国内法规的排放标准的船舶。根据国际海事组织(International Maritime Organization,IMO)近年来的调查报告和有关资料,船舶营运时对海洋环境、大气环境的变化有很大的影响。"绿色船舶"是一个整体的概念,它贯穿于新船的设计与制造,营运船舶的航行、停泊和作业,旧船的改造和设备更新,甚至于船舶退役时的报废和拆解的全过程,保证所有的设计、安装、试验和操作、人员的管理和控制都不会造成对海洋、大气环境的污染。

3.3　水路运输分类

(1) 按贸易种类,水路运输分为外贸运输和内贸运输。外贸运输是指本国及其他国家和地区之间的贸易运输;内贸运输是指本国内部各地区之间的贸易运输。

(2) 按航行区域,水路运输可分为远洋运输、沿海运输、内河运输、湖泊(包括水库)运输。

(3) 按运输对象可分为旅客运输和货物运输。旅客运输有单一客运和客货兼运之分。货物运输按货物种类分为散货运输和杂货运输两类。散货运输是指无包装的大宗货物,如石油、煤炭、矿砂等的运输;杂货运输是指批量小、件数多或较零星的货物运输。

(4) 按运输工具,水路运输科分为船舶运输和排筏运输。

(5) 按船舶营运组织形式,可分为定期船运输、不定期船运输和专用船运输。

3.4　水路运输经营方式

海上货物运输船舶经营方式分为班轮运输和租船运输。

3.4.1 班轮运输

1. 班轮运输的特点

班轮运输通常适用于不定期、货量又不很大的件杂货运输。

(1) 船舶按照固定的船期表、沿着固定的航线和港口运输,并按相对固定的运费率收取运费,因此,它具有"四固定"的基本特点。

(2) 由船方负责配载装卸,装卸费包括在运费中,货方不再另付装卸费,船货双方也不再计算滞期费和速遣费。

(3) 船、货双方的权利、义务与责任豁免,以船方签发的提单条款为依据。

(4) 班轮承运货物的品种、数量比较灵活,货运质量较有保证,且一般采取在码头仓库交接货物,为货主提供了便利的条件。

2. 班轮货运流程

1) 揽货与订舱

船公司为保证自己的船舶在载重量和载货舱容两方面均能得到充分利用,获得适宜的投资与经营回报,设立专门的商务部,通过各种方式从货主取得货源。

订舱是托运人及其代理人向班轮公司和其代理人申请货物运输舱位,承运人对申请给予承诺的行为。

确定航次货运是确定船舶在具体航次的装货物的种类和数量。承运人承揽货载时,必须了解货物的性质、包装和每件货物的重量及体积等因素。

例如,重大件货物可能会受到船舶及装卸港口的起重机械能力影响和船舶舱口尺寸的限制;忌装货物的积载问题;各港口对载运危险货物船舶所作的限制等。而对于货物的数量,船公司也应参考过去的情况,预先对船舶舱位在各装货港间进行适当的分配,定出限额,并根据各个港口情况的变化,及时进行调整,使船舶舱位得到充分和合理的利用。

2) 接货装船

为提高装船效率,加速船舶周转,减少货损、货差现象,在杂货班轮运输中,对于普通货物的交接装船,通常采用由班轮公司在各装货港指定装船代理人,由装船代理人在各装货港的指定地点接受托运人送来的货物,办理交接手续后,将货物集中整理,并按次序进行装船。对于特殊货物,如危险货物、鲜活货、贵重货,重大件货物等,通常采取由托运人将货物直接送至船边,交接装船的形式。

3) 卸船交货

在杂货班轮运输中,卸船交货是指将船舶所承运的货物在提单上载明的卸货港从船上卸下,给收货人并办理货物的交接手续。对于危险货物、重大件等特殊货物,通常采取由收货人办妥进口手续后来船边接受货物,并办理交接手续的现提形式。

3. 班轮货运基本单证

1）托运单

托运单是由托运人根据买卖合同和信用证的有关内容向承运人或他的代理人办理货物运输的书面凭证。经承运人或其代理人对该单的签认,即表示已接受这一托运,承运人与托运人之间对货物运输的相互关系即告建立。

2）装货单和收货单

装货单是托运人填制交给船公司审核并签章后,据以要求船长将货物装船承运的凭证。当每一票货物全部装上船后,现场理货员即核对理货计数单的数字,在装货单上签注实装数量、装船位置、装船日期并签名,再由理货长审查并签名,证明该票货物如数装船无误,然后随同收货单一起交船上大副,大副审核属实后在收货单上签字,留下装货单,将收货单退给理货长转交托运人。

收货单是指某一票货物装上船后,由船上大副签署给托运人的作为证明船方已收到该票货物并已装上船的凭证。所以,收货单又称为"大副收据"。托运人取得了经大副签署的收货单后,即可凭以向船公司或其代理人换取已装船提单。大副在签署收货单时,会认真检查装船货物的外表状况、货物标志、货物数量等情况。

3）提单

收货人取得收货单后,即可凭以要求船公司签发提单。提单具有的货物收据、物权凭证和运输合同的证明的功能。

4）装货清单

装货清单是根据托运单,将全船待运货物按目的港和货物性质归类,依航次靠港顺序排列编制的装货单的汇总单。它是大副编制积载计划的主要依据,又是供现场理货人员进行理货,港口安排驳运,进出库场以及掌握托运人备货及货物集中情况等的业务单据。

5）载货清单

载货清单是在货物装船完毕后,根据大副收据或提单编制的一份按卸货港顺序逐票列明全船实际载运货物的汇总清单。其内容包括船名及国籍、开航日期、装货港及卸货港,同时逐票列明所载货物的详细情况。

载货清单是海关对进出口船舶所载货物进出国境进行监督管理的单证,如果船载货物在载货清单上没有列明,海关有权依据海关法的规定进行处理。载货清单又是港方及理货机构安排卸货的单证之一。在我国,载货清单还是出口企业在办理货物出口后,申请退税,海关据以办理出口退税手续的单证之一。

6）货物积载图

货物装船前必须将货物装船顺序,货物在船上的装载位置等情况作出详细的计划,以指导有关方面安排泊位、货物出舱、下驳、搬运等工作。该计划是以图表的形式来表示,即用图表的形式表示货物在船舱内的装载情况,使每一票货物都能形象具体地显示其船舱内的位置。该图表就是通常所称的积载图。

7) 危险货物清单

危险货物清单是专门列出船舶所载运全部危险货物的明细表。其记载的内容除装货清单,载货清单所应记载的内容外,特别增加了危险货物的性能和装船位置两项。凡船舶载运危险货物都必须另行单独编制危险货物的清单。

8) 提货单

提货单是收货人凭以向码头仓库或船边提取货物的凭证。其内容包括船名、货名、件数、数量、包装式样、标志、提单号、收货人名称等。提货单的性质与提单完全不同,它只不过是船公司指令码头仓库或装卸公司向收货人交付货物的凭证,不具备流通及其他作用。

4. 班轮运输价格

班轮运费是班轮承运人为承运货物收取的报酬,而计算运费的单价(或费率)则称班轮运价。班轮运价具有相对稳定性,即在一定时期(如半年、一年或更长时期)内保持不变。贸易合同中如运输条款规定为"班轮条件",其含义是货物以班轮方式承运,船方负担装卸费用和不计滞期费和速遣费,并签发班轮提单。

1) 班轮运价的特点

(1) 班轮运价的收取包括货物从启运港到目的港的运输费用以及货物在启运港和目的港的装、卸费用。

(2) 班轮运价一般是以运价表的形式公布的,是比较固定的。

(3) 班轮运价是垄断性的价格。

(4) 班轮运价由基本费率和各种附加费所构成。

2) 班轮运价表

班轮运价表也称班轮费率表,是班轮公司收取运费、货方支付运费的计算依据。运价表一般由船方制定,往往偏袒船方利益,把货方置于被动地位,但目前这种情况有所改善。

班轮运价由基本费率和多种附加费所构成:

(1) 基本费率:班轮航线内基本港之间对每种货物规定的必须收取的费率,包括各航线等级费率、从价费率、冷藏费率、活牲畜费率及议价费率等。

(2) 附加费:对一些需要特殊处理的货物或由于客观情况的变化使运输费用大幅度增加,班轮公司为弥补损失而额外加收的费用。附加费的种类很多,而且随着客观情况的变化而变化。

3.4.2　租船运输

租船运输是不定期船(tramp)运输。它与班轮运输的方式不同,即没有预定的船期表,船舶经过的航线和停靠的港口也不固定,需按船租双方签订的租船合同来安排,有关船舶的航线和停靠的港口、运输货物的种类及航行时间等,都按承租人的要求,由船舶所有人确认,运费或租金也由双方根据租船市场行市在租船合同中加以约定。租船运输的方式主要有定程租船、定期租船、光船租赁和包运租船四种。

1. 定程租船(voyage charter)

定程租船是航次租船,简称程租。它是由船东提供船舶,在指定港口之间进行一个航次或数个航次的航行,承运指定货物的租船运输方式。定程租船通常适用于国际现货交易市场货物的运输。定程租船就租赁方式的不同可分为单程租船(又称单航次租船)、来回航次租船和连接航次租船。

定程租船的主要特点:i. 船东负责船舶的营运、调度、配备和管理;ii. 船东负责船舶营运所支付的费用;iii. 船东出租整船或部分舱位,并按实际装船的货物数量或整船舱位包干计收运费;iv. 运费率,也称"租金",由双方按照市场行情商定;v. 为激励承租人加快货物装卸速度,一般在合同中商定滞期费和速遣费条款。

2. 定期租船(time charter)

定期租船又称"期租",它是船东将船舶出租给承租人,供其使用一定时期的租船运输。定期租船的租船人可以是石油公司、钢铁公司等具有长期稳定货运需求的货主,也可以是另一家船公司。在合同约定的租期内,承租人可以用该船运输自己的货物,也可将其加入班轮航线,还可以将其程租给其他货主。

定期租船实质上是一种劳务和财产混合租赁的船舶租赁形式,其主要特点:i. 船东负责配备船员,并负担其工资和伙食。ii. 承租人负责船舶的营运调度,并拥有对包括船长在内的船员的指挥权,如果船长及船员不听从承租人指挥,则承租人有权要求船舶所有人予以撤换。iii. 承租人负担船舶营运的可变费用,船东负担船舶营运的固定费用。iv. 船舶一般以整船出租,租金按照船舶的载重吨、租期及商定的租金率计收。v. 期租期间,船舶营运的风险由承租人承担,由于船舶自身的缘故停航,有船东负责修理船舶,并向承租人赔偿损失。

定期租船合同向承租人提供的是整个船舶,而不仅仅是舱位;其次,租船合同规定了一个期限,通常按年、半年、几个月计算;第三,承租人只能在约定用途范围内使用;第四,承租人支付的报酬形式是租金,而不是完成某一运输服务的运费。

3. 光船租赁(bareboat charter)

光船租赁又称船壳租赁,是一种单纯的财产租赁方式。船东在合同约定的期间将合同约定的船舶交给承租人使用,不提供船员、燃料和任何其他船舶营运费用。光船租赁的承租人通常是船公司。

光船租赁的特点:i. 船东仅仅提供一艘适航的空船,不负责船舶的运输;ii. 承租人自行配备船员,并负责船舶的调度和营运;iii. 承租人在船舶营运期间是货物的承运人,自行承担船舶修理及船期延误等损失;iv. 一般以整船出租,租金按船舶的吨位、租期和租金率计算。

4. 包运租船(contract of affreightment)

包运租船是船舶出租人向承租人提供一定吨位的运力,在确定的港口之间,按照事先约定的时间、航次周期和每航次较为均等的运量,完成合同规定的全部货运量的租船方式。

包运租船的主要特点:ⅰ. 包运租船合同不指定船舶,只是规定船舶应当满足的规范和船龄;ⅱ. 租期的长短可变,取决于货运总量与船舶吨位的关系,以及单航次的时间;ⅲ. 航行中所有的风险均由船舶出租人承担;ⅳ. 运费按航次结算和实际运送货物的数量及约定的费率计算。

第 4 章
公路运输系统

公路运输系统是指以公路运输方式将被运送对象按照既定目标实现位移所涉及的各个有机组成部分。从应用角度来看,每一种运输方式都是一个具有各自技术经济特性的运输系统。因而,公路运输系统又是整个综合运输系统的一个子系统。

4.1 公路运输系统的设施

公路运输系统的设施是由固定设备以及移动设备组成的。

4.1.1 移动设备

1. 客车

1)轿车

轿车是提供个人使用的载送少量乘员(2~9人)的汽车。其分级如表 4-1 所示。

表 4-1 轿车的分级

轿 车 分 级	发动机工作容积(排量)/L
微型轿车	≤1.0
普及型轿车	>1.0 且 ≤1.6
中级轿车	>1.6 且 ≤2.5
中高级轿车	>2.5 且 ≤4.0
高级轿车	>4.0

2)客车

客车是提供服务用的载运较多乘员(9人以上)的汽车,其分级如表 4-2 所示。

表 4-2　客车的分级

客 车 分 级	车辆总长度/m
微型客车	≤3.5
轻型客车	>3.5 且≤7.0
中型客车	>7.0 且≤10
大型客车	>10 且≤12
特大型客车	指铰链式客车和双层客车

2. 货车

1) 载货货车

(1) 按照厂定最大总质量,货车分类如表 4-3 所示。

表 4-3　货车分类

货 车 分 级	汽车总质量/t
微型货车	≤1.8
轻型货车	>1.8 且≤6.0
中型货车	>6.0 且≤14
重型货车	>14

(汽车总质量是指货车装备齐全、按照规定满载货物和乘客,并包括驾驶员在内的货车的总质量。)

(2) 按用途可分为敞车、厢式货车、自卸货车及专用车辆(见图 4-1)。

敞车车身　　　　箱式车身　　　　自卸汽车　　　专用车辆:混凝土搅拌车

图 4-1　载货货车

2) 牵引车和挂车

(1) 全挂车:挂车的总重量由它自身承受。

(2) 半挂车:挂车的总重量一部分由牵引车承受的。

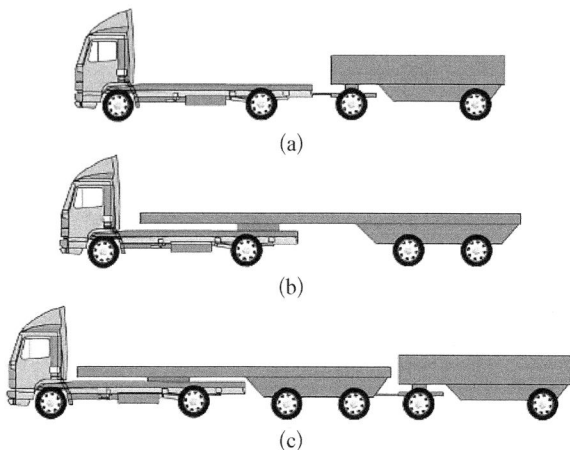

图4-2 全挂车和半挂车

(a) 全挂车;(b) 半挂车;(c) 牵引车

4.1.2 固定设备

1. 公路

公路是一种线型构造物,是汽车运输的基础设施,由路基、路面、桥梁、涵洞、隧道、防护工程、排水设施与设备以及山区特殊构造物等基本部分组成,此外还需设置交通标志、安全设施、服务设施及绿化栽植等(见图4-3)。

图4-3 公路

1) 公路等级

公路根据其作用和性质,可划分为:国家干线公路(国道)、省级干线公路(省道)、乡级公路(乡道)及专用公路。中国大陆根据所适应交通量水平将公路划分为高速公路、一级公路、二级公路、三级公路、四级公路五个等级,如表4-4所示。

表 4 - 4 公路等级划分标准

等级	高速			一级		二级	三级	四级	
车道数	4 车道	6 车道	8 车道	4 车道	6 车道	2 车道	2 车道	2 车道	单车道
AADT（年平均日交通量）	250 000 ～ 550 000	45 000 ～ 80 000	60 000 ～ 100 000	15 000 ～ 30 000	25 000 ～ 55 000	5 000 ～ 15 000	2 000 ～ 6 000	2 000 以下	小于 400
出入口控制	完全控制			部分控制		无	无	无	
设计年限	20			20		15	10	10	

各级公路必须满足不同的使用要求,规定相应的基本控制标准或设计标准,以指导各项具体设计指标的制定。控制标准主要包括以下几个方面:

(1)出入控制。高速公路和收费公路应采用出入口完全控制,不能采用平面交叉。一级公路和二级汽车专用公路,一般设计成部分控制,在交通量大、车速高的路口,应该修建立体交叉,仅在影响通行能力不大局部,允许修建少量平面交叉。

(2)计算行车速度。各等级公路行车速度如表 4 - 5 所示。

表 4 - 5 各等级公路行车速度

公路等级	高速公路				一级公路		二级公路		三级公路		四级公路	
地形	平原微丘	重丘	山岭		平原微丘	山岭重丘	平原微丘	山岭重丘	平原微丘	山岭重丘	平原微丘	山岭重丘
计算行车速度/(km/h)	120	100	80	60	100	60	80	40	60	30	40	20

(3)设计车辆。道路几何设计时选择的有代表性的车型,是根据当前本国行驶车辆的状况、汽车发展趋势和国民经济发展水平等因素所确定的。

(4)设计交通量。作为公路规划和设计依据的交通量,通常是指道路根据使用要求的不同,按不同服务水平条件下所具有的通行能力。

(5)各种车辆对标准车的换算系数。为使交通量具有可比性,通常将实际的混合交通量转换成标准车型的交通量。我国通常采用小客车作为标准车型,换算系数如表 4 - 6 所示。

表 4 - 6 各车型换算系数

车 型	折 算 系 数	说 明
小客车	1.0	额定座位≤19 座
大客车	1.5	额定座位＞19 座

车 型	折算系数	说 明
小型货车	1.0	载质量≤2 t
中型货车	1.5	2 t<载质量≤7 t(包括吊车)
大型货车	2.0	7 t<载质量≤14 t
特大型货车	3.0	载质量>14 t
拖挂车	3.0	包括半挂车、平板拖车
集装箱车	3.0	

2) 公路主要结构物

(1) 路基。路基是路面下的土基,是公路的重要组成部分。它是按照路线位置和一定的技术要求修筑的带状构造物,承受由路面传播下来的荷载。它必须具有足够的强度、稳定性和耐久性。路基以及相关设计标准如图4-4与表4-7所示。

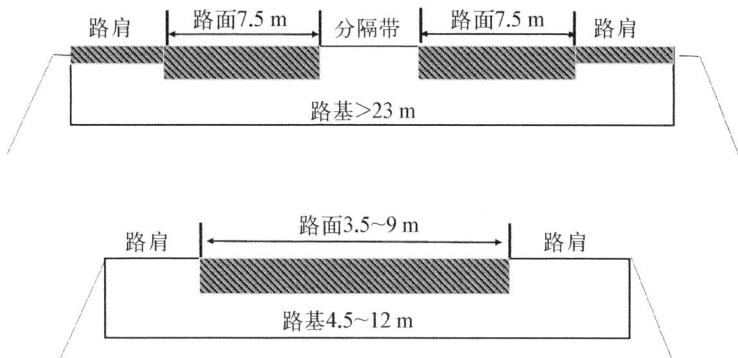

图 4 - 4 路基结构

表 4 - 7 路基设计标准

项目级别	设计车速/ (km/h)	单向机动车 道数/m	机动车道 宽度/m	道路总宽/m	分隔带设置
一级	60~80	≥4	3.75	40~70	必须
二级	40~60	≥4	3.5	30~60	应该
三级	30~40	≥2	3.5	20~40	可设
四级	30	≥2	3.5	16~30	不设

（2）路面。公路路面是在路基上用坚硬材料铺筑供汽车行驶的层状结构物，直接受车辆行驶作用力。路面按面层材料的不同，可分为沥青路面、水泥混凝土路面、块料路面和粒料路面。良好的路面必须具备有关条件：i.强度：支承行车荷载，抵抗车辆对路面的破坏和过大的变形。ⅱ.稳定性：抵抗自然条件影响，降低变形。ⅲ.平整度：减小车轮对路面的冲击力，保证车辆安全舒适行驶。ⅳ.抗滑能力：避免车辆公路面上行驶和制动时发生溜滑的危险。ⅴ.耐久性：延长路面的使用寿命，降低养护工作量和难度。

（3）路肩和路面排水。路肩是位于行车道外缘至路基边缘的部分，它与行车道连接在一起，作为路面的横向支承，可供紧急情况下停车或堆放养路材料使用，并为设置安全护栏提供侧向净空，起行车安全感的作用。

路面和路肩表面建成直线形或抛物线形，有利于排水，减少降水沿路面裂缝或接缝下渗。

3）公路线型设计要素

（1）平面线型。公路的平面线型主要由直线、圆曲线和缓和曲线组成。

（2）纵断面。指通过公路中线的竖向剖面，它随地形的起伏而变化。

（3）公路线路最大纵坡。直接影响公路线路长短、使用质量、行车安全以及工程造价和运输成本的重要指标。其坡度值的确定应使车辆上坡时行驶顺利，下坡时不发生危险。

（4）公路横断面。主要包括行车道宽度、中间带和路肩宽度等。

4）行车视距

驾驶员在行车过程中，从发现前方障碍物至进行制动或绕避时，车辆所行驶的最小长度称为行车视距。它是保证汽车运行安全所必须考虑的设计因素。

行车视距有以下三种：

（1）停车视距。是指驾驶员遇到障碍物但不能绕行、只能刹车停住所需要的最短距离。停车视距应包括驾驶员心理反应时间内车辆所行驶的距离、制动距离和必要的安全距离。

（2）会车视距。是指单车道上或路面不宽的双车道上，对向行驶的车辆未能及时或无法错车，只能相对停住避免碰撞所需要的最短距离。会车视距规定为停车视距的 2 倍。

（3）超车视距。在双车道上，后车超越前车时，从开始驶离原车道之处起，至可见逆行车道来车并能超车后安全驶回原车道所需要的最短距离。

5）公路等级技术指标

公路等级技术标准如表 4-8 所示。

表 4-8　公路等级技术标准

公路等级	高速公路		一级		二级		三级		四级	
地形	平原微丘	山岭重丘	平原微丘	山岭重丘	平原微丘	山岭重丘	平原微丘	山岭重丘	平原微丘	山岭重丘
计算行车速度/(km/h)	120	80	100	60	80	40	60	30	40	20
行车道宽度/m	2×7.5		2×7.5		9	7	7	6	3.5	
路基宽度/m	26	23	23	19	12	8.5	8.5	7.5	6.5	
最大纵坡/%	3	5	4	6	5	7	6	8	6	9
平曲线最小半径/m 极限值	650	250	400	125	250	60	125	30	60	15
平曲线最小半径/m 一般值	1 000	400	700	200	400	100	200	65	100	30
停车视距/m	210	110	160	75	110	40	75	30	40	20

2. 公路运输场站

公路运输场站,主要是指组织运输生产所需要的生产性和服务性的各类建筑设施,它是公路运输的基本条件之一,主要包括客运站、货运站和停车场等。

(1) 客运站。客运站是专门为旅客(行包)的上、下车和车辆到、发提供作业和相应服务的场所。客运站的主要任务是安全、迅速、有序的组织旅客运输,为旅客和车辆提供配套设施和相关服务。

(2) 货运站。货运站是指办理货物运输业务,进行货物装卸、中转换装、仓储保管等业务,并具有车辆进出通道和货物装卸作业条件的场所。货运站一般设在公路货物集散点。为了方便用户,有的货运站或物流公司还在货物集中的地方设置货运点。

(3) 停车场。停车场是停放与保管运输车辆的场所,现在部分停车场还具有车辆维修或加油等功能。

3. 交通控制设备

交通控制设施主要是对车辆、驾驶员和行人起限制、警告和诱导作用。

交通控制设施的设计和设置需遵循的原则: i. 简单、明了、醒目; ii. 放置位置适中; iii. 具有统一性。

1）交通标志

（1）警告标志：警告车辆、行人注意危险地点。

（2）禁令标志：禁止或限制车辆、行人交通行为。

（3）指示标志：指示车辆、行人行进或者停止行进。

（4）指路标志：传递道路方向、地点、距离信息的标志。

2）路面标线和路标

涂刷或黏贴在路面上的标线，主要用于诱导车辆的行驶方向或施行交通管制。

标线按设置方式分类：纵向标线、横向标线、其他标线。

标线按功能分类：指示标线、禁止标线、警告标线。

标线按形态分类：线条、字符标记、突起路标、路边轮廓标。

3）交通信号

用于分配交通流的道路使用权，使各个方向的车道上的车辆安全而有秩序地通行。

交通信号基本上可以分为定时信号和感应信号两类。

（1）定时信号。利用一定时控制器，按预先设定的时间顺序，重复变换红、黄、绿三种色灯。

（2）感应信号。在进入交叉道口的路段上设置车辆检测器，按测到的车辆数变换周期的长短及红、黄、绿等配时。

道路控制系统可分为点控制系统、线控制系统和面控制系统三类：

（1）点控制系统。点控制是线控制和面控制的基本单元，它通过安装在单个平交路口上的信号机控制信号周期和绿信比。信号周期是信号灯的红、黄、绿灯各显示一次的时间。绿信比是信号灯某方向的绿、黄灯显示时间之和与信号周期之比。

（2）线控制系统。线控制有三个基本参数，即信号周期、绿信比和相位差。相位差是相邻两个交叉口信号机同方向绿灯开启时间差与周期之比。

（3）面控制系统。面控制是对城市道路网上若干个相邻交叉口的信号周期、绿信比、相位差和设在道路上的各种可变标志进行集中统一控制。

4.2　公路运输业务

4.2.1　公路客运业务

1. 公路旅客运输站务作业

1）作业程序

客运站作业程序如图 4-5 所示。

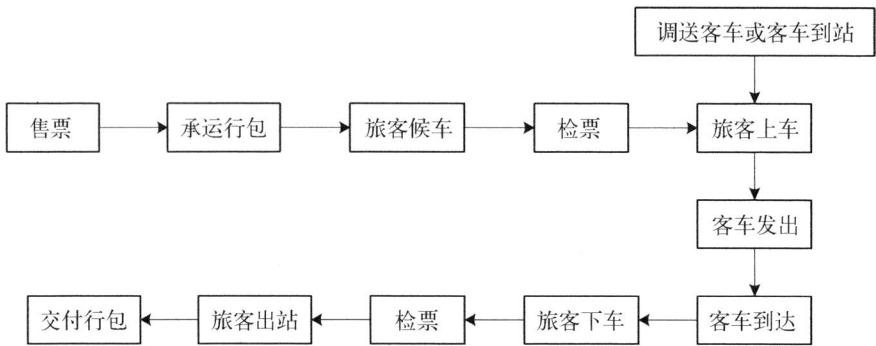

图 4‑5　客运站作业程序

2) 客运站工艺流程

客运站工艺流程如图 4‑6 所示。

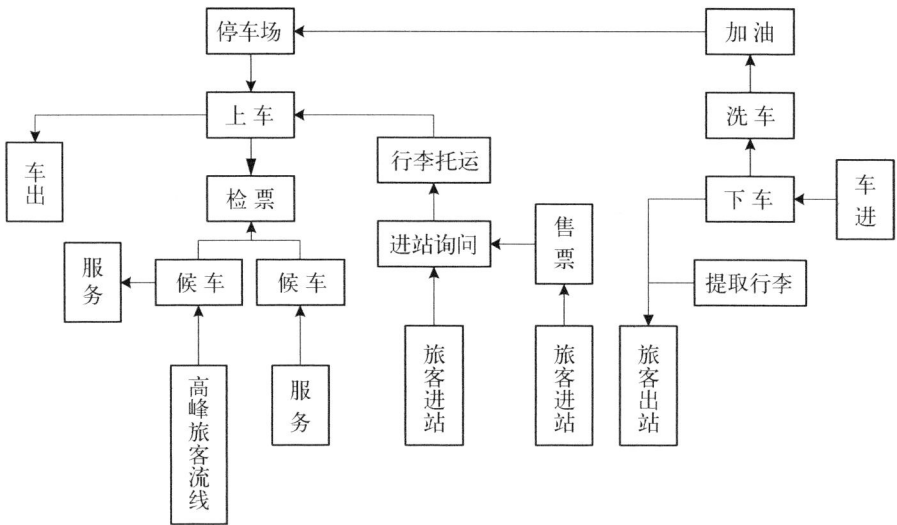

图 4‑6　客运站工艺程序

2. 公路客运运行组织

1) 客运班次运行组织

确定行车路线、发车时间、起讫站名、途经站、停靠点等。

2) 合理安排客运班次

(1) 流向：班次的起讫点和中途停靠站。

(2) 流量：班次的多少。

(3) 流时：班次时刻。

3. **客运班次计划编制计划方法**

（1）对客运线路所有站点进行客源统计调查，确定各站点区间上下行的流动人数。

（2）根据各站点区间上下行的流动人数编制客流密度图。

（3）编制客运班次计划表。

（4）进行运力运量平衡测算。

（5）编制客车运行时刻简表。

例　AE 线路各站点位置与站间距离如图 4-7 所示，运输公司计划部门提供某 40 座客车的季度生产效率指标：工作率 90%，平均车日行程 220 km，实载率 92%。试编制 AE 线路的客运班次计划。

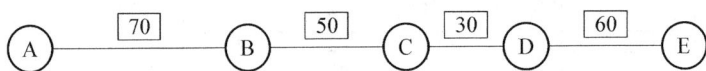

图 4-7　AE 线路站点以及站点距离

（1）客源调查，各区间上下行流动人数如表 4-9 所示。

表 4-9　区间流动人数

发站上行 \ 到站下行	区间流动人数/人	
	下行	上行
A	300	297
B	226	218
C		
	147	133
D		
E	104	97

（2）客流密度如图 4-8 所示。

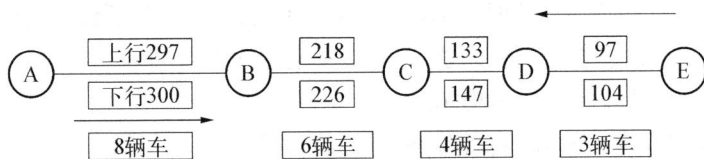

图 4-8　客流密度

按车辆定员 40 人安排车辆，根据区间上下行流动人数，取其较多的流动人数折算成需要的车辆数，标注在各区间段上。

故每日应安排的对开班次是：AE 为 3 班，AD 为 1 班，AC 为 2 班，AB 为

2班,共对开8班。

（3）编制客运班车计划表如表4-10所示。

表4-10 客运班车计划表

AE客运班车计划表 年 月						
起	止	运距/km	额定客位	每日对开班次	日总行程/km	每日需要运力客位/km
A	E	210	40	3	1 260	50 400
A	D	150	40	1	300	12 000
A	C	120	40	2	400	19 200
A	B	70	40	2	280	11 200
合计					2 320	92 800

（4）车数的计算：

$$C = \frac{L}{\overline{L_d}\alpha_d} \tag{4-1}$$

式中：C 为所需车数；L 为日总行程；$\overline{L_d}$ 为平均车日行程；α_d 为工作率。

故 AE 线路所需车数为

$$C = \frac{2\ 320}{220 \times 0.9} = 11.72 \approx 12(辆)$$

（5）编制客车运行时刻简表。主要是拟定各班次的始发时间,沿途停靠站点,并预计到达时间,凭此衔接班次。

始发时间以各站建议的时间为基础,符合客流流时规律;预计到达时间是安排日运行计划,研究两轮班车衔接间隔时间是否符合的必要资料。

① 分线、分区段测定的平均速度。

② 中途停靠上下旅客和装卸行包需要的时间。

③ 途中用餐时间,一般在11:00和13:00的时间内安排午餐休息1 h。

计算公式为

$$T_A = T_1 + \frac{L_2}{v_t} + T_2(P_1 - P_2) + T_3 \tag{4-2}$$

式中：T_A 为需要中途用餐达的到达时间；T_1 为始发时间；T_2 为中途站停留时间；T_3 为中途用餐时间；L_2 为起讫站距离；v_t 为技术速度；P_1 为沿途停靠站数；P_2 为中途用餐站数。

若 AE 线路 101 班次始发时间为 6:30，车辆行驶速度为 50 km/h，沿途停靠 B、C、D，每站停留 10 min，中途午餐休息 30 min。AE 线路 101 班次的到达时间？

表 4-11 为客运班车运行时刻简表。

表 4-11　客运班车运行时刻简表

AE 线路客班运行时刻简表 年　　月										
起	止	运距	每日对开班次数	班次编号	下行始发时间	到达时间	班次编号	上行始发时间	到达时间	营运方式	停靠站点
A	E	210	3	101 103 105	6:30	11:30	102 104 106	6:30	11:30	直快	
A	D										
A	C										
A	B										

4. 客车运行作业计划

客车运行作业计划即单车运行作业计划的总表，一般按月编制。

1) 编制客车运行作业计划

首先要确定客车运行方式：

(1) 定线：某车型固定于某线路运行的方式。

优点：驾乘人员较详细了解线路情况，有利于优质服务。

缺点：客车不能套班使用，对车辆利用率有影响。

(2) 大循环：将营运车辆安排在营运区域内多条线路上轮流运行。

优点：驾驶员工作量比较平均。

缺点：驾乘人员频繁更换线路，不利于掌握道路情况。

(3) 小循环：行驶几条线路。

优点：利于掌握道路情况。

2) 运行作业计划的编制

运行作业计划的编制包括车队客车运行作业计划(见表 4-12)、客运站客车运行作业计划(见表 4-13)和客运站客运班次时刻表(见表 4-14)。

表 4 – 12   车队客车运行作业计划

<table>
<tr><td colspan="13">××车队客车运行作业计划（定线）
××年　×月</td></tr>
<tr><td rowspan="2">车号</td><td colspan="12">日历出车班次</td></tr>
<tr><td>1</td><td>2</td><td>3</td><td>4</td><td>5</td><td>6</td><td>7</td><td>8</td><td>9</td><td>10</td><td>11</td><td>…</td></tr>
<tr><td>421</td><td>101</td><td>102</td><td>101</td><td>102</td><td>101</td><td>102</td><td>101</td><td>102</td><td>B₂</td><td>101</td><td>102</td><td>…</td></tr>
<tr><td>422</td><td>102</td><td>101</td><td>102</td><td>101</td><td>102</td><td>B₂</td><td>T</td><td>T</td><td>101</td><td>102</td><td>101</td><td>…</td></tr>
<tr><td>423</td><td>D</td><td>D</td><td>D</td><td>D</td><td>D</td><td>101</td><td>102</td><td>101</td><td>102</td><td>T</td><td>T</td><td>…</td></tr>
<tr><td>429</td><td>105</td><td>106</td><td>105</td><td>106</td><td>105</td><td>106</td><td>105</td><td>106</td><td>D</td><td>D</td><td>D</td><td>…</td></tr>
<tr><td colspan="13">B2：二级维护　D：大修　T：待班</td></tr>
</table>

表 4 – 13   客运站客车运行作业计划

<table>
<tr><td colspan="13">××站客车运行作业计划
××年　×月</td></tr>
<tr><td rowspan="2">班次</td><td colspan="12">日历出车车号</td></tr>
<tr><td>1</td><td>2</td><td>3</td><td>4</td><td>5</td><td>6</td><td>7</td><td>8</td><td>9</td><td>10</td><td>11</td><td>…</td></tr>
<tr><td>101</td><td>421</td><td>422</td><td>421</td><td>422</td><td></td><td></td><td></td><td></td><td></td><td></td><td></td><td>…</td></tr>
<tr><td>102</td><td>422</td><td>421</td><td>422</td><td>421</td><td></td><td></td><td></td><td></td><td></td><td></td><td></td><td>…</td></tr>
<tr><td>105</td><td></td><td></td><td></td><td></td><td></td><td></td><td></td><td></td><td></td><td></td><td></td><td>…</td></tr>
<tr><td>106</td><td></td><td></td><td></td><td></td><td></td><td></td><td></td><td></td><td></td><td></td><td></td><td>…</td></tr>
</table>

表 4 – 14   客运站客运班次时刻表

<table>
<tr><td colspan="8">××站客运班次时刻表
×年×月起执行</td></tr>
<tr><td>班次</td><td>营运方式</td><td>车型</td><td>座位数</td><td>发到站</td><td>站距</td><td>发车时间</td><td>到达时间</td></tr>
<tr><td>101</td><td>直达</td><td>高级</td><td>45</td><td>××—××</td><td></td><td></td><td></td></tr>
<tr><td>103</td><td>普快</td><td>中级</td><td>40</td><td></td><td></td><td></td><td></td></tr>
<tr><td>105</td><td>直达</td><td>高级</td><td>45</td><td></td><td></td><td></td><td></td></tr>
<tr><td>123</td><td>普快</td><td>中级</td><td>40</td><td></td><td></td><td></td><td></td></tr>
</table>

4.2.2　公路货运业务

1. 零担货物运输

《汽车货物运价规则》规定,托运人一次运输货物的质量不足 3 t 时的运输为零担货物运输。

零担运输的货物,体积在 $0.01\sim1.5\ \mathrm{m^3}$ 之间,单件质量 200 kg 以内,包装的长、宽、高分别不超过 3.5 m、1.5 m、1.3 m。

零担车按照发送时间的不同可分为固定式和非固定式两种。

(1) 固定式零担运输。固定式也称汽车零担货运班车,"五定运输",是指车辆运行采用定线路、定沿线停靠点、定班期、定车辆、定时间的一种组织形式。

零担货运班车主要采用直达式零担班车、中转式零担班车和沿途式零担班车三种运行方式。

① 直达式零担班车:在起运站,将各发货人托运到同一到站,而且性质适合配装的零担货物,同一车装运直接送至到达站,途中不发生装卸作业的一种组织形式,也可以称为整车零担。

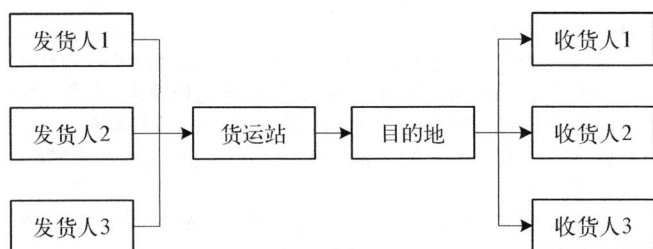

图 4-9　直达式零担班车

② 中转式零担班车:在起运站将各个托运人发往同一去向,不同到达站,而且性质适合于配装的零担货物,同车装运到规定的中转站,卸货后另行配装,重新组成新的零担班车运往各到达站的一种组织形式(见图 4-10)。

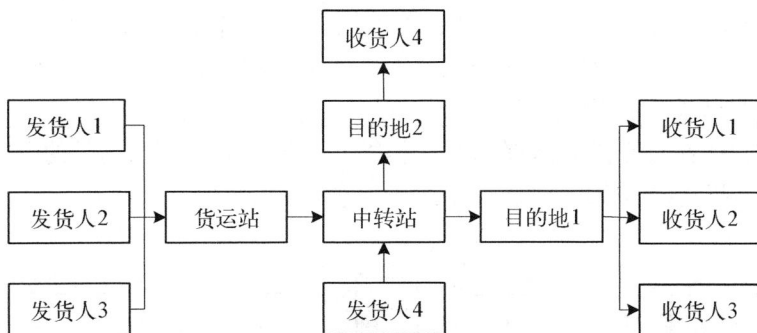

图 4-10　中转式零担班车

③ 沿途式零担班车:在起运站将各个托运人发往同一线路,不同到站,且性质适宜配装的各种零担货物,同车装运,按计划在沿途站点卸下或装上零担货物再继续前进,直到最后到达站的一种组织形式。

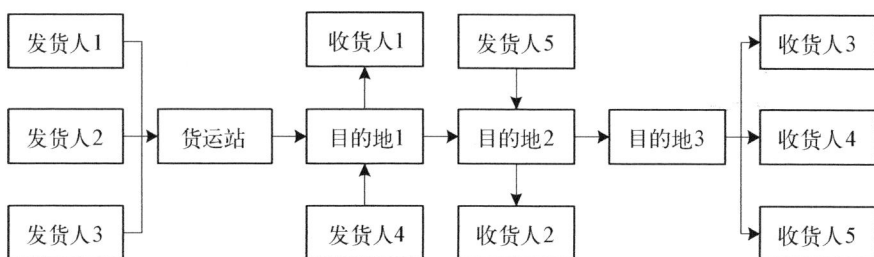

图 4-11　沿途式零担班车

三种零担货物运输方式的比较如表 4-15 所示。

表 4-15　三种零担运输方式比较

运行方式	特　点
直达式	避免不必要的换装作业,节省了中转费用,减轻中转站的作业负担 减少货物的在途时间,提高零担货物的运送速度,有利于加速车辆周转和物资的调拨,特别适合季节性商品和贵重商品的调运 减少货物在周转站的作业,有利于运输安全和货物的完好,减少事故,保证运输质量 货物在仓库内的集结时间少,充分发挥仓库货位的利用程度 受到货源数量、货流及行政区域的限制
中转式	可使那些运量较小、流向分散的货物通过中转及时运送但中转式耗费的人力、物力较多,作业环节也比较复杂
沿途式	形式组织工作较为复杂,车辆在途中运行时间也较长,但它能更好地满足沿途各站点的需要,充分利用车辆的载重和容积

(2) 非固定式零担运输。非固定式是指按照零担货流的具体情况,根据实际需要,随时开行零担货车的一种组织形式。这种组织形式由于缺少计划性,给运输部门和客户带来一定不便。

因此只适宜于在季节性或在新辟零担货运线路上作为一项临时性的措施使用。

(3) 零担货物运输操作过程如图 4-12 所示。

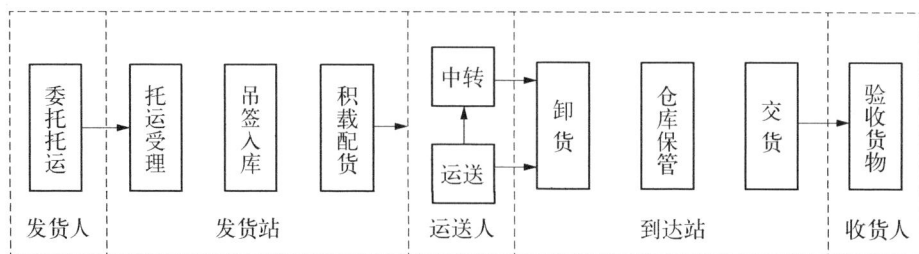

图 4-12　零担货运操作流程

2. 整车货物运输

凡托运方一次托运货物在 3 t 及以上的,或虽不足 3 t 但其性质、体积、形状需要一辆 3 t 以上的汽车运输的业务为整车运输。

以下货物必须按整车运输:

(1) 鲜活货物,如冻肉、冻鱼、鲜鱼,活牛、羊、猪、兔、蜜蜂等。

(2) 需用专车运输的货物,如石油、烧碱等危险货物,粮食、粉剂等散装货物。

(3) 不能与其他货物拼装运输的危险品。

(4) 易于污染其他货物的不洁货物,如炭黑、皮毛、垃圾等。

(5) 不易于计数的散装货物,如煤、焦炭、矿石、矿砂等。

整车货物运输一般包括发送作业、途中作业和到达作业。

1) 发送作业

(1) 受理托运。

① 托运人填写公路货物运单。

② 审核和认定托运单内容(受理托运)。

主要包括:审核货物的详细情况;检查有关运输凭证,如超限许可证、动植物检疫合格证等;审核有无特殊要求,如运输期限、押运人等。

③ 包装。使用适当的材料、容器运用一定的技术,对货物在运输过程中加以保护或便于装卸。符合国家相关标准和规定。

(2) 结算费用:核算相关费用。

(3) 组织装车。

① 验货:运单上的货物是否已处于待运状态;货物的包装是否符合运输要求;货物的数量是否准确、发送日期有无变更;装卸场地的机械设备、通行能力是否完好。

② 车辆的调度:主要操作包括登记调度命令,填写调度命令登记簿,一事一令;发布调度命令,通过电话联系落实,再补充纸质调度命令,以备存档;交付调度命令,司机或车队确认和回执。

③ 货物的监装:车辆到达装货地点后,司机和监装人员会同托运人,对货物的包装、数量和重量等进行清点和核实,无误后进行装车。填写交运货物清单,办理交接签收手续。

2) 途中作业

(1) 货物运送。驾驶人员应及时做好货运途中的行车检查,既要保持好货物完好无损,又要保持车辆技术状况完好。在货物起运后如遇特殊原因托运方或承运方需要变更运输时,应及时由承运和托运协商处理,填制"汽车运输变更申请书",所发生的费用,按相关规定执行。

(2) 货物押运。押运范围如下:

① 活的动物,包括活鱼、蜜蜂、家畜等。

② 需要浇水运输的鲜活植物。

③ 特殊规定应派人押运的货物，如贵重货物。

3）到达作业

到达作业主要包括货物票据的交接，货物卸车、保管和交付等内容。整车货物一般直接卸在收货人仓库或货场内，并由收货人自理。收货人确认货物无误并在货票上签收后，货物交付即完毕。

4）整车货物运输作业流程

整车货物运输作业流程如表 4-16 所示。

表 4-16　整车货物作业流程图

作 业 流 程	操 作 内 容	岗 位 人 员
托运管理	填写托运单	托运人
承运验货	托运单审员对托运单内容进行审核和认定	托运单审核员
	库管验货人员验收货物	库管验货员
计划配运	编制车辆运行作业计划和发布调度指令	调度员
派车装货	装货物	装卸员
	填写装车记录	装卸班长
起票发车	制作运单并录入电脑	开单、录单员
	计算运杂费	定价员
	编制货票与收费	收款员
	填写行车路单	调度员
运送途中管理	货物途中运送与管理	驾驶员
运达卸货交货	卸货	装卸员
	填写交接记录	驾驶员、收货人
运输统计结算	整理好收费票据，做好收费汇总表	出纳、合计
	结算中心开具发票，向客户收取运费	合计
货运事故处理	对货运事故进行处理	托运人和承运人

3. 集装箱运输

1）集装箱公路运输的特点

（1）集装箱运输是一种"门—门"运输，要实现"门—门"运输，就离不开集装箱卡车运输这种"末端运输"方式。

（2）集装箱卡车运输在集装箱的各种运输方式之间起衔接性、辅助性的作用。

（3）公路运输共有的缺点。

不管是不是运输集装箱，公路运输均表现出一些共同的弱点：运力与速度低于铁路运输；能耗与成本却高于铁路、水路运输．安全性低于铁路和水路运输；对环境污染的程度高于铁路和水路运输。所以，在有些国家和地区（如欧洲的许多国家）都以立法和税收优惠政策等方式，鼓励内河运输与铁路运输，限制集装箱的长途公路运输。

集装箱公路运输合适的距离，与各个国家和地区的经济发展程度、地理环境有关。如美国，由于内陆幅员辽阔，高速公路网发达，一般认为 600 km 为集装箱公路运输的合适距离；日本四周环海，沿海驳运很方便，所以认为集装箱公路运输在 200 km 之内比较合理；我国虽然内陆也幅员辽阔，但公路网络还不够发达，铁路网络相对较发达，所以一般认为公路运输应控制在 300 km 左右。

2）集装箱运输对公路的要求

运输 20 ft、40 ft 的集装箱，公路必须满足的要求：i. 车道宽度 3 m；ii. 路面最小宽度 30 m；iii. 最大坡度 1∶10；iv. 停车视线最短距离 25 m；v. 最低通行高度 4 m。

3）集装箱公路运输组织程序

（1）进口货物业务：

① 编制进口箱运量计划。

② 接受托运。

③ 申请整箱放行计划。

④ 安排运输作业。

⑤ 申请机械、理货和卫检。

如待运的集装箱在码头、公路中转站，应提前向码头与公路中转站申请装车机械和相应人力。如需拆箱，还应代替收货人向有关部门提出理货、卫检和其他一些特殊需要的申请。

⑥ 提取重箱。

⑦ 交箱。集装箱卡车将重箱送往收货人处，货主接收货物后在交接单上签收。

⑧ 送还空箱。集装箱的空箱应按规定时间、地点送回。集装箱卡车在送回空箱时，应在码头大门检查站进行检查，取得进场集装箱设备交接单，然后到堆场办理空箱交接。

（2）出口货物业务：

① 接受托运。

② 安排作业计划。

③ 领取空箱。集装箱卡车运输公司凭货运代理签发的出场集装设备交接单

和托运单,到指定地点提取空箱,送往托运人处装箱。

④ 送交重箱。装箱完毕,集装箱卡车运输公司将重箱连同装箱单、设备交接单送到指定码头交付,办理集装箱设备交接。

4. 公路货物运输费用计算

1) 公路货物运输费用计算流程

公路货物运输费用计算流程如图 4-13 所示。

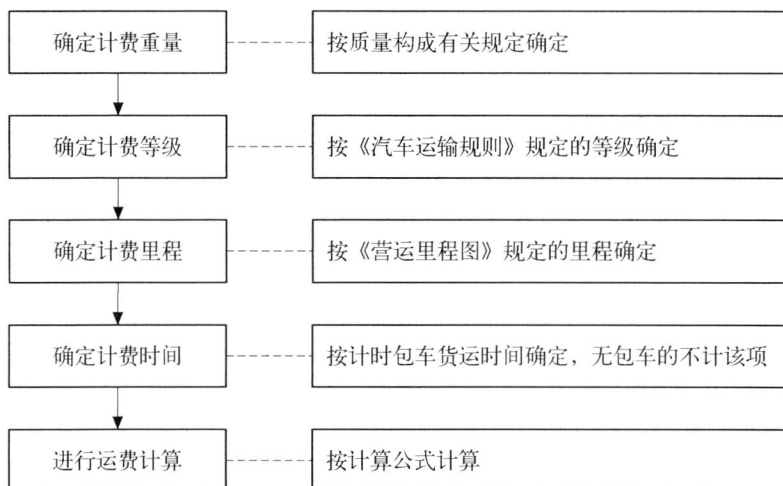

图 4-13 计费流程

2) 公路货物运输运费计算公式

(1) 整批货物运费计算:

$$整批货物运费=吨次费×计费重量+整批货物运价×计费重量×计费里程+货物运输其他费用$$

(2) 零担货物运费计算:

$$零担货物运费=计费重量×计费里程×零担货物运价+货物运输其他费用$$

(3) 计时包车运费计算:

$$包车运费=包车运价×包车车辆吨位×计费时间+货物运输其他费用$$

(4) 集装箱运费计算:

$$重(空)集装箱运费=箱次费×计费箱数+重(空)箱运价×计费箱数×计费里程+货物运输其他费用$$

4.3　拖挂运输组织

4.3.1　拖挂运输概述

拖挂运输也称汽车运输列车化,它是以汽车列车形式参加生产活动的一种运行方式。可分为定挂运输和甩挂运输两种。

1. 分类

(1) 全挂汽车:由汽车或牵引车和全挂车组成的汽车列车。

(2) 半挂汽车:由牵引车和半挂车组成的汽车列车。

(3) 双挂汽车:由牵引车和两辆挂车组成的汽车列车。

(4) 长货汽车:专门用于运输长件货物如型钢等的汽车列车。

2. 优点

(1) 是世界汽车货运发展的主要趋势之一。

(2) 降低物流成本,提高运输效率。

(3) 实现节能减排。

(4) 优化道路货物的运力结构和组织结构,提高整体服务水平。

(5) 促进多式联运以及综合运输体系的形成与发展。

3. 缺点

(1) 制度障碍尚未健全。

(2) 站场等基础设施不足。

(3) 运输组织信息化水平不高。

4.3.2　拖挂运输组织形式

根据汽车列车的运行特点和对装卸组织的要求不同,拖挂运输有定挂运输和甩挂运输两种组织形式。

(1) 定挂运输:汽车(牵引车)与全挂车(半挂车)一般不予分离的定车定挂组织形式。组织方式与单车相仿,是我国拖挂运输主要形式。

(2) 甩挂运输:载货汽车(牵引车)按照预定计划,在某个装卸作业地点甩下挂车并挂上指定挂车后,继续运行的拖挂运输组织形式。

1. 定挂运输组织(限制路段)

(1) 接挂运输:也称接力运输,是指在汽车列车不能通过路段前方,先由汽车(主车或另派汽车)或其他运输工具为汽车列车集散货物,再由汽车列车运送的挂车运输。

(2) 助挂运输:高低坡助挂运输,是指在运量大、车次多、运输距离较长的线路上中间某处有较大的高坡,妨碍汽车正常通过时,在线路较大高坡处的前方,专门配备一辆负责助挂的汽车(或牵引车),在高坡地段采用双机牵引的挂车运输。助挂汽车在汽车列车行驶到主坡下时加挂,汽车列车顺利通过高坡后,在坡上摘下,再返回起始地点。

2. 甩挂运输组织

1) 原理

甩挂运输如图4-14所示。

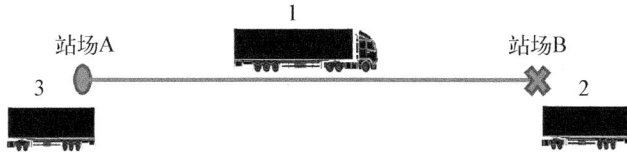

图4-14 甩挂运输

(1) 牵引车拖着已经配装好货物的挂车1,从站场A驶向站场B点,与此同时,站场B处的挂车2正在进行装货作业。

(2) 牵引车拖着挂车1到达站场B,此时挂车2的装货作业刚好完成或已经完成了一段时间,牵引车甩下挂车1并挂上挂车2,从站场B返回站场A。与此同时,站场B随即开始组织工作人员对挂车1的进行货物的装卸作业,等待牵引车的下一次到来。

(3) 牵引车返回到站场A时,挂车3的装货作业也刚好完成或已经完成了一段时间,牵引车随即甩下挂车2并挂上挂车3,从站场B再一次驶向站场A。同时挂车2的货物装卸作业也开始同时进行,然后进入下一周期的循环运行。

2) 组织形式

(1) 一线两点、两端甩挂(见图4-15)。"一线两点"是最基本的一种甩挂运输组织模式,牵引车往复运行于两个装卸点之间,车辆在线路两端装卸作业地点实行甩挂作业。

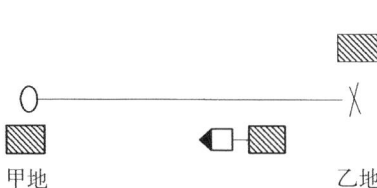

图4-15 一线两点,两端甩挂运输

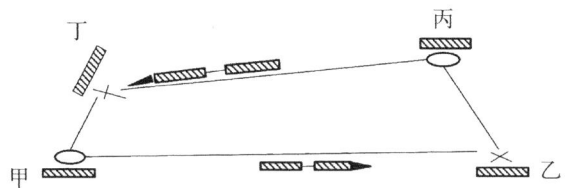

图4-16 循环甩挂运输

(2) 循环甩挂(见图4-16)。是在车辆循环基础上,进一步组织甩挂运输的一种方式,它要求在闭合循环回路的各个装卸作业地点上,配备一定数量的周转挂车,汽车列车每到达一个装卸作业点后甩下所带挂车,装卸工集中力量完成主车的装卸作业,然后挂上预先准备好的挂车继续运行。

（3）一点多线,沿途甩挂（见图 4 - 17）。要求汽车列车在起点站按照卸货地点的先后次序本着"远装前挂、近装后挂"的原则,编挂汽车列车,在沿途有货物装卸的作业地点,甩下汽车列车的挂车或挂上预先准备好的挂车直至运行至终点站。汽车列车在终点站整列卸载后,沿原始路线返回,经由原进行甩挂作业点时,挂上预先准备好的挂车或者甩下汽车列车挂车,直至运行到起点站。

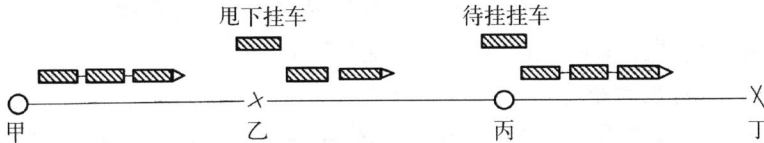

图 4 - 17 一点多线,沿途甩挂运输

（4）多线一点,轮流拖带（见图 4 - 18）。在装卸作业集中的地点,配备一定数量的周转挂车,在没有汽车到达时间内,预先装（卸）好周转挂车货物,某线路上行驶的汽车列车到达后,先甩下挂车,在集中力量装（卸）主车,然后刮走预先装（卸）好的挂车返回原装（卸）地点,进行整列卸（装）的挂车运输组织形式。是一线两点,一端甩挂的复合,适用于发货点集中、卸货点分散,或卸货点集中、装货点分散的线路上。

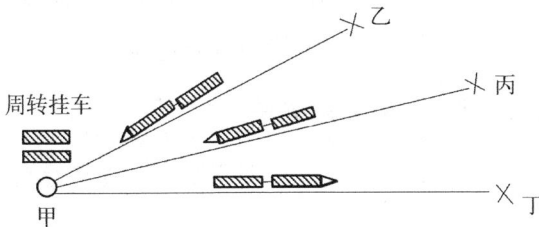

图 4 - 18 多线一点,轮流拖带甩挂运输

3）安全原则

汽车列车行驶路线选择必须以安全为前提,基本原则：ⅰ.线路适合于汽车列车运行；ⅱ.运输距离要适宜；ⅲ.尽量避开交通流量拥挤路段,运行线路能够保证汽车列车中速行驶。

4.4 公路通行能力

4.4.1 公路通行能力概述

1. 基本概念

在一定的道路条件、交通条件、控制条件、环境条件下,道路断面在一定的时间内能够通过的最大车辆数。

2. 计算通行能力的条件

(1)道路条件：公路的几何特征(车道数、车道、路肩、中央带等的宽度,侧向净宽,设计速度及平、纵线形和视距等)。

(2)交通条件：交通特征(交通流中的交通组成、交通量、不同车道中的交通量分布、上下行方向的交通量分布)。

(3)控制条件：交通控制设施的形式及特定设计和交通规则。

(4)环境条件：横向干扰程度以及交通秩序等。

3. 道路通行能力分类

(1)基本通行能力。公路的某组成部分在理想的道路、交通、控制和环境条件下,一条车道的一横断面上,不论服务水平如何,1 h 所能通过标准车辆的最大辆数(pcu),通常以高速公路上观测到的最大交通量为基准(理想、理论通行能力)。

(2)可能通行能力。公路的某组成部分在实际的道路、交通、控制及环境条件下,一条车道的一横断面上,不论服务水平如何,1 h 所能通过的车辆的最大辆数(pcu),是现实条件道路上的最大交通量(实际通行能力)。

(3)设计通行能力。公路的某组成部分在预测的道路、交通、控制及环境条件下,一条车道的一横断面上,在指定的设计服务水平下,1 h 所能通过的车辆的最大辆数(pcu),是道路规划、设计的依据(实用通行能力)。

4.4.2　交通流量、速度与密度之间关系

交通流量 Q、行车速度 V、车流密度 K 是描述交通流特性的三个基本参数。三参数间的关系如下所示。

假设交通流为自由流,在长度为 L 的路段上有连续前进的 N 辆车,其速度为 V,则：

(1) L 路段上的车流密度为

$$K = \frac{N}{L} \tag{4-3}$$

(2) N 号车通过某一断面所用的时间为

$$t = \frac{L}{V} \tag{4-4}$$

(3) N 号车通过某一断面的交通流量为

$$Q = \frac{N}{t} \tag{4-5}$$

整合式(4-3)、式(4-4)和式(4-5)可得

$$Q = \frac{N}{t} = \frac{N}{\dfrac{L}{V}} = \frac{N}{L}V = KV \tag{4-6}$$

反映交通流特性的一些特征向量：极大流量 Q_f，即道路上通过的最大流量；临界速度 V_m，即流量达到极大时的速度；最佳密度 K_m，即流量达到极大时的密度；阻塞密度 K_j，即车辆密集到所有车辆无法移动（$V=0$）的速度；畅行速度 V_f，即车流密度趋于零，车辆可以畅行无阻时的平均速度。

1. 速度与密度的关系

速度-密度关系如图 4-19 所示。

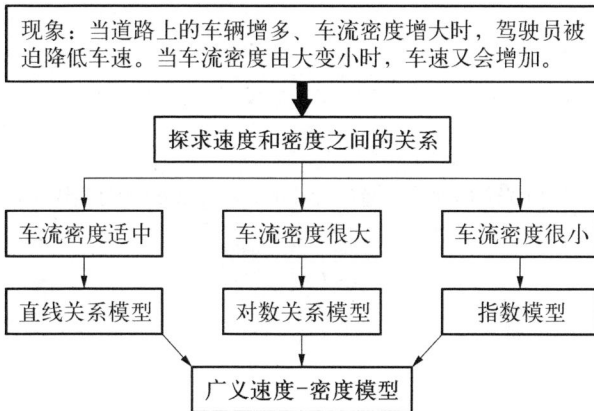

图 4-19　速度-密度关系

1) 直线关系模型

1934 年，格林希尔兹(Greensheilds)提出了速度-密度线性关系模型：

$$V = V_f - \frac{V_f}{K_j}K = V_f\left(1 - \frac{K}{K_j}\right) \tag{4-7}$$

如图 4-20 所示，这一模型简单直观。$K=0$ 时，$V=V_f$，即在交通量很小的情况下，车辆可以以畅行行驶速度行驶；当 $K=K_j$ 时，$V=0$，即在交通密度很大时，车辆行进速度几乎为 0；流量变化也可以在图上说明，如当 $V=V_m$，$Q=Q_m$ 时，$Q_m = V_m \cdot K_m$。

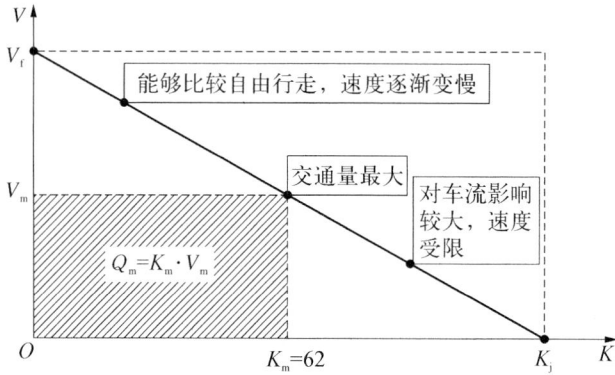

图 4‑20　速度‑密度线性关系

2) 对数关系模型

当交通密度很大时，可以采用格林伯格（Greenberg）1959 年提出的对数关系模型：

$$V = V_m \ln\left(\frac{K_j}{K}\right) \tag{4-8}$$

3) 指数模型

当密度很小时，可采用安德伍德（Underwood）1961 年提出的指数模型：

$$V = V_f\left(1 - e^{\frac{K_j}{K_m}}\right) \tag{4-9}$$

广义速度‑密度模型：

$$V = V_f\left(1 - \frac{K}{K_j}\right)^n \tag{4-10}$$

式中：n 为大于零的常数，当 $n = 1$ 时，为线性关系式。

2. 交通流量与密度的关系

交通流量与密度的关系为

$$Q = KV = KV_f\left(1 - \frac{K}{K_j}\right) = V_f\left(K - \frac{K^2}{K_j}\right) \tag{4-11}$$

如图 4‑21 所示，曲线为一条抛物线，当密度 K 从 0 增加到 K_m 时，流量 Q 随之增大，直到 $K = K_m$ 时，$Q = Q_m$；之后，流量随密度的增大而减小，直至达到阻塞密度 K_j。图中带有方向的箭头为矢径，其斜率表示速度。

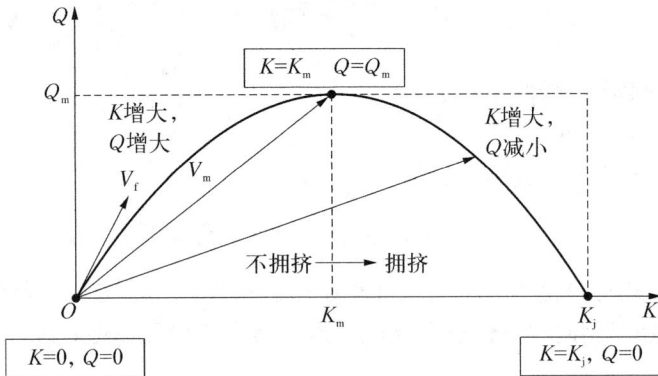

图 4 - 21　流量-密度关系

3. 速度与交通流量的关系

速度与交通流量的关系为

$$Q = KV = K_j\left(1 - \frac{V}{V_f}\right)V = K_j\left(V - \frac{V^2}{V_f}\right) \tag{4-12}$$

如图 4 - 22 所示,曲线也为一条抛物线,形状与流量-密度曲线相似。通常速度随着流量的增加而降低,直至达到通行能力的流量 Q_m 为止;当曲线位于拥挤的部分,速度和流量则都降低。

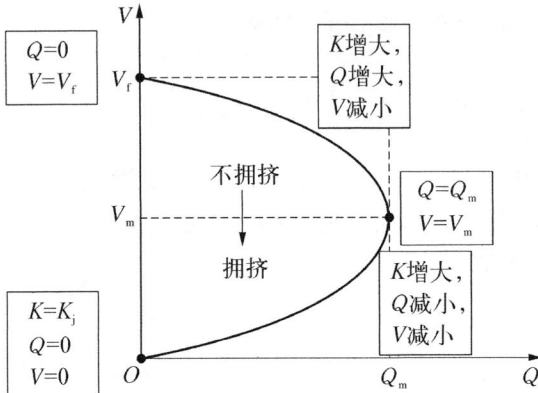

图 4 - 22　速度-流量关系

4.4.3　公路路段通行能力计算

1. 基本通行能力

基本通行能力计算式为

$$C_B = \frac{3\,600}{t_i}(辆/h) \tag{4-13}$$

式中：t_i 为非间断车流平均车头时距。

2. 可能通行能力

可能通行能力计算式为

$$C_p = C_B \times f_s \times f_d \times f_w \times f_t \times f_L \tag{4-14}$$

式中：C_p 为可能通过能力；f_s 为设计车速修正系数；f_d 为方向不均匀修正系数；f_w 为车道宽度和侧向净宽修正系数；f_t 为交通组成修正系数；f_L 为横向干扰修正系数。

3. 设计通行能力

(1) 高速公路通行能力计算式为

$$C_D = C_B \cdot \left(\frac{V}{C}\right)_i \cdot f_w \cdot f_{HV} \cdot f_P \tag{4-15}$$

式中：C_B 为理想条件下一个车道的基本通行能力，设计时速为 120 km/h、100 km/h，取 2 000 pcu/h，设计时速为 80 km/h，取 1 900 pcu/h；$\left(\frac{V}{C}\right)_i$ 为第 i 级服务水平下，交通量与通行能力之比的最大值；f_w 为车道宽度和侧向净宽修正系数；f_P 为驾驶员条件对通行能力的修正系数；f_{HV} 为大型车对通行能力的修正系数。

(2) 双车道公路路段通行能力计算式为

$$C_{D(双)} = C_B \cdot \left(\frac{V}{C}\right)_i \cdot f_w \cdot f_{HV} \cdot f_d \cdot f_s \cdot f_L \tag{4-16}$$

式中：f_w 为车道宽度和侧向净宽修正系数；f_{HV} 为交通流中有非小客车时，交通组成对通行能力的修正系数；f_d 为方向不均匀修正系数；f_s 为设计车速修正系数；f_L 为横向干扰修正系数。

第5章
铁路运输系统

　　铁路运输是我国运输业中的主要运输方式,也是世界上大多数国家陆上运输的主要方式。它在整个运输领域中占据了重要的地位,并且发挥着越来越重要的作用。铁路的发展和人类社会的进步相辅相成,以下事实可以表明:建造出铁路和机车以后,更多的资源可以分配到需要用到的地方,而这些资源可以使人们的生活质量提升,促进科技的进步;由于科技的进步,铁路运输的管理和基础设施也会相应进步和改善,铁路运输的效率和能源利用率也会随之上升。

5.1　铁路运输基础设施

5.1.1　铁路运输概述

　　1. 铁路运输分类

　　(1) 按运输对象分类,铁路运输可分为旅客运输和货物运输。

　　(2) 按是否以营利为目的分类,铁路运输可分为营业性运输和非营业性运输。

　　(3) 按铁路管理权限分类,可将铁路运输分为国家铁路、地方铁路、专用铁路、铁路专用线、国内合资铁路及中外合资铁路、铁路联运等。

　　2. 铁路运输的地位

　　(1) 铁路运输是我国运输业中的主要运输方式,也是世界上大多数国家陆上运输的主要方式,是国民经济的大动脉,在国家综合运输体系中发挥着十分重要的作用。

　　(2) 铁路是各种运输方式的主要力量,是运输的大动脉,在交通运输体系中起到骨干和主导作用。铁路运输由于受气候和自然条件影响较小,且运输能力及单车装载量大大,在运输的经常性和低成本性占据了优势,再加上有多种类型的车辆,使它几乎能承运任何商品,几乎可以不受重量和容积的限制,而这些都是公路和航空运输方式所不能比拟的。

　　(3) 铁路运输在国防军事方面也发挥着重要作用。从我国交通运输网络构成来看,铁路布局日趋完善,东北和沿海地区已形成网状,内地铁路也发展很快,形成了国家军事战略、战役交通网的骨架。从铁路运输的特点来看,它具有运量较大、速度快、续行力强、受气候季节影响小的优势,适合于军队长距离、大运量、重装备的输送和战略战役运输。

(4)随着重载运输和高速铁路在技术上的突破,铁路运输在综合运输体系中具有更加重要的地位。高速铁路由于其快速、安全、舒适、经济的特点,在世界运输市场激烈的竞争中取得了较好的市场份额,推动了国民经济的发展与国土的开发,社会经济效益十分显著。重载运输已在世界上部分国家广泛采用,它是提高线路输送能力和运输效率的重要措施。特别是对于幅员辽阔的大陆国家,具有非常重要的现实意义。

3. 铁路运输的作用

(1)铁路是国家重要的基础设施、国民经济的大动脉、现代化统一运输网中的骨干和中坚。在国土幅员辽阔的大陆国家,铁路运输是陆地交通运输的主力,适合经常稳定的大宗货物运输,特别是中长途货物运输,也适合中长途、短途城际和现代高速旅客运输的需要。

(2)铁路运输促进了生产规模、原材料供应范围和产品销售市场的扩大。尤其对于大宗物资,铁路使得贸易总量大大提高。如矿产,铁路使得 64.5% 的矿石、铜、铝等资源从澳大利亚和巴西销售出去,经海铁联运销往世界各地。

(3)铁路运输加速了各地区的开发,扩大了部门之间、地区之间甚至各国之间的分工和合作,使资源得到更加充分的利用。铁路能促进国家之间的贸易,创造更多经济收益。

(4)铁路运输是联系工业和农业、城市和乡村的纽带,对经济增长和社会进步起着极大的推动作用。如法国统计资料表明,每投资 10 亿法郎于铁路,便可创造出 3 500 人/年的就业机会。日本东海道新干线运营后,旅行时间仅需 2 小时 30 分钟,创造了时间价值,有效节约了旅客的时间成本,以日本国民总收入计算,4 亿小时的价值约 5 000 亿日元。

(5)铁路运输是进行文化和科学技术交流,保证一个国家政治统一和国防安全的重要因素。任何一个国家的振兴与发展,都离不开与其他国家特别是周边国家的经济和政治联系。铁路不仅是国家经济发展的重要基础设施,也是各国之间的重要纽带。欧盟、北美、俄罗斯推进区域内铁路的紧密联系,均加强了区域经济、政治、社会、文化之间的联系。铁路适合于军队长距离、大运量、重装备的输送和战略战役运输,有效保证了国家的安全。

4. 铁路运输特点

1)运量大

铁路是大宗、通用的运输方式,能够负担大量的运输任务。铁路运输能力取决

于列车重量和每昼夜线路通过的列车对数。铁路每一列旅客列车可载运旅客
1 500～2 000 人。客运高速铁路的运输能力一般是高速公路的 4～5 倍。每一列车
载运货物的能力远比汽车和飞机大得多,目前我国铁路的一列货物列车一般能运
送 3 000～4 000 t 货物;重载单元列车可运送 5 000 t 以上的货物;煤运专线可开行
2 万吨的重载列车,双线铁路每昼夜通过的货物列车达 100 多对。

2) 速度快

常规铁路的列车运行速度一般为 60～80 km/h,部分常规铁路高达 140～
160 km/h,高速铁路上运行的旅客列车速度可达 210～310 km/h。1990 年 5 月 18
日法国 TGV 高速客车动车组试验时曾创造了 515.30 km/h 的世界纪录。我国铁
路历经多次大提速。目前,我国高铁技术迅速发展,京沪高铁运行速度可达
350 km/h。货物运输方面,虽然铁路货物列车的速度比不上旅客列车,但长途运
输均比水运和公路运输快得多。

3) 运输成本低

在运输成本中固定资产折旧费所占比重较大,而且与运输距离长短、运量的大
小密切相关。运距愈长、运量愈大,单位成本愈低。一般来说,铁路的单位运输成
本要比公路运输和航空运输要低得多,有的甚至比内河航运还低。一般铁路运输
的成本比公路运输的成本低几倍到十几倍。

4) 准时、安全可靠

铁路运输基本上不受气候条件的影响,可一年四季不分昼夜地进行生产,有可
靠的安全行车设施和运行规章制度。随着先进技术的发展和采用,铁路运输的安
全程度越来越高。随着先进技术的发展和采用,铁路运输的安全程度越来越高。
特别是在最近 20 多年间,许多国家铁路广泛采用了电子计算机和自动控制等高新
技术,安装了列车自动停车、列车自动操纵、设备故障和道口故障报警、灾害防护报
警等装置,有效地防止了列车冲突事故和旅客伤亡事故,大大减轻了行车事故的损
害程度。众所周知,在各种现代运输方式中,按所完成的旅客人·公里和货物吨·
公里计算的事故率,铁路运输是很低的。

5) 环境污染小

工业发达国家在社会及其经济与自然环境之间的平衡受到了严重的破坏,其
中交通运输业在某些方面产生很大的影响。对空气和地表的污染最为明显的是汽
车运输,而喷气式飞机、超音速飞机的噪声污染则更为严重。相比而言,铁路运输
对环境和生态平衡的影响程度较小,特别是电气化铁路的影响更小。

6) 能耗小

铁路运输轮轨之间的摩擦阻力小于汽车车辆和地面之间的摩擦阻力,铁路
机车车辆单位功率牵引的质量约比汽车高 10 倍,因而铁路单位运量的能耗要比
汽车运输少得多。铁路单位运输量能耗是公路的 1/10 左右,是民航的 1/13

左右。

7）适应性强

依靠现代科学技术，铁路几乎可以在任何需要的地方修建，可以全年全天候不停业地运营，受地理和气候条件的限制很少，具有较好的连续性，且适合于长途旅客和各类不同重量与体积货物的双向运输。

8）资本密集且固定资产庞大

铁路的投资大都属于固定设备的沉没成本，难以挪作他用，故其固定资产比例，较其他运输事业高出许多，投资风险也就比较高，而一般高风险的事业需有高回报率才能吸引业者投资。美国营运资料显示，美国铁路业的投资回报率在 1986 年为 4.9%，1987 年则为 5.6%。远远低于其他一般事业，难以获得投资者的青睐。因此，虽然从 1980—1986 年美国股价指数已上涨了 114%，但是铁路的股票价值却只上涨了 27%。

9）设备庞大不易维修，且战时容易招致破坏

铁路的运输过程必须依赖所有设施协同配合。修建铁路时，需要开凿隧道、修建桥梁和开挖大量的土石方工程，需要大量的钢材、水泥、木材等材料及设备。由于整个运输体系十分庞大，不易达到完善的维修，加上近年来传统铁路收入不佳，更使得铁路的维修情形每况愈下。此外，从历史中可以发现，每次战争一爆发，由于铁路设施具有国防价值，而且目标明显，总容易遭受严重破坏。

10）有效使用土地

铁路运输因为以由客、货车组成的列车为基本运输单元，故可占用少量的土地进行大量的运输，因此较之公路可以节省大量的土地，使土地资源达到最有效的利用。

5.1.2　铁路线路

铁路运输的各种基础设施与设备是组织运输生产的物质基础，它可以分成固定设备和活动设备。固定设备主要包括铁路线路、车子、信号设备和通信设备、机车及车辆设备以及电气化铁路的供电设施等；活动设备主要有机车、客车、火车等。此外还有为客货运输服务和保证行车安全的各种设施。

铁路线路是机车车辆行驶的基础设施，它是由路基、桥隧建筑物和轨道组成的。但首先第一步还要有选线的步骤。

1. 选线

制定正确的铁路线路是铁路运输正常运营的必不可少的条件。它的定线是在地形图或地面上选定线路的方向，确定线路的空间位置，并布置各种建筑物。

总的来说，选线有以下三个步骤：按照走向选择，带状范围选线，详细定线。选线的过程中要按照路程最近、路线平直、坡度平坦、工程最易的原则进行

选线。

此外,还要考虑少占良田、与文物景观协调、环境影响和污染等。

2. 路基

路基是轨道的基础,按照横断面行驶可分为两种:

(1)路堤:路肩设计标高高于天然地面。

(2)路堑:路肩设计标高低于天然地面。

路基的两种基本形式如图 5-1 所示。

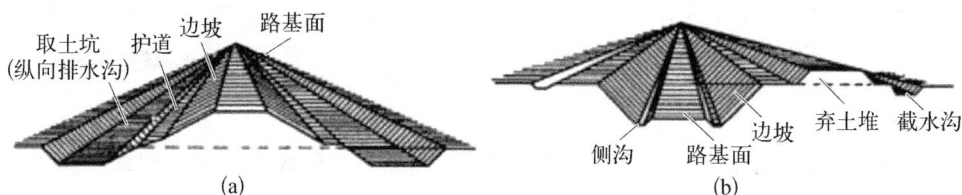

图 5-1　路基的形式

(a)路堤;(b)路堑

路基承受着轨道传来的列车车辆及其负荷的压力,因而路基必须牢固结实,而破坏路基牢固结实的主要原因之一是水的危害,所以要做好路基的排水和防护措施。路基可以通过设置纵向排水沟或取土坑、侧沟、截水沟渗沟、渗管等排水设备,以及种草、铺草皮、抹面、灌浆、砌石护坡、修挡土墙等方法,从而达到排泄地面水、拦截地下水和保护的目的。

3. 桥隧建筑物

1) 桥梁

桥梁主要是由桥面、桥跨结构、桥墩、桥台和桥梁等组成的。桥梁组成如图 5-2所示。

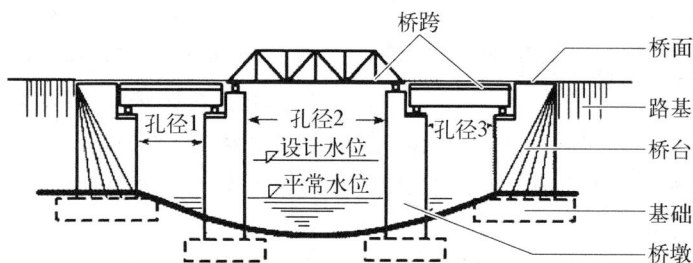

图 5-2　桥梁组成

2) 涵洞

涵洞是设在路堤下部的填土中,是用以通过水流或行人的一种建筑物。涵洞组成如图 5-3 所示。

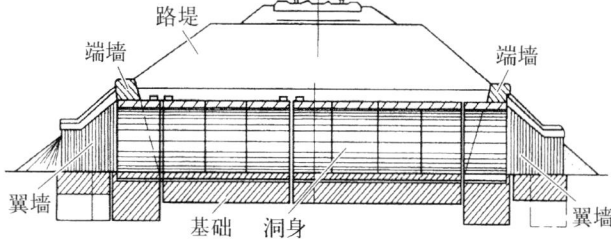

图 5-3　涵洞组成

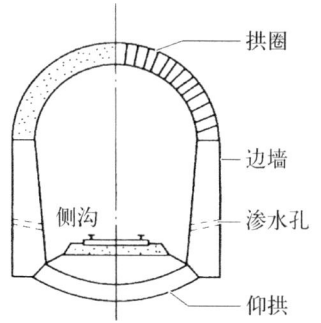

图 5-4　隧道组成

3) 隧道

铁路隧道大多修建在山岭中，用于避开挖深路堑或修建很长的迂回线。此外，还有建筑在河床、海峡或湖底等的水下隧道和大城市的地下铁道。隧道组成如图 5-4 所示。

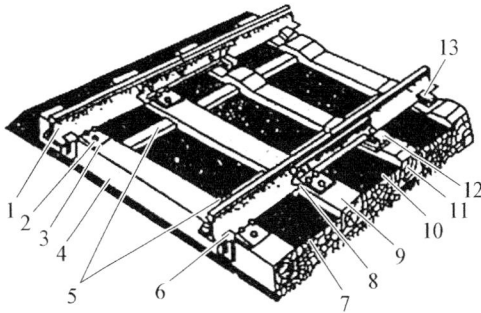

图 5-5　轨道组成

1—钢轨；2—普通道钉；3—垫板；4、9—木枕；5—防爬撑；6—防爬器；7—道床；8—双头夹板；10—螺栓；11—钢筋混凝土轨枕；12—扣板式中间联结零件；13—弹片式中间联结零件。注：图中画了多种类型扣件是为示例之用，并非现场线路中的实际使用情况

4) 轨道

轨道由钢轨、道床、轨枕、联结零件、防爬设备和道岔等主要部件组成，如图 5-5 所示。道床是铺在路基面上的道碴层。在道床上铺设轨枕，在轨枕上架设钢轨。相邻两节钢轨的端部以及钢轨和轨枕之间，用联结零件互相扣连。在线路和线路的联结处铺设道岔。在钢轨和轨枕上，安设必要的防爬设备。

轨道起着机车车辆运行的导向作用，直接承受由车轮传来的巨大压力，并把它传给路基或桥隧建筑物。我国铁路正线轨道共分为特重型、重型、次重型、中型、轻型五种类型。

(1) 钢轨。钢轨作用为承受车轮的压力，引导车轮运行方向。钢轨的断面形状采用"工"字形。

钢轨类型：以每米长度的大致质量表示。现行的标准钢轨类型有：75 kg/m、60 kg/m、50 kg/m 等。

钢轨标准长度有 25 m 和 12.5 m 两种。对于 75 kg/m 钢轨只有 25 m 一种。

(2) 联结零件。接头联结零件有夹板、螺栓、螺帽和弹性垫圈。中间联结零件有钢筋混凝土枕用的扣件(ω 型弹条扣件)和木枕用扣件两类。

(3) 轨枕。轨枕的作用是承受钢轨的压力并将其传给道床,保持钢轨位置和轨距。轨枕的类型分为钢筋混凝土枕、木枕。

我国普通轨枕的长度为 2.5 m,岔枕和桥枕长度为 2.6～4.85 m。

每公里线路上铺设轨枕的数量,应根据运量及行车速度等运营条件确定,一般在 1 520～1 840 根之间。轨枕根数越多,轨道强度越大。

(4) 道床。道床是铺设在路基面上的石砟垫层。

道床作用为支撑轨枕、将压力均匀地传给路基;固定轨枕、阻止其移动,缓和轮对对钢轨的冲击。

道床材料有碎石、卵石、粗砂,碎石最好。

整体道床为钢性轨下基础,适合于高速行车。

道床的断面呈梯形,其顶面宽度、边坡坡度及道床厚度等均按轨道的类型而定。

(5) 防爬设备。因列车运行时纵向力的作用,使钢轨产生纵向移动,有时甚至带动轨枕一起移动,这种现象称为轨道爬行。

轨道爬行的危害:轨缝不匀、轨枕歪斜、行车安全。

防爬措施:一方面加强钢轨与轨枕间的扣压力和道床阻力;另一方面是设置防爬器和防爬支撑等防爬设备。

(6) 道岔。道岔是使机车车辆从一股轨道转入或越过另一股轨道的设备。

常见的有普通单开道岔、对称道岔、三开道岔、菱形交叉、交分道岔等。

① 单开道岔:单开道岔是最常用的道岔之一,主线为直线,侧线在主线的右侧或左侧。

② 对称道岔:对称道岔是两条线各向左右对称分开的道岔,主要应用于编组场内,大号码的对称道岔还可用于高速行车的线路。

③ 三开道岔:三开道岔是把一条线分成三条线,其中主线是直线,两侧线分别向左右对称岔开。

④ 菱形交叉:菱形交叉是两股轨道在同一平面上相互交叉时所铺设的一种轨道交叉设备,由两组锐角辙叉和两组钝角辙叉组成。

⑤ 交分道岔:交分道岔相当于四组单开道岔和一副菱形交叉的结合体,它可以减少占地面积,是铁路线路上铺设的最为复杂的道岔。

5.1.3　车站及车站线路

5.1.3.1　车站

车站是铁路运输生产的基地,是办理旅客和货物运输业务,编组和解体列车,组织列车出发、到达、交汇、越行和通过等作业的铁路基层生产单位。

车站按技术作业性质可分为中间站、区段站、编组站,按业务性质可分为客运站、货运站和客货运站,按等级可分为特等站、一等站、二等站、三等站、四等站。不同类型的车站有不同的设备,承担了不同的职能。

1. 车站按技术作业性质分类

1) 中间站

中间站指的是处于两个技术站之间的车站。中间站的作业与设备如表5-1所示。

表 5-1 中间站的作业与设备

作业	客运作业	旅客乘降、售票,行包承运、保管、装卸与交付
	货运作业	货物承运、保管、装卸与交付
	接发列车及调车作业	沿零摘挂列车的摘挂作业、在货物线、岔线取送车
	其他作业	避让、越行
设备	客运设备	站舍、站台、雨棚、跨越设备
	货运设备	仓库、货物站台、货运室、装卸机械
	站内设备	到发线、牵出线、货运线
	信号及通信设备	进出站信号机、通信设备
	其他设备	施工生活设施

中间站的布置,按到发线的相互位置可分为横列式和纵列式两类。

(1) 横列式。横列式的特点是到发线横向排列。这类布置具有站坪长度短、工程投资省、便于车站值班员管理、到发线使用灵活和站场布置紧凑等优点,得到较为广泛的采用。

(2) 纵列式。纵列式的特点是到发线纵向排列,并向逆运转方向错移一个货物列车到发线的有效长度。这类布置的优点是有利于组织列车不停车会车,从而提高区间通行能力;但所需站坪长度较长,且摘挂列车的调车作业不便,因而较少采用。

中间站的布置,按直接连通区间的正线数量可分为单线铁路中间站和双线铁路中间站两类。

2) 区段站

区段站是设在铁路机车牵引区段分界处的车站。区段站的作业和设备如表5-2所示。

表 5－2　区段站的作业和设备

作业	客运作业	旅客乘降、售票,行包承运、保管、装卸与交付
	货运作业	货物承运、保管、装卸与交付
	运转作业	与旅客列车有关的运转作业。主要办理通过旅客列车的接发作业;与货物列车有关的运转作业。主要办理无改编中转列车的接发和技术作业
	机车作业	主要是换挂机车和乘务组,对机车进行整备、修理和检查等
	车辆作业	办理列车的技术检查和车辆的检修任务。在少数设有车辆段的区段站上,还办理车辆的段修业务
设备	客运业务设备	站舍、站台、雨棚、跨越设备
	货运业务设备	货场、装卸线、货物站台、仓库、装卸机械
	运转设备	到发线、调车线、牵出线、驼峰
	机务设备	机务段或折返段
	车辆设备	车辆段、列车检修所

由于区段站主要办理无改编中转列车的作业,因此区段站设备的布置应主要考虑如何缩短中转列车的停站时间和提高车站的通过能力。区段站布置图形的构成主要是根据与车站通过能力直接有关设备(正线、旅客列车到发线、货物列车到发线)的相互位置确定。常见的布置图有横列式、纵列式及客货纵列式三种。

(1)横列区段站布置。列发场(线)平行布置在正线一侧,编组场紧靠到发场外侧时称为横列式布置图。

横列式区段站布置图的优点是:布置紧凑、站坪长度短、投资省、设备集中、管理方便、作业灵活性大;对各种地形的适应性强,便于进一步发展。缺点是一个方向列车的机车出入段走行距离长、货场取送车和正线接发列车有交叉干扰、与站房同侧的工业企业接轨不方便。

我国大部分单线铁路区段站均采用横列式图形。新建单线铁路区段站也宜采用横列式图形。

(2)纵列式区段站布置。在双线铁路上运量较大时,为了减少站内两端咽喉区段上、下行客货列车进路的交叉干扰,可采用纵列式布置图。这种布置图上行、下行到发场分设在正线两侧,并逆行方向错移,共用的调车场设在一个到发场一侧。

纵列式区段站布置图的优点是:作业交叉干扰比横列式少,有较大的通过能力,上行、下行机车出入段走行距离都较短;站房同侧的工业企业接轨方便。但占地多,设备分散,且总有一个方向的机车出入段要横切正线。双线铁路上有多方向引入,客货列车对数较多,地形适宜时,可采用或预留纵列式布置。

(3) 客货纵列式区段站。这种区段站采取客运运转设备(主要指旅客列车到发场)与货运运转设备(主要指货物列车到发场)纵向配列。

在靠近城市的站场办理客运业务和旅客列车运转作业,无货物列车作业干扰,对旅客服务有良好的环境;货物列车运转场设在车站另一端,且上行、下行到发场分列于上、下正线一侧,同样具有双线纵列式布置图的优点,即消除了客货交叉,提高了通过能力。

这种布置图形往往是在横列式图形基础上改建形成的,可以因地制宜,既扩大了车站能力,又能配合地方发展规划。其缺点是机务段的位置往往不易于和其他设备很好地配合。

3) 编组站

编组站是铁路网上专门办理大量货物列车到达、解发、编组出发和列车、车辆技术作业的车站。编组站的作业主要是大量办理列车的解体和编组。设备一般与区段站一样,但位于大城市郊区的编组站,可能不设客、货运设备;调车场和调车设备的规模和能力比区段站大得多。编组站的作业和设备如表 5 - 3 所示。

表 5 - 3 编组站的作业和设备

作业	改编中转货物作业	包括解体列车的到达作业和解体作业,始发列车的集结、编组作业和出发作业
	无改编中转货物列车作业	作业比较简单,地点仅限于到发场或通过车场,主要是换挂机车和列车技术检查作业
	部分改编中转货物列车作业	部分改编中转货物列车除进行无改编中转货物列车的作业外,有时还要变更列车重量、变更列车运行方向或进行成组甩挂等少量调车作业,一般在到发场或通过车场进行
	本站作业车的作业	本站作业车是指到达本枢纽或本站货场及工业企业线进行货物装卸或倒装的车辆,其作业过程较有调中转车增加了送车、装卸和取车等内容,其中重点是取送车作业。当编组站设有货场并有工业企业线连接且货运量较大时,固定配属专用调机,担当取送作业。当本站货运量很小,枢纽内货运站运量较大且装卸作业点多而分散时,主要采取枢纽小运转列车进行取送
	机务作业	编组站的机务作业和区段站一样,包括机车出段、入段、段内整备及检修作业

续　表

作业	车辆检修作业	包括列车技术检查及不摘车的经常维修、轴箱及制动装置的经常保养、摘车的经常维修,货车的段修等三类
	其他作业	根据当地需要,编组站有时还需办理客运作业,货运作业及军运列车供应作业
设备	调车设备	包括调车驼峰、调车场(线)、牵出线等几部分
	行车设备	主要指办理接发列车作业的到发线
	机务设备	用以对机车进行各项整备和维修作业的线路和设备
	车辆设备	供到发的车辆进行检查和修理的设备
	货运设备	其中包括整倒装设备、加冰设备、牲畜、鱼苗车的上水换水设备、货场
	其他设备	包括用于乘客乘降的客运设备、站内外连接线路设备,此外编组站还必须具有信联闭、通信和照明等设备

　　调车设备的数量及各车场配列的相互位置构成了编组站不同形式的布量图。凡只有一套调车设备(包括驼峰、调车场、牵出线成套作业设备),供上行、下行改编车流共用的车站,称为单向编组站;若有两套调车设备,各自解编上行或下行车流的车站,称为双向编组站。根据主要车场配列相对位置不同,可分为横列式、纵列式及混合式。我国编组站布置图的基本类型有单向横列式、单向纵列式、单向混合式、双向横列式、双向纵列式、双向混合式。铁路编组站图形,习惯上称为"几级几场"。"级"是车站内纵向排列的车场数,"场"是全站的主要车场总数。

　　(1) 双向纵列式编组站图形:双方向均为到达场、调车场与出发场纵列配置的双向纵列式编组站图形(见图5-6),可适用于双方向解编作业量均大的大型编组站。

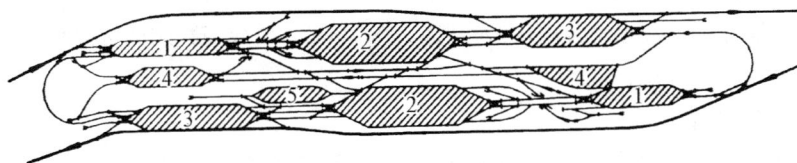

图 5 - 6　双向纵列式编组站

1—到达场;2—调车场;3—出发及通过车场;4—机务段;5—车辆段

　　(2) 双向横列式编组站:双方向的到达场分别并列在共用调车场两侧的横列式编组站图形(见图5-7),可适用于双方向改编车流较均衡、解编作业量不大的编组站或地形条件困难、远期无大发展的中小型编组站。当衔接线路的牵引定数较大时,应妥善处理向驼峰牵出线转线的联络线的平、纵断面条件。

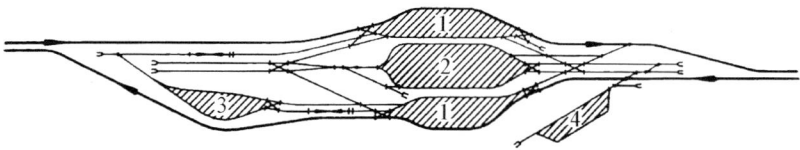

图 5-7　双向横列式编组站布置

1—到达场；2—调车场；3—机务段；4—车辆段

（3）单向混合式编组站：双方向共用的到达场和调车场纵列配置，而出发场分别并列在共用调车场两侧的单向混合式编组站图形（见图 5-8），可适用于解编作业量较大或解编作业量大而地形条件困难的大中型编组站。当顺驼峰方向改编车流的比重较大时，应采取必要的措施使调车场尾部两侧牵出线的作业负担均衡。

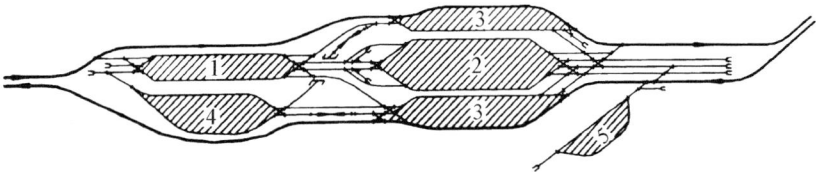

图 5-8　单向混合式编组站布置

1—到达场；2—调车场；3—出发及通过车场；4—机务段；5—车辆段

2. 车站按业务性质分类

1）客运站

客运站指的是专门或者主要办理客运业务的车站。主要办理售票、行李包裹运送、组织上下车等客运业务。主要设备有：站房、站台、到发线等。

2）货运站

货运站指的是专门或主要办理货运业务的车站。主要办理运转作业，货运作业以及其他作业。主要设备有：到发线、调车线、牵出线、货场配线、场库设备、机车设备、车辆检修设备等。

3）客货运站

客、货运站指的是即办理客运业务，又办理货运业务的车站。铁路上的车站绝大多数都是客、货运站。

3. 车站按等级分类

1）特等站

特等站是中国铁路车站中最高等级的车站。具备下列三项条件之一者为特等站：

（1）日均上下车及换乘旅客在 6 万人以上，并办理到发、中转行包在 2 万件以上的客运站。

（2）日均装卸车在 750 辆以上的货运站［装卸车数以整车为标准。零担装卸车数包括整零、沿零。一站整零装、卸各按一车计算；两站整零第一到站（三站整零为第一、第二到站）无论有无加装，装卸合计均按 0.5 车计算。中间站沿零发到，累计 10 t 按一车计算。零担换算整车的比例为 1∶3.5 车；专用线作业车换算为本站作业车的比例为 2∶1 车；专用铁道作业车换算为本站作业车的比例为 3∶1 车。以下均按此比例计算或换算］。

（3）日均办理有调作业车在 6 500 辆以上的编组站。（此数字系指《运站报 12》车站工作报告中之日均办理车数减去无调中转车数即第九项减去第十一项，以下均同。）

根据《技规》规定划分的、办理客运、货运业务并担当货物列车解编技术作业的综合业务的车站，具备下列三项条件中两项者为特等站：

① 日均上下车及换乘旅客 20 000 人以上，并办理到发及中转行包在 2 500 件以上。

② 日均装卸车在 400 辆以上。

③ 日均办理有调作业车在 4 500 辆以上的。如北京站、上海站、广州站。

2）一等站

具备下列三项条件之一者为一等站：

① 日均上下车及换乘旅客在 15 000 人以上，并办理到发、中转行包在 1 500 件以上的客运站。

② 日均装卸车在 350 辆以上的货运站。

③ 日均办理有调作业车在 3 000 辆以上的编组站。

具备下列三项条件中两项者为一等站：

① 日均上下车及换乘旅客在 8 000 人以上，并办理到发、中转行包在 500 件以上。

② 日均装卸车在 200 辆以上。

③ 日均办理有调作业车的 2 000 辆以上。

如：沧州站、汉口站、丹东站、韶关东站。

3）二等站

具备下列三项条件之一者为二等站：

① 日均上下车及换乘旅客在 5 000 人以上，并办理到发、中转行包在 500 件以上的客运站。

② 日均装卸车在 200 辆以上的货运站。

③ 日均办理有调作业车在 1 500 辆以上的编组站。

具备下列三项条件中两项者为二等站：

① 日均上下车及换乘旅客在 4 000 人以上,并办理到发、中转行包在 300 件以上。

② 日均装卸车在 100 辆以上。

③ 日均办理有调作业车在 1 000 辆以上。

如:泊头站、北戴河站、唐山北站、普宁站。

4)三等站

具备下列三项条件中两项者为三等站:

① 日均上下车及换乘旅客在 2 000 人以上,并办理到发、中转行包在 100 件以上。

② 日均装卸车在 50 辆以上。

③ 日均办理有调作业车在 500 辆以上。

如:曲阜站、丰城站、吴桥站、平原站。

5)四等站

办理综合业务,但按核定条件,不具备三等站条件者为四等站。如,北京的燕落站、山东邹城的两下店站。

5.1.3.2 车站线路

车站线路分为:

(1) 正线(main line):直股伸入车站的线路。

(2) 站线(station track):到发线、牵出线、调车线、货物线、站内指定用途的其他线(机车走行线、车辆站修线、驼峰迂回线、驼峰禁溜线等)。

5.1.3.3 铁路枢纽

铁路枢纽是路网上具有客流、货流相互交流的三个以上铁路方向的交汇处或铁路与港口、工矿企业专用铁道的衔接地点,由若干专用车站(编组站、客运站、货运站)和连接这些车站的联络线、迂回线、进出站线路及其他分界点等技术设备所构成的综合体。

1. 铁路枢纽的设备

(1) 铁路线路:引入正线、联络线、环线、直径线、工业企业线。

(2) 车站:客运站、货运站、编组站、工业站、港湾站。

(3) 疏解设备:铁路线路与铁路线路的平面和立交疏解、铁路线路与城市公路的跨线桥和平交道口以及线路所等。

(4) 其他设备:机务段、车辆段、客车整备所。

2. 作业特征

(1) 转线:各铁路方向之间有调和无调列车的转线作业。

(2) 车流交换:枢纽地区各车站之间主要通过小运转进行车流交换。

(3) 旅客换乘:长短途、快慢速、方向间客流交换。

3. 按其在铁路网上的地位和作用分类

1）路网性铁路枢纽

承担的客、货运量和车流组织任务涉及整个铁路网的枢纽，一般位于几条铁路干线交叉或衔接的大城市，办理大量的跨局通过车流和地方车流，设有较多的专业车站，其设备的规模和能力都很大，如上海、沈阳、北京、郑州、武汉、郑州等枢纽。

2）区域性铁路枢纽

承担的客、货运量和车流组织主要为一定的区域范围服务，一般位于干线和支线的交叉或衔接的大、中型城市，办理管内的通过车流和地方车流，设备规模不大。如长春、柳州等枢纽。

3）地方性铁路枢纽

承担的运量和车流组织主要为某一工业区或港湾等地方作业服务，一般位于大工业企业和水陆联运地区，办理大量的货物装卸和小运转作业。如大连、秦皇岛、大同等枢纽。

5.1.4　铁路车辆与机车

5.1.4.1　铁路车辆

铁路车辆是运输货物和旅客的工具，在铁路车辆上，一般没有动力装置，需要把车辆编成一列，通过机车牵引在线路上运行，才能达到运送旅客和货物的目的。

1. 铁路车辆的分类

铁路车辆按用途分为客车、货车和特种用途车三类。

1）铁路客车

铁路客车是专门用来运送旅客和为旅客服务的车辆。为保证旅客安全，客车车体采用钢骨架加外包板的全金属结构，材质由普通钢发展为低合金钢、不锈钢乃至铝合金，以提高车体的强度和刚度。为提高旅客乘坐的舒适性，除力求车体内部装饰美观外，车厢设空气调节装置同时，还采用优良的弹簧悬挂装置，让旅客在途中不会感到剧烈颠簸。表 5-4 列出了客车车种、基本型号、用途及特点。

表 5-4　客车车种、基本型号、用途及特点

分类	车种名称	基本型号	车辆用途及特点
运送旅客的车辆	硬座车	YZ	供旅客乘坐用，座位的坐垫和靠背无弹簧
	软座车	RZ	供旅客乘坐用，座位坐垫和靠椅有弹簧
	硬卧车	YW	常供长途旅客用，一般分上、中、下三层铺
	软卧车	RW	卧铺垫设有弹簧，每个单间一般不超过 4 人，有拉门
	双层硬座车	SYZ	在上、下层客室内及两端中层设置硬席座椅

分类	车种名称	基本型号	车辆用途及特点
运送旅客的车辆	双层软座车	SRZ	在上、下两层客室内及两端中层设有硬席座椅
	双层硬卧车	SYW	在上、下层客室内,设多个两层硬席卧铺的单间,但不设拉门,两端中层各设一个三层铺6人间,不设拉门
	双层软卧车	SRW	在上、下客室内设有软席包间,两端中层各设一个包间
为旅客服务的车辆	餐车	CA	供旅客途中用餐的车辆,车内设有厨房和餐厅
	双层餐车	SCA	车内上、下两层为餐厅,中层2位端设厨房和侧走廊
	行李车	XL	运送旅客的行李和包裹用的,设有行李间和行李员办公室
特种用途的车辆	邮政车	UZ	运送邮件用的车辆,车内设有邮件间及邮务人员办公室
	公务车	GW	国家机关和铁路有关人员到沿线检查用的车辆,有办公室及生活设备
	医务车	YI	供铁路沿线巡回医疗用的车辆,车内设有医疗设备
	卫生车	WS	专供运送伤员用的车辆,设有供伤员用的医疗和修养设备
	试验车	SY	专供各种试验用的车辆,车内设有试验设备
	维修车	EX	车内设有检查和维修线路及其设备的装备
	空调发电车	KD	专向全空调列车供电的车辆,车内设有柴油机、发电机等
	文教车	WJ	向铁路沿线职工进行宣传教育和文体娱乐活动等使用的车辆,如文化车、技术教育车、电影车等

2) 铁路货车

铁路货车是用来运送货物的车辆,如敞车、棚车、平车、罐车和保温车等。货车按照适合装运货物品种的多少,又可分为通用车和专用车。通用车能适应多种货物运输要求,回空损失较小。专用车则不然,它只适应装运一种或少数几种性质相同的货物,空车率较高。不过,专用车在结构上可以同选定的装卸设备配套,有利于缩短装卸作业时间,加速车辆周转。

通用车的类型主要有敞车、棚车、平车、罐车及冷藏车。专用车的类型主要有集装箱车、矿石车、长大货物车、家畜车、毒品车、水泥车、粮食车、守车。表5-5列出了货车车种、车种编码、用途及特点。

表 5-5　货车车种、车种编码、用途及特点

分类	车种名称	基本型号	车辆用途及特点
通用货车	敞车	C	车体无顶棚,有固定的车墙,墙高 0.8 m 以上;可运装不怕日晒的货物;加盖篷布后可作棚车用
	棚车	P	车体有顶棚、车墙及门窗,可用于运送贵重及怕日晒雨淋的货物,有的安装火炉、烟囱等设备,必要时可运送人员或马匹
	平车	N	车体为一平板或设有可翻下的活动底侧、端墙板;可运装大型钢梁、混凝土梁、大型机械及带轮自行货物,或装运矿石、砂石等块、粒状货物
专用货车	罐车	G	车体呈圆筒形;专用于装运液体、液化气体及粉状物,如汽油、液态氢、氧化铝粉等
	冷藏车	B	车内设有降温和加温设备,车体有隔热性能,能使车内保持一定温度;供运送鱼、肉、水果等易腐败货物用
	集装箱车	X	无地板和车墙板,车底架上表面设有固定式、翻转式锁闭装置,供运送 TBJ10 t 箱以及 GB1413—85 系列集装箱
	矿石车	K	供运送矿石、煤炭等货物用;有的车体下部呈漏斗形,并设底、侧车门卸货(漏斗车);有的车体能向一侧倾斜,由侧门卸货(自翻车)
	长大货物车	D	运送长大货物;一般载重量 90 t 以上,长度 19 m 以上,只有底架,无墙板
	毒品车	W	运送农药等有毒货物,空闲时可装运化肥;车体黄色,有墙板,车顶,在车顶增设遮阳板;车内四角各有一个排水口,以便洗刷时排水
	家畜车	J	运送猪羊等家畜用。车内有一至三层,有车墙及车顶,车墙木条间隙可以通风,有的还设有饲料槽
	水泥车	U	供运送散装水泥用;有的为密封式罐型车体,车顶有装货口,设有气卸式卸货装置,用压力空气卸货
	粮食车	L	运送散装粮食之用;车顶有六个装货口,车体端墙下部倾斜,车底有三个漏斗,每个漏斗底部设有一个卸货口,漏斗下部还各设有一个板式卸货口
特种车辆	特种车	T	按特种用途车设计制造额货车,结构与上述车辆不同,如检衡车、救援车、除雪车等

3）特种用途车

特种用途车是为铁路自身业务需要而设计的。使用中,可以是单车,也可以是由若干车辆组成的车列。特种用途车的种类很多,其中有为新线建设或旧线维修运送石碴的石碴车,有为检定轨道平衡计量性能的检衡车,有为扫除钢轨内外侧积雪的除雪车,有为排除线路障碍物和起复事故机车车辆的救援车,还有为进行各种科学实验的试验车等。特种用途车尽管与客货运输的直接关系不大,但它是铁路车辆这个大家族中一个重要的成员。

另外,车辆还有其他一些分类方法,如按每辆车车轴数可分为四轴车、六轴车和多轴车等,我国铁路车辆以四轴车为主。货车按每辆载重量不同又可分为 50 t、60 t、75 t、90 t、150 t、280 t、370 t 等多种。

2. 铁路车辆的基本构造

铁路车辆的种类很多,但基本构造都是类似的。铁路车辆主要由车体及车底架、走行部、车钩缓冲装置、制动装置和车辆内部设施五个基本部分组成。

1）车体

车体是车辆容纳旅客和货物的地方。货车车体既要确保货物运输安全,又要考虑货物装卸方便,加之货物品种繁杂,所以其车体的结构形式是多种多样的,一般由地板、侧墙、端墙、车门及车顶等组成。客车车体的骨架为钢材,一般由底架、侧墙、车顶和端墙四个主要部分焊接而成,骨架外面包有地板、侧板、顶板和端板,形成一个上部带圆弧下部为矩形的封闭壳体,称为筒形结构车体。

（1）棚车。棚车车体由地板、侧墙、端墙、车顶和门窗组成。棚车是铁路货运的通用车辆,主要用于运送粮食、日用工业品和贵重仪器设备等怕日晒、雨林、雪侵的货物。有些棚车还可以运送人员和马匹。棚车的主要型号有 P50、P60、P62、P63、P64、P64A 等。在我国,棚车约占货车总量的 20％,其基本形状如图 5 - 9 所示。

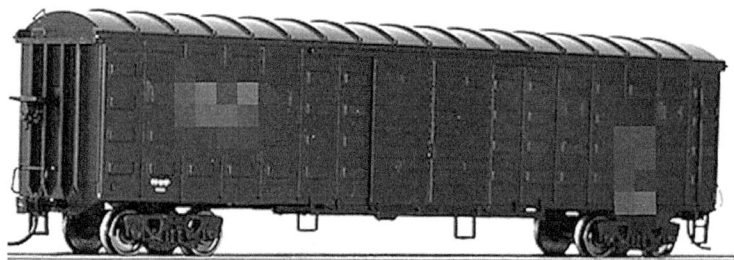

图 5 - 9　铁路棚车

（2）敞车。敞车由地板、端壁,侧壁和车门组成,无车顶。敞车主要运送煤炭、矿石、木材、钢材等大宗货物,也可运送重量不大的机械设备。另外,敞车蒙上防水帆布等遮篷物后,可以作为棚车使用。主要车型有 C50、C62、C65、C62A、C61 等。在我国,敞车约占货车总量的 50%,其主形状如图 5 - 10 所示。

图 5 - 10　铁路敞车

（3）罐车。罐车是车体成罐型车辆,主要用来运送各种液体、液化气体和粉末状货物等。按用途可分为轻油类罐车、黏油类罐车、酸碱类罐车、液化气体类罐车和粉末状货物罐车;按结构特点可分为有空气包和无空气包罐车、有底架和无底架罐车、上卸式和下卸式罐车。主要车型有：G16 无底架轻油罐车、G60A 无底架轻油罐车、G70 新型轻油罐车、GH40 型液化石油气罐车、GF 玻璃钢罐车（专运盐酸）、GLB 沥青（保温型）罐车等。其基本结构如图 5 - 11 所示。

图 5 - 11　铁路罐车

（4）平车。平车主要运送钢材、木材、汽车、机械设备等体积或重量较大的货物,也可以借助集装箱运送其他货物。平车还能运送军用装备,以适应国防需要。中国铁路的平车约占货车总量的 12%,主要车型有 N12、N16、N17 和 N60 等。其基本形状如图 5 - 12 所示。

图 5‑12　铁路平车

（5）保温车。保温车又称为冷藏车,主要用来运送鱼、肉、鲜果和蔬菜等容易腐败的货物。在运送这些货物的过程中,为了保持一定的温度、湿度和通风条件,保温车的车体需要装备隔热材料,车内设有冷却装置、加温装置、测温装置和同分装置等,具有制冷、保温和加热三种性能。保温车外部往往涂有银灰色的油漆,有利于减少辐射热。我国自制的保温车有冰箱保温车和机械保温车两种,其中冰箱保温车有 B11、B14、B16、B17 等型号;机械保温车主要有 B18、B18、B21、B23 等型号。保温车如图 5‑13 所示。

图 5‑13　铁路保温车

（6）专用货车。在铁路货车里,一般把矿石车、家畜车、水泥车、粮食车、毒品车、集装箱车以及长大货物车列为专用货车。专用货车用途比较单一,一般只运送一种或很少几种货物,同一种车辆要求装载的货物外形尺寸或重量比较单一。

（7）客车。铁路客车是指运载旅客和为旅客服务的车辆,也包括挂运在旅客列车中的其他用途车辆。客车车体由底架、侧墙、车顶、外端墙、内端墙、门、窗等组成,采用整体承载薄壁简型结构。车体内设有坐卧设备、给水设备、车电设备、通风设备和空调取暖制冷设备等。铁路客车如图 5‑14 所示。

2) 车底架

车底架是车体的基础,它与车体构成一个整体,支承在转向架上。车底架承受车体和货物的重量,并通过上下心盘将其重量传给走行部,在列车运行时,它还承

图 5 - 14　铁路客车

受机车牵引力和各种冲击力,需要具有足够的强度和刚度。

　　以货车为例,货车车底架由中梁、侧梁、枕梁、横梁、端梁及补助梁等组成,如图 5 - 15 所示。

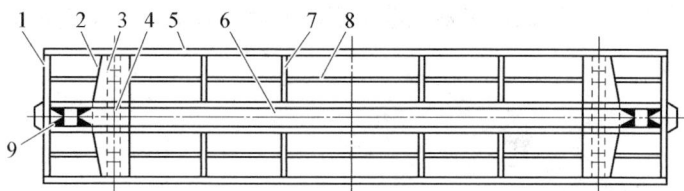

图 5 - 15　货车的底架结构

1—端梁;2—枕梁;3—上旁承;4—上心盘;5—侧架;6—中梁;7—大横梁;8—地板托梁;9—从板座

　　中梁位于车底架中央,两端是安装车钩缓冲装置的地方,它是底架的主要受力部件,承担全部垂直载荷和纵向作用力。枕梁位于底架的两端和转向架摇枕相对处。在枕梁下部的中央安装有上心盘,靠近两端下部安装有上旁承、分别与转向架摇枕上的下心盘及下旁承相对。枕梁负担全车的重量(不包括走行部),并通过上下心盘将重量传给走行部。侧梁与枕梁及各栋梁连接,其上安装侧墙。端梁位于底架的两端,其上安装端墙。端墙中部与中梁端部配合处设一缺口,并配装冲击座,以便装入车钩缓冲装置。

　　客车底架构造和货车相似。但因客车两端必须设置通过台,所以它的中梁伸出端梁之外与通过台端梁和侧梁组成一个通过台架。

　　3) 走行部

　　走行部的作用是引导车辆沿轨道运行,并把车辆的重量传给钢轨。它应保证车辆以最小的阻力在轨道上运行,并能顺利通过曲线。

　　在四轴车上,四组轮对分成两部分,每两组轮对和侧架、摇枕、弹簧减震装置等组成一个整体,即转向架。

铸钢侧架式转向架是我国铁路上广泛采用的一种货车转向架。下面我们就以它为例说明转向架的一般构造。

（1）轮对。轮对是由两个车轮紧密地压装在一根车轴上而组成的。是车辆上最重要的部件之一（见图5-16）。

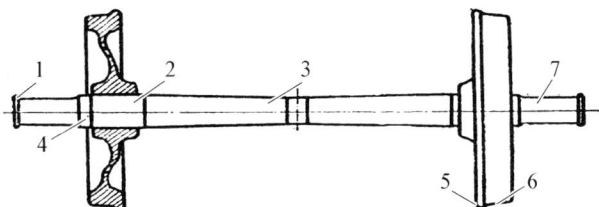

图5-16　轮对

1—轴领；2—轮座；3—轴身；4—防尘板座；5—轮缘；6—踏面

（2）轴箱油润装置。轴箱油润装置的作用是将车辆的重量传给轮对，并且不断地将润滑油供给轴颈，保证车轴在载重下高速运转时不至于发生热轴现象，使车辆能够安全运行。

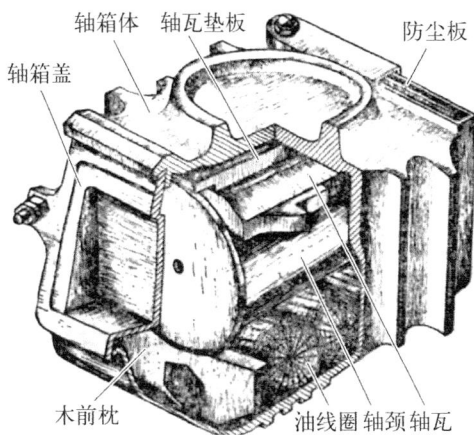

图5-17　滑动轴承箱

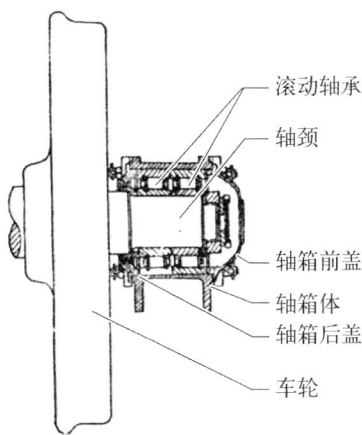

图5-18　滚动轴承箱

（3）侧架、摇枕及弹簧减震装置。图5-19为铸钢侧架。它的两端有轴箱导框，以便嵌入轴箱两侧的导槽中。侧架中部设有立柱和弹簧承台，是安装弹簧减震装置的地方。

摇枕连同下心盘、旁承盒铸成一体，它的两端支座在弹簧上（见图5-20）。车体的重量和载荷通过下心盘经摇枕传给两侧的枕弹簧，并通过摇枕将两个侧架联系起来。下心盘和装在车体枕梁下面的上心盘相对，车体重量集中由心盘传给摇枕。

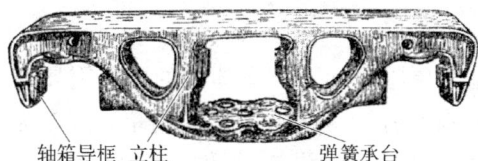

轴箱导框　立柱　　　　　弹簧承台

图 5 - 19　侧架

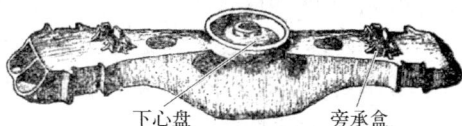

下心盘　　　　旁承盒

图 5 - 20　摇枕

客车转向架是一种无导框式转向架,这种转向架没有轴箱导框(见图 5 - 21)。构架侧梁下面的轴箱弹簧,直接放置在轴箱体两侧的弹簧托板上。转向架上的弹簧用来缓和车辆在运行中的振动,同时也能缓和车辆对轨道和桥梁的冲击作用。

图 5 - 21　客车转向架

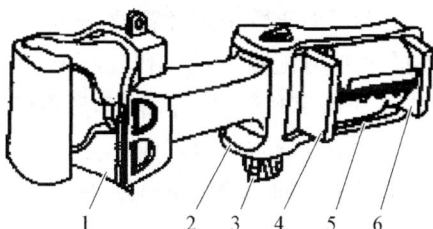

1　　2　3　4　5　6

图 5 - 22　车钩缓冲装置

1—车钩;2—钩尾框;3—钩尾销;4—前从板;
5—缓冲器;6—后从板

4) 车钩缓冲装置

车钩缓冲装置可使机车和车辆或车辆和车辆之间实现连挂,并且传送牵引力和制动力,缓和列车运行或调车作业所产生的冲击力。

车钩缓冲装置由车钩、缓冲器、钩尾框、从板等零部件组成。图 5 - 22 为货车车钩缓冲装置的一般结构形式。

5) 制动装置

为了保证行车安全,满足运行的列车或移动的车辆减速和停车的要求,机车和车辆都必须装备制动装置。制动装置是用外力迫使运行中的机车车辆减速或停车的一种设备。它是列车安全运行的重要保证,也是提高列车重量和运行速度的前提条件。

制动装置由制动机和基础制动装置两部分组成。按照动力来源及操作方法,制动机分为手制动机、电空制动机、真空制动机、轨道电磁制动机和空气制动机等。真空制动机现在已经被淘汰,而电空制动机的工作原理又源于空气制动机的基本作用原理。我国机车车辆上安装的制动机主要有空气制动机和手制动机。空气制动机又称为自动空气制动机,是利用压缩空气产生制动力,一般用于列车制动;手制动机是用人力进行制动,一般用于调车时对个别车辆或车组实行制动用。

6）车辆内部设备

车辆内部设备是一些能良好地为运输对象服务而设于车体内的固定附属装置。货车由于类型不同，内部设备也因此千差万别，一般来说比客车简单。客车为了满足旅客旅行需要，装有多种直接为旅客生活服务的设施，如供水装置、采暖装置、通风装置、空调装置、电气装置等，又如列车信息显示系统、列车有线和无线通话系统、播音系统等。

3. 车辆运用

标记车辆运用标记是铁路运输部门如何运用车辆的依据，有以下六种：

1）车辆编码

为了对车辆识别和管理，适应全国铁路微机联网管理的需要，对运用中的每一辆车均应分配唯一的编码。编码的主要内容为车种、车型、车号。车号编码采用4～7位数字代码，因车种、车型不同，使用数字规定了区分范围，同种车辆的车号必须集中在规定的码域内。表5-6列出了客车车种、车型、车号编码；表5-7列出了货车车种、车型、车号编码。

表5-6　客车车种、车型、车号编码

车　　种	基本型号	车号范围	车　　种	基本型号	车号范围
软座车	RZ	10 000～19 999	行李车	XL	3 000～6 999
硬座车	YZ	20 000～46 999	邮政车	UZ	7 000～9 999
双层软座车	SRZ	10 000～19 999	餐车	CA	90 000～94 799
双层硬座车	SYZ	20 000～46 999	公务车	GW	
软卧车	RW	50 000～59 999	试验车	SY	
硬卧车	YW	60 000～89 999			

表5-7　货车车种、车型、车号编码

车　　种	基本型号	车号范围	车　　种	基本型号	车号范围
棚车	P	3 000 000～3 499 999	长大货物车	D	5 600 000～5 699 999
敞车	C	4 000 000～4 899 999	毒品车	W	8 000 000～8 009 999
平车	N	5 000 000～5 099 999	家畜车	J	8 010 000～8 039 999
罐车	G	6 000 000～6 309 999	水泥车	U	8 040 000～8 059 999

续　表

车　　种	基本型号	车 号 范 围	车　　种	基本型号	车 号 范 围
保温车	B	7 000 000～7 231 999	粮食车	L	8 060 000～8 064 999
集装箱车	X	5 200 000～5 249 999	特种车	T	8 065 000～8 074 999
矿石车	K	5 500 000～5 531 999	守车	S	9 000 000～9 049 999

2) 自重、载重和容积

自重为空车状态下车辆本身的全部重量,以 t 为单位,取小数一位;载重即车辆技术条件所允许的最大装载重量;除平车以外的货车及客车中的行李车、邮政车应注明可供装载货物的容积。

3) 车辆全长及换长

车辆全长为两端车钩位于锁闭位置时两端钩舌内侧间的距离。换长是为了编组列车时统计工作的方便,将车辆全长换算成辆数来表示的长度。换算时以早期生产使用的 30 t 棚车长度 11 m 为计算标准,即换长等于车辆全长除以 11 m,计算中保留一位小数,尾数四舍五入。

4) 车辆定位标记

如图 5-23 所示,以制动缸活塞推出的方向为车辆的 1 位端,另一端为 2 位端。手制动机都安装在第 1 位。车辆的车轴、车轮、轴箱、车钩、转向架等的位置称呼,均由 1 位端数起,左右对称时从左到右,顺次数到 2 位端。

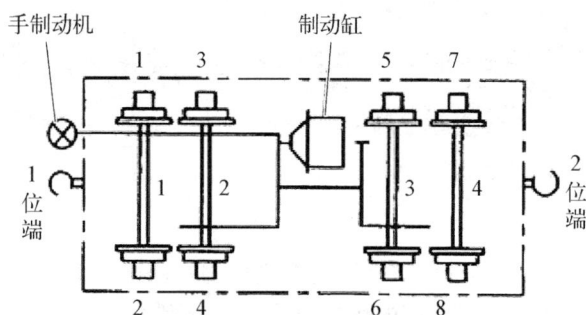

图 5-23　车辆定位

5) 表示车辆设备、用途及结构特点的各种标记(主要指货车)

Ⓜ 表示可以参加国际联运的客货车;🛇 表示禁止通过机械化驼峰的货车;🚹 表示具有车窗、床托等的棚车,必要时可供运送人员用;🐴 表示具有拴马环或

其他拴马装置的货车等。

6）客车车种汉字标记及定员标记

为了便于旅客识别，在客车侧墙上的车号前用汉字涂打车种名称，如硬座车YZ23456、硬卧车 YW66543 等。

5.1.4.2 铁路机车

铁路机车是列车的动力来源，因此机车的台数与牵引力大小均影响列车的行驶速度与服务质量。理想的机车除了能够提供足够的马力之外，在维修保养方面亦须具方便性，才可以提高营运效率。机车按动力装置的不同可分为蒸汽机车、内燃机车和电力机车等。

1. 蒸汽机车

这是早期的铁路机车类型，它利用燃煤将水加热成水蒸气，再将水蒸气送入汽缸，借以产生动力，来推动机车的车轮转动。这类机车的主要优点是价格低廉而且维修容易，缺点则是牵引力不够大，热效率甚低(仅为 6%)，而且会污染空气造成乘客不舒适。另外，在重联牵引时亦需要增加驾驶人员，导致费用增加。蒸汽机车由锅炉、汽机、车架和走行部以及煤水车等组成(见图 5‑24)。

图 5‑24　铁路蒸汽机车　　　　图 5‑25　铁路内燃机车

2. 内燃机车

1911 年美国通用公司开始试验以内燃机作为铁路的动力来源，因而制造了世界上的第一辆柴油机车。此后，内燃机车受到各国铁路业者的喜好而加以采用。图 5‑25 为内燃机车。

内燃机车系利用柴油做燃料，以内燃机运转发电机产生电流作为动力来源，再由电流牵引电动机使其带动车轮转动。与蒸汽机车相比，内燃机车具有以下优点：

(1) 高功率大、速度高。目前，大功率的内燃机车可达 4 000～5 000 马力(1 马力=0.735 kW)，最高速度可达 140～160 km/h。

（2）用水量少。内燃机车只需要几百公斤的水用于循环冷却。

（3）热效率较高。内燃机车的热效率一般平均可达 30% 左右。

（4）乘务员劳动条件好。

但是,内燃机也会对大气和环境造成污染。

3. 电力机车

这种机车是利用机车上的受电弓将轨道上空的接触电线网的高压电直接输入至机车内的电动机,再将电流导入牵引电动机,使之带动机车车轮。图 5-26 为铁路电力机车。

图 5-26　铁路电力机车

电力机车能源的适应性强,利用率高、经济效益明显。电力机车的能源直接来自容量很大的接触网,电力机车功率大、过载性能强、爬坡性能好,出车前的整备时间也比其他机车短,而且起动平稳、加速快,几乎不受气候和地理条件的限制。

此外,电力机车本身不带原动机,没有煤油和废气,不污染环境,不仅司机劳动条件良好,并能为旅客创造清洁的旅行条件。

4. 动车组

铁路列车除了以机车连挂客、货车牵引行驶之外,也还可将驾驶室及动车与客车合在一起,这种车辆在铁路营运上称为动车组。动车组按动力装置一般可分为内燃动车组和电动车组。

使用动车的比重以日本为最大,占 87%;荷兰、英国次之,分别占 83% 和 61%;法国、德国又次之,分别占 22% 和 12%。动车组称得上是铁路旅客运输的生力军。

中国首列液力传动内燃动车组,1998 年底由四方机车车辆厂研制,动车组总功率为 2 000 kW,设计速度 140 km/h,总定员 450 人,如图 5-27(a)所示。

"中原之星"交流传动电动车组,动车组总功率 6 400 kW,最高运营速度 160 km/h,总定员 1 178 人,如图 5-27(b)所示。

"中华之星"高速电动车组,列车最高运营速度可达 270 km/h,是目前我国商业运行时速最快的电动车组。2002 年 11 月 27 日,"中华之星"在秦沈客运专线综合试验中,成功创造了中国铁路的最高速度 321.5 km/h,如图 5-27(c)所示。

国产摆式动车组,内燃液力传动摆式动车组,2003 年研制成功的时速 160 km/h 的摆式动车组。该车由于采用了先进的倾摆技术,所以曲线通过速度将比普通客

(a) (b)

(c) (d)

图 5 - 27 中国动车组

车提高 20%～30%，如图 5 - 27(d)所示。

CRH380 A 型电力动车组,2010 年由南车青岛四方机车车辆股份有限公司自主研发的 CRH(中国铁路高速列车)系列高速电力动车组,也是"中国高速列车自主创新联合行动计划"的重点项目,是中国标准动车组问世以前世界上商业运营速度最快、科技含量最高、系统匹配最优的动车组,持续时速 350 km,最高时速 380 km 及其以上。

5. 磁悬浮列车

磁悬浮列车是一种靠磁的吸力和排斥力来推动的列车。由于其轨道的磁力使之悬浮在空中,行走时不需接触地面,因此其阻力只有空气的阻力。磁悬浮列车的最高速度可以达每小时 500 km 以上,比轮轨高速列车的 300 多公里还要快,因此可成为航空的竞争对手。

5.1.4.3 铁路信号

1. 铁路信号概念和分类

铁路信号是指示列车运行和调车工作的命令。有关行车人员必须按照信号的指示办事,以保证铁路运输安全和提高运输效率。

铁路信号可以分为听觉信号和视觉信号两大类。听觉信号是以不同声响设备发出音响的强度、频率、音响长短和数目等特征表示的信号。用号角、口笛、响墩发出的音响和机车、轨道车的鸣笛等发出的信号,属于听觉信号;视觉信号是以物体或灯光的颜色、形状、位置、数目或数码显示等特征表示的信号。用信号机、信号灯、信号旗、信号牌、火炬等显示的信号,都是视觉信号。

视觉信号按信号装置又可分为固定信号、移动信号和手信号。用手拿信号灯、信号旗或手势显示的信号称为手信号,临时设置的信号牌、信号灯等称为移动信号,在固定地点安装的信号设备称为固定信号。

大多数情况下,是将信号设备固定安装在一定的位置,这种信号称为固定信号,相对而言还有手信号和移动信号。

固定信号机应设在列车运行方向的左侧,或设在它所属线路中心线的上空。但在有曲线、建筑物等影响陈望信号的特殊情况下,也可设在右侧。

我国铁路根据运营要求,视觉信号有红色、黄色、绿色 3 种基本颜色,分别表示停车、注意或减速运行、按规定速度运行 3 种不同意义。

2. 固定信号机

按照构造的不同,铁路上的固定信号机分为臂板信号机和色灯信号机两种。臂板信号机现在已经基本淘汰。色灯信号机一般采用灯光的颜色、数目表达显示意义,分为透镜式和探照式两大类。现在,主要采用透镜式(又称多灯式)色灯信号机。透镜式色灯信号机每个灯光颜色都各有一个灯头来显示;根据机柱的有无,色柱信号机又分为高柱型和矮柱型。

色灯信号机的灯光颜色主要有红、黄、绿三种基本颜色和月白、蓝色两种辅助颜色,分别表示的含义为:红色——停车;黄色——注意或减速行驶;绿色——按规定速度行驶;月白色——允许调车或引导信号;蓝色——禁止调车或容许信号。

信号机的设置地点对信号显示距离远近和安全行车等都有很大关系,需要符合相关的规定和要求。我国铁路实行左侧行车,所以固定信号机一般应设置在列车运行前方线路的左侧位置或所属线路的中心线的上空。根据用途的不同,固定信号机有不同的类型。

(1) 进站信号机:设置在车站入口,指示列车能否进入车站,起到防护车站及车站进路的作用。

(2) 出站信号机:设在发车进路起点,防护发车进路和区间,指示列车能否向区间发车,可同时兼调车信号机。

(3) 调车信号机:指示调车机车进行调车作业,防护调车进路。

(4) 进路信号机:指示能否由车站的一个车场进入另一个车场,分为接车进路信号机和发车进路信号机。

（5）通过信号机：防护自动闭塞区段的闭塞分区和非自动闭塞区段的所间区间，一般设于区间闭塞分区的入口处或线路所在地。

（6）遮断信号机：设于需要防护的道口、桥梁、隧道的前方，当有危及行车安全的情况发生时，指示列车停车。

（7）驼峰信号机：设在驼峰调车场的驼峰顶部，指示机车进行推峰作业。

（8）复示信号机：是当进站、出站、通过信号机受地形、地物影响，达不到规定的显示距离时，在其前方设置的信号机。

（9）预告信号机：设于主体信号机前方，用于对进站信号机、非自动闭塞的通过信号机进行预告，一般设于非自动闭塞区段。

3. 移动信号、手信号、响墩及火炬信号

在站内或区间，当线路上出现临时故障或进行施工，要求列车或调车车列禁止驶入或减速运行时，都应按照有关规定设置移动信号、安放响墩、火炬或者用手信号进行防护，以便保证安全。

（1）移动信号：分为停车信号、减速信号和减速防护地段终端信号，昼间相应的显示方式分别为红色方牌、黄色圆牌、绿色圆牌；夜间相应的显示方式为柱上红色灯光、柱上黄色灯光、柱上绿色灯光。

（2）手信号：是铁路行车有关人员在作业中，进行指挥、联系时广泛采用的视觉信号，昼间使用不同颜色的信号旗，夜间使用不同颜色的灯光。

（3）响墩：是一种听觉信号。它的外壳是扁圆形的薄铁皮，里面装有炸药。用响墩进行防护时，把它安放在要求紧急停车地点两端的轨面上，车轮压上后响墩就会爆炸，司机听到爆炸声应紧急停车。

（4）火炬：是一种特制的信号设备，即使在大风大雨的情况下仍然可以燃烧，并发出强烈的红色火光。当要求开来的列车立即停车时，可以将它点燃，进行防护。司机发现火炬信号的火光，应当立即紧急停车。

4. 信号表示器和信号标志

信号表示器和信号机不同，它没有防护的意义，而是用来表示行车人员的意图、与行车有关设备的位置和状态及信号显示的某种附加含义。信号表示器的种类很多，常用的有道岔、进路、脱轨、车挡表示器等。

信号标志常见的有警冲标、站界标、预告标、司机鸣笛标等。信号标志用来表示线路所在地点的某种情况或状态，以便引起行车有关人员的注意。

（1）警冲标：警冲标设在两条会合线路线间距离为 4 m 的中间，用来指示机车车辆的停留位置，防止机车车辆的侧面冲撞。

（2）预告标：预告标以三块为一组，设在进站信号机外方 900 m、1 000 m 和 1 100 m 处，用来提前预告司机列车已接近进站信号机，以便注意瞭望，但是，在装设预告信号机或自动闭塞的区段,都不设预告标。

（3）司机鸣笛标:司机鸣笛标设在道口、大桥、隧道或视线不良点的前方500～1 000 m处。司机见到这种标志时应当长声鸣笛。

5.2　铁路运输业务

铁路运输生产是以列车装载旅客和货物,沿着铁路线路运行,从而实现旅客和货物的位移。因此,有关旅客和货物的位移以及机车、车辆和列车的移动,都属于铁路运营活动。为安排、组织铁路运营活动所进行的各种工作,统称为铁路运营工作,在中国又称为铁路运输组织工作。

铁路运营工作是综合运用线路、车站、机车、客车、货车、通信信号等各种运输技术设备,统筹协调各个专业部门和各个生产环节的关系,完成铁路旅客运输和铁路货物运输任务。

铁路运输按其运输目的划分:铁路旅客运输、铁路货物运输。

5.2.1　铁路旅客运输

1. 客流与旅客列车种类

旅客根据其旅行需要,选择一定的运输方式,在一定的时间和空间范围作有目的的移动便形成客流。客流由流量、流向、流时和流距四个主要因素构成,我国铁路采用按旅行距离结合铁路局管辖范围的分类方法,将客流分为直通、管内和市郊三种。

（1）直通客流:旅行距离跨及两个及其以上铁路局的客流。此种客流旅行距离较长,要求列车服务标准高,旅客注重舒适度。

（2）管内客流:旅行距离在一个铁路局范围以内的客流。此种客流旅行距离较短,旅行时间要求能早出晚归。

（3）市郊客流:往返于大城市和附近郊区之间的客流。这种客流主要是通勤职工、通学学生和去城镇赶集的商贩,旅客乘车距离短,对列车准点、售票便捷要求高。

根据不同的客流及其旅行需求特点,要求不同的线路设备和机车车辆装备条件,还需铁路开行不同等级的旅客列车。随着客运市场竞争的发展和客运需求的多元化,旅客列车种类也呈现多元化的趋势。

旅客列车的种类可分为普速列车,高速列车。其中普速列车可分为特快旅客列车、快速旅客列车、普通旅客列车;高速列车可分为高速旅客列车、城际旅客列车、动车组旅客列车。

表5-8列出了全国铁路旅客列车车次编组。

表 5-8 全国铁路旅客列车车次编组

旅客列车类型	旅客列车车次编组
高速动车组旅客列车	G1—G9998 次
城际动车组旅客列车	C1—C9998 次
动车组旅客列车	D1—D9998 次
直达特快旅客列车	Z1—Z9998 次
特快旅客列车	T1—T9998 次
快速旅客列车	K1—K9998 次
普通旅客列车	1001—7598 次
通勤列车	7601—8998 次
临时旅客列车	L1—L9998 次
旅游列车	Y1—Y998 次
动车组检测车	DJ5501—DJ5598 次
回送出入厂客车底列车	001—00298 次
回送图定客车底列车	在车次前冠以"0"
因故折返旅客列车	原车次前冠以"F"

2. 旅客列车运行组织

1）旅客列车重量和速度的选择

主要考虑的因素：提高旅客列车直通速度。

主要措施：

① 提升列车运行的速度；

② 尽量减少列车停站的次数；

③ 缩短列车停靠在站台的时间。

还需考虑的因素：列车始发时刻、终到时间、通过大站的时刻，即从方便旅客的角度考虑。

2）旅客列车开行方案的制订

（1）旅客列车开行方案是指确定旅客列车运行区段、列车种类及开行对数的计划。

（2）列车的运行区段由旅客列车的始发站、终到站及经由线路构成。

（3）列车种类显示列车不同的等级或性质。

（4）开行对数的多少表示行车量的大小。

3. 客运站工作组织

客运站工作组织如图 5‑28 所示。

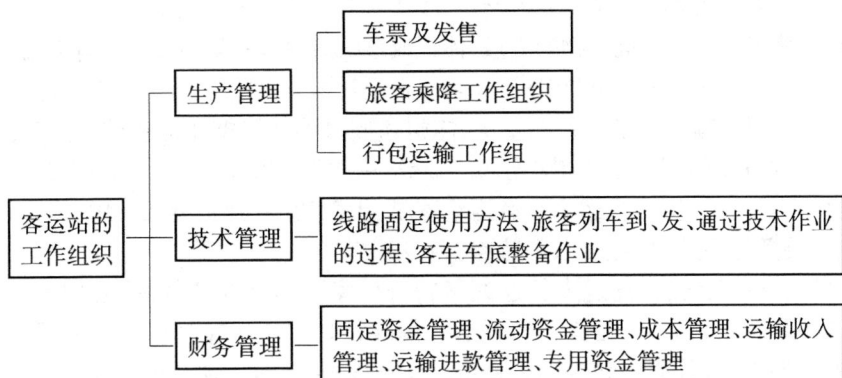

图 5‑28　客运站工作组织

4. 旅客运输计划

铁路旅客运输计划的目的是为了充分挖掘运输潜力，组织旅客均衡运输，提高客运服务质量，保证旅客安全、迅速、准确、便利地旅行。旅客运输计划根据执行期的不同，可以分为以下三种：

（1）长远计划。长远计划一般为五年、十年或更长时期的规划，是铁路旅客运输的发展计划，通常根据国民经济计划的期间进行编制。

（2）年度计划。年度计划是旅客运输的任务计划，根据长远计划结合年度具体情况编制，是确定旅客列车行车量及客运运营支出计划的根据。

（3）日常计划。日常计划是日常旅客运输的工作计划，根据年度计划任务，结合日常和节假日客流波动而编制，是实现年度计划的保障。

旅客运输计划主要依据客流调查资料和旅客运输统计资料来编制，其主要组成部分是客流计划。根据客流计划，可确定旅客列车的开行区段和对数。同时，参照以往的客流规律，对每次列车的票额进行分配，从而使运输能力得到充分利用，保证旅客均衡运输。

5.2.2　铁路货物运输

铁路货物运输是利用铁路运输工具将货物从发站运往到站的运输生产过程，在法律上体现为铁路运输合同关系。

1. 铁路货物运输条件

铁路货物运输按一批托运的条件。"批"是铁路承运货物和计算运输费用的一个单位。"一批"是指使用一张运票和一份货票，按照同一运输条件运输的货物。按一批托运的条件是：托运人、收货人、发站、到站和装卸地点相同（整车分卸货物除外）。

2. 货物运输种类

根据托运人托运货物的数量、性质、形状和运输条件等,结合我国铁路技术设备条件,铁路货物运输按种类分为整车、零担和集装箱运输三类。

(1)整车运输。一批货物的重量、体积或形状需要以一辆及以上货车运输的,应按整车托运。整车货物运输费用较低,运送速度较快,安全性能好,承担的运量也较大。

(2)零担运输。一批货物的重量、体积和形状不够以整车运输的,应按零担托运。但一件货物体积最小不得小于 $0.02 \, m^3$ (一件重量在 $10 \, t$ 以上的除外),每批不得超过 300 件。零担货物运输具有运量零星、批数较多、到站分散、品种繁多、性质复杂、包装条件不一、作业复杂等特点。

(3)集装箱运输。托运人托运的货物符合集装箱运输条件的,使用铁路集装箱或自备集装箱装运,可按集装箱托运。集装箱是货物运输过程中一种可供重复使用的大型容器,分通用和专用集装箱。危险货物、鲜活货物及可能损坏或污染箱体的货物,不能使用铁路通用集装箱装运。集装箱运输具有保证货运安全、简化货物包装、提高装卸效率、加速车辆周转、便于组织"门到门"运输等优点,是一种现代化的运输方式,是铁路运输的发展方向。

铁路货物运输还可以按运输方式分为直通运输、管内运输、多式联运、快速运输——"五定"(定点、定线、定车次、定时、定价)班列、集装箱快运直达列车、鲜活货物快运直达列车。

3. 货物按一批托运的条件

"一批"是指使用一张货物运单和一份货票,按照同一运输条件运送的货物。

(1)整车货物以每车为一批,跨装、爬装及使用游车的货物,每一车组为一批。

(2)零担货物或使用集装箱运输的货物以每张货物运单为一批。

4. 铁路货物运输的基本作业

(1)发送作业:托运、受理、进货、验收、制票、承运、装车等。

(2)途中作业:交接、检查、换装整理、运输合同变更、整车分卸、运输故障的处理。

(3)货物到达作业:重车和货运票据的交接、卸车(卸车前检查、卸车作业、卸车后检查)、货物的交付和搬出。

铁路货物运输的基本作业如图 5-29 所示。

5. 货物运到期限

货物运到期限是铁路在现有技术设备和运输组织水平的条件下,将货物运送一定距离所需要的时间。货物运到期限是从承运人承运货物的次日起算,至到站卸车完了时止或货车调到卸车地点、货车交接地点时止的时间,由三部分时间组成:物发送期间为 1 日:货物运送期间为每 250 运价公里或未满为 1 日,按快运办理的整车货物每 500 运价公里或未满为 1 日;特殊作业时间按相关规定(如需要中途加冰的货物,一件重量或体积超过有关规定的零担货物等)确定。货物运到期限起码天数为 3 日。

受理

货运电子商务系统	12306及营业网点电话	货运营业网点及上门

客户需求

取货安排

上门取货

验货交接

进站交接

专用线装
车作业

交接签认

发送作业　承运

客户送货

验货交接

仓储服务

运单签认

核算制票收费

整车装车作业

集货配装

公路运输

航空运输

水路运输

应急
运输

集装箱
装车作业

一站整零
装车作业

包裹装
车作业

核算制票
收费

途中运输

卸车作业

交接签认

到货通知

仓储服务

送货安排

专用线
卸车作业

客户自提

出站交接

送货上门

货物交接

分拨配送　到达作业

客户签收

货运事故
处理与理赔

售后服务

投诉、回访、满意度调查

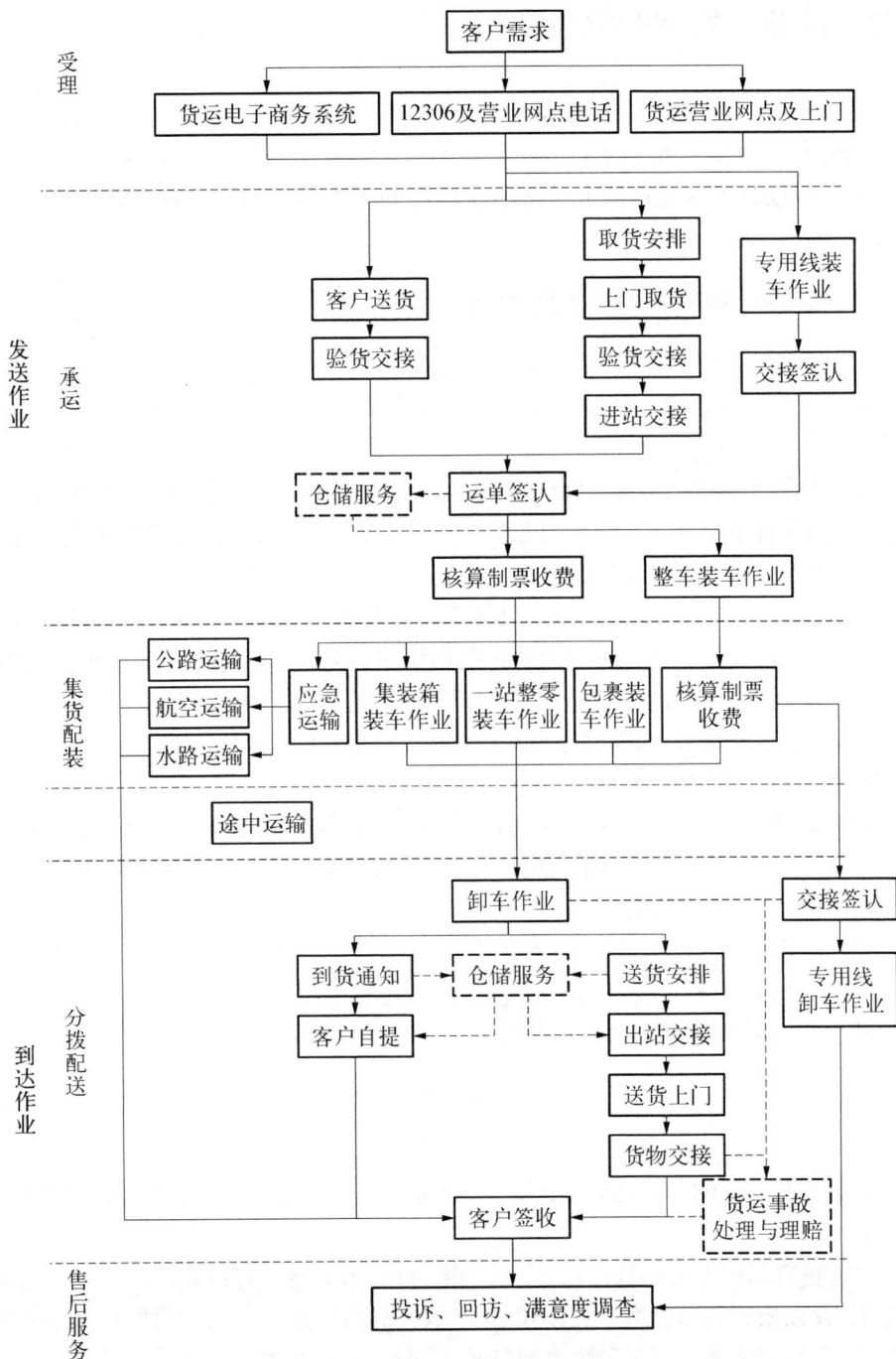

图 5 - 29　铁路货物运输的基本作业

5.3 铁路运输列车编组计划

规定铁路客、货列车开行方案及客车或货车组成客车车底和货车车列办法的技术文件称为列车编组计划。

铁路运输列车编组计划由铁路运输旅客列车编组计划、铁路运输货物列车编组计划两部分组成。

5.3.1 铁路运输旅客列车编组计划

旅客列车的组织主要有以下几个方面：

（1）旅客列车重量和速度的选择。在综合考虑众多因素的基础上，选择旅客列车最佳重量和速度。

（2）旅客列车开行方案的制订。旅客列车的开行方案，是指确定旅客列车运行区段、列车种类及开行对数的计划。确定旅客列车的开行方案，除了客流条件之外，还需考虑运行设备的配置条件。

（3）旅客列车运行线路网络。以旅客列车始发站、中途停靠站和终到站为节点，旅客列车站间运行区段为边而构成的网络图称为铁路旅客列车运行线路网络。

目标：运行径路与主要客流一致；尽可能以直达运输的方式组织，使换乘总次数最少，吸引客流量最大；使客流分布较为均匀，充分发挥运输设备的运输能力；合理布设列车运行线路。

（4）旅客列车种类的选择。首都与省会之间，各大城市之间应有高铁、动车、特快和快速，并且列车种类应协调；以较高级列车输送大城市间的直通客流；以较低级列车输送沿线短途客流。

（5）旅客列车运行方案图。制定了旅客列车的开行方案之后，需要为开行的每一道列车排点铺图，以便基层站段按图组织行车。

确定旅客列车行车量的计算方法：

$$N = \frac{A}{\alpha_{均}} \qquad (5-1)$$

式中：A 为两站间的计划客流密度，人/d；$\alpha_{均}$ 为列车平均定员，人/列；N 为列车数量，列/d。

（6）确定车底需要组数。旅客列车编组的客车车种、辆数和编挂顺序，一般是固定的，并以旅客列车编组表加以规定。这种固定连挂在一起的车列，称为客车固定车底，它在固定的运行区段内来回行驶，平时不进行改编。

一般情况下，长途旅客列车的固定车底编有硬座车、硬卧车、软卧车、餐车、行李车、邮政车。短途旅客列车车底编有硬座车、软座车、行李邮政车。

（7）客车车底周转图。车底周转图表示列车的始发、终到时刻和需用车底组数，并由此计算车底在配属站的折返站的停留时间。如图 5-30 所示，车底周转时间为 5 d，每天开行 1 列，该次列车共需 5 组车底。计算公式如下：

$$\theta_{车底} = \frac{2L_{客}}{v_{直达}} + t_{配}^{客} + t_{折}^{客} \tag{5-2}$$

式中：$\theta_{车底}$ 为车底周转时间，h；$v_{直达}$ 为旅客列车直达速度，km/h；$t_{配}^{客}$ 为车底在配属站停留时间，h；$t_{折}^{客}$ 为车底在折返站停留时间，h。

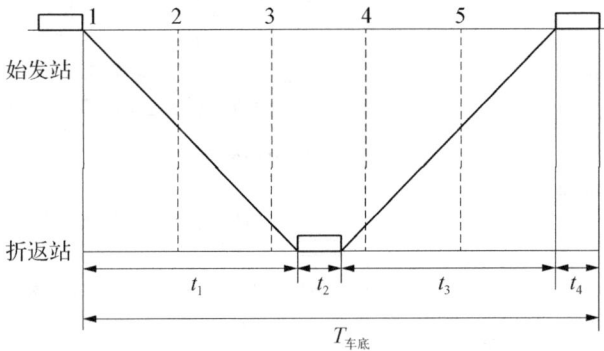

图 5-30　客车车底周转

5.3.2　铁路运输货物列车编组计划

货物列车编组计划是规定货车编入列车和向目的地输送办法的铁路运输技术管理文件。

货物列车编组计划的任务：ⅰ. 在装车地最大限度地组织直达运输和成组装车，以减少技术站的改编作业量，加速物资送达和货车周转；ⅱ. 根据车流特点、设备条件和作业能力，规定装车站和技术站编组列车的方法，合理分配技术站的编解调车任务；ⅲ. 在具有平行径路的方向上，按照运输里程及区段通过能力使用情况，规定合理的车流径路，以减轻主要铁路方向的负担；ⅳ. 在具有几个编组站、货运站的大枢纽内，尽可能地利用迂回线、联络线放行通过车流，以加速车流输送和减少车流在枢纽内的重复改编作业；ⅴ. 合理组织管内零散车流，加速区段管内车流的输送，更好地为工农业生产服务。

一般来说，装车地较大的车流组织为直达列车，直接送到目的地。余下的车流运往技术站集中，然后由技术站编入适当列车，并逐步转送到目的地。货物列车分类如表 5-9 所示。

表 5-9 货物列车分类

货物列车分类	列 车 种 类
按编组地点和运行距离	① 始发直达列车 ② 阶梯直达列车 ③ 整列短途列车 ④ 技术直达列车 ⑤ 直通列车 ⑥ 区段列车 ⑦ 摘挂列车 ⑧ 空车直达列车 ⑨ 小运转列车
按运输性质和用途划分	① 快运货物列车 ② 定期运行的货物列车 ③ 具有特定用途或特殊意义的货物列车
按列车内车组的数目及其编组方式	① 单组列车 ② 分组列车 ③ 按组顺或站顺编组的列车

货物列车的编组内容通常采用列车到达站（列车去向）来描述。一个列车到达站，对于重车来说大多是对到达某一范围内车流的一种界，对于空车而言是指定其编组的车种。

货物列车编组计划对每一到达站货物列车的编组办法都有明确的说明。

1) 装车地直达列车编组计划

由装车地（包括与其接轨的专用线）利用自装车编组的直达列车称为始发直达列车或阶梯直达列车。

始发直达列车从发站来看可分为一站组织和多站组织，一站组织又可分为一个装车点和多个装车点组织的不同形式。从到站来看可分为一个卸车站的，也有几个卸车站的。

2) 技术站列车编组计划

编制技术站货物列车编组计划的基本原理：在技术站编某一去向的列车时，车流是陆续到达的，而该站必须将这些车流加以集结，凑足成列后才能编组出发。编组直达还是非直达取决于集结时间和沿途技术站无改编通过的节省时间，如果节省时间大于集结时间则开行直达列车是有利的。

编制技术站货物列车编组计划的方法：绝对计算法、分析比较法和表格计算法等。

3) 相邻编组站间的列车编组计划

除去始发直达列车、空车直达列车和技术直达列车外，其余的货物列车都是在相邻两个编组站间运行的。这些列车包括直通列车、区段列车、摘挂列车和小运转列车。

　　编制相邻编组站间列车编组计划,应首先确定相邻编组站间车流。相邻编组站间车流分为技术站车流和区段管内车流。运送技术站客流主要是直通列车和区段列车。直通列车编组可按单组列车编组计划的计算方法编制。运送区段管内车流的主要是摘挂列车。重点摘挂列车和小运转列车中摘挂列车是基本形式。编制区段管内列车编组方案,首先应确定中间站的货物作业量,按装车去向和卸车方向编制区段内中间站到发车流表;其次编制区段管内重空车流表;最后再确定各站管内列车数。

　　4) 货物列车编组计划表

　　表 5-10 列出了货物列车编组计划。

表 5-10　货物列车编组计划表

发站	到站	编 组 内 容	列车种类	定期车次	附　注
b、a	C	C 站及其以远	阶梯直达	8813,8815	
P	q	Q 站卸	始发直达	8831	
q	P	空敞车	空车直达	8502	
A	C	C 站及其以远	技术直达		
A	D	D 站及其以远	技术直达		
A	B	① B 站及其以北 ② B 以东	直通		组顺不限
B	C	C 站及其以远	直通		
A	O	O 站及其以远	区段		
A	O	① a—k 站顺 ② O 站及其以远	摘挂	4151,4063	按站顺编组
A	C	快运车组 14 辆（包括公交车、不包括守车）	快运	8757	
A	b	① a 站 b 站选编成组 ② 空车	小运转		组顺不限

5.4　铁路列车运行图

5.4.1　列车运行图概念与作用

　　列车运行图实质上是列车运行的图解,它以横轴表示时间,并用垂直线等分横轴代表一昼夜的小时和分钟；以纵轴表示距离，并按照列车在行车区间运行时分的比例画水平线，代表各车站中心线的位置。图上的斜线称为列车的运行线，它与车站中心线的交点就是该列车在区段内有关车站的到、发或通过时刻。列车运行图是全路组织列车运行的基础。为了区别每一列车的不同性质和用途，在运行图中用不同颜色和符号的运行线来表示不同类别的列车，同时对每条运行线冠以相应的车次。列车运行图上还应标明区段名称、各站站名、区间公里、延长公里、闭塞方式、机车类型、列车重量和换长等必要的信息。

铁路运输是一个庞大的、复杂的多部门、多工种组成的系统，在实现运输过程中要利用多种技术设备，各个环节、各个部门必须相互配合、紧密联系、协同动作，才能保证行车安全、提高运输效率。列车运行图在这方面起着极其重要的作用。

车站要按照运行图规定的各次列车到发时刻来安排列车的接发、编解工作及客货运业务；机务部门要根据运行图来安排机车交路、机车整备作业和机车乘务组的工作；列检所要根据运行图规定的列车到、发时刻安排列车中车辆的技术检查工作；列车段、客运段要根据运行图的要求及时派出车长和列车乘务组值乘；工务、电务、供电等部门同样也要根据运行图来安排线路、桥隧、信联闭及接触网等设备的检修施工时间等。这样一来，通过列车运行图就可以把整个铁路网的活动联系成为一个统一的整体，把所有与行车有关的各单位组织起来严格按照一定的程序有条不紊地进行工作。所以说，列车运行图是铁路运输工作的一个综合性的计划，是铁路行车组织工作的基础。

列车运行图不仅仅是日常指挥列车运行的重要依据，也是保证行车安全、加速机车车辆周转、提高铁路通过能力和运营工作水平的强有力的工具。正确编制与严格执行列车运行图直接关系到整个铁路运输工作的质量，具有极其重要的意义。

5.4.2 列车运行图的分类

铁路列车运行图主要有以下几种分类方法：

（1）按照区间正线数目的不同，分为单线运行图和双线运行图。

单线运行图的特点是上下行列车均在同一条正线上运行，列车的会让必须在车站上进行；双线运行图的特点是上下行列车分别在各自的正线上运行，互不干扰，所以对向列车可以在区间内或车站上交会，但同方向列车的越行仍需在车站上进行。

（2）按照各种列车运行速度的不同，分为平行运行图和非平行运行图。

平行运行图是指凡同一方向列车在同一区间内的运行速度都相同，因而其运行线互相平行，并且在区段内设有列车越行的运行图；非平行运行图是指凡具有不同种类和运行速度，同方向列车的运行线不相平行的列车运行图。非平行运行图是铁路普遍采用的运行图。

（3）按照上下行方向列车数目是否相同分为成对运行图和不成对运行图。一般情况下多采用成对运行图。

（4）按照同方向列车是否追踪运行，分为追踪运行图和非追踪运行图。

在自动闭塞区段采用追踪运行图；在非自动闭塞区段，同方向只允许以站间区间或所间区间为间隔连发运行，只能采用非追踪运行图（或称连发运行图）。

事实上，每张运行图都同时具有几个方面的特征。例如，单线成对非追踪平行运行如图 5‑31 所示；双线成对追踪非平行运行如图 5‑31 所示，等等。

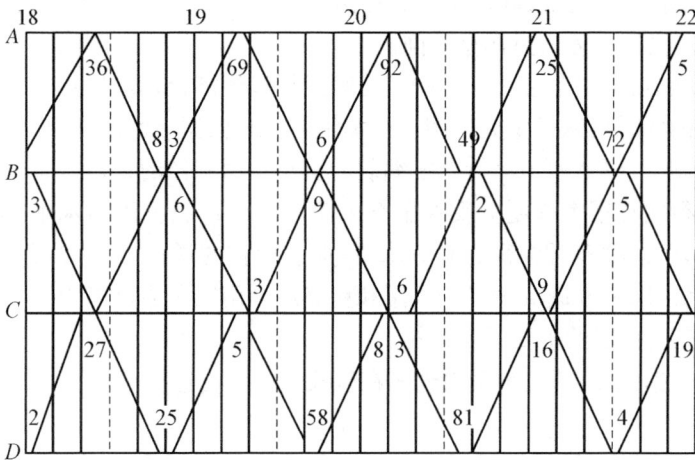

图 5‑31　单线成对非追踪平行运行

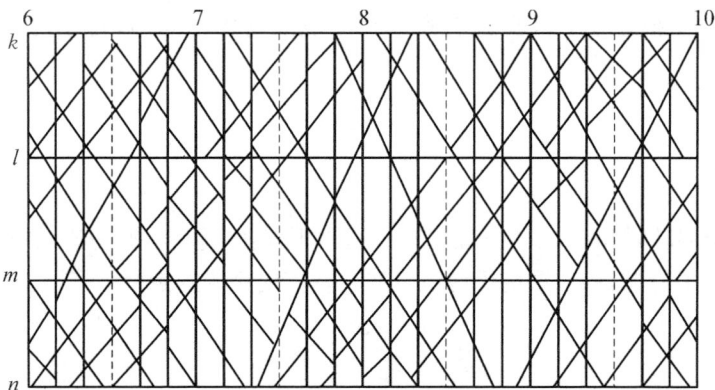

图 5‑32　双线成对追踪非平行运行

5.4.3　列车运行图的编制

列车运行图的编制工作是一个非常复杂的过程。目前我国铁路一般每年在全国定期编制一次运行图，在执行中允许根据需要进行局部调整。同时，为适应季节性旅客运输需要,如春季运输和暑期旅客运输旺季等需要编制增加临时客车和旅游列车的运行图。

列车运行图的编制,必须符合一些要求。

(1) 确保列车运行的安全。

(2) 适应运输市场需求,迅速方便地运输旅客或货物。

(3) 充分利用运输能力,经济合理地利用机车车辆和安排施工时间。

(4) 做好列车运行线与车流的结合。

(5) 保证各站、各区段间的协调和均衡。

(6) 合理安排乘务人员作息时间。

为了保证客、货列车按照既有的运行图运行和经济合理地运用机车,应在编制列车运行图的同时绘制机车周转图。机车周转图是根据该区段所采用的机车运转机制和乘务制度,以及列车运行方案编制的机车运用工作的计划。

列车运行图在很大程度上反映了整个铁路行车组织工作的水平,提高运行图的编制质量,可以改善对旅客的服务水平,加速货物的送达,扩大铁路在运输市场竞争中的优势,以及改进机车车辆运用和更好地利用区段通过能力。

(7) 列车运行图的主要质量指标。

列车旅行速度 $v_{旅}$:机车牵引列车在区段内的平均速度。

$$v_{旅} = \frac{L_{区段}}{\sum t + \sum t_{停}} \tag{5-3}$$

列车技术速度 $v_{技}$:机车牵引列车在区段内的各区间内,每小时平均走行公里数。

$$v_{技} = \frac{L_{区段}}{\sum t} \tag{5-4}$$

机车全周转时间 $T_{全}$:机车在一个牵引区段内往返一次平均消耗的时间。

机车日车公里 $S_{日}$:平均每台机车在一昼夜内完成的走行公里数。

$$S_{日} = \frac{24}{T_{全}} \times 2L_{区段} \tag{5-5}$$

5.5 铁路运输能力

铁路运输能力是铁路线路通过能力、铁路车站通过能力及改编能力和铁路输送能力的总称。

5.5.1 铁路线路通过能力

1. 铁路线路通过能力概述

铁路线路通过能力是指某一铁路线、方向或区段,根据现有的固定技术设备(如区间、车站、机务设备及电气化铁路的供电设备等),在一定类型的机车车辆和行车组织方法(如运行图类型及车站技术作业过程等)条件下,在单位时间(通常为一昼夜)内所能通过的规定重量的最大列车对数或列数。货运通过能力除用对数表示外,也可以用车数货物吨数来表示。

按各种固定设备分别计算出来的通过能力,其中最小的一种能力就限制了整个线路、方向或区段的通过能力,该通过能力就是此线路、方向或区段的最终通过能力。

2. 区间通过能力

在采用一定类型的机车车辆和一定的行车组织方法下,铁路区间的各种固定设备,单位时间(通常指一昼夜)内所能通过的最大列车数或对数,称为区间通过能力。主要取决于该区段的技术设备和所采用的行车组织方法,如区间正线数量、区间长度、线路纵断面、机车车辆类型及信号、联锁、闭塞方式,以及列车运行图的类型等。列车运行图类型对区间通过能力影响很大,在同样的技术设备条件下,采用不同的运行图类型,通过能力就有很大不同。

加强铁路区段通过能力,主要从提高货物列车重量标准及其载重系数,增加列车密度,提高行车速度或者几方面综合利用等方面改善,实现列车重量、速度和密度的优化组合。

其具体措施可分为两大类:一是以挖潜提效为主,不需任何投资或只需极少量投资的技术组织措施;二是以采用先进技术装备为主的技术设备改扩建措施。

5.5.2 车站通过能力和改编能力

1. 车站通过能力

根据车站现有的技术设备,在采用合理的技术作业过程的条件下,车站一昼夜所能接发的各方向的最大货物列车数和运行图规定的旅客列车数,称为车站通过能力。车站通过能力包括咽喉通过能力和到发线通过能力。

咽喉通过能力是指车站某咽喉区各方向接、发进路咽喉道岔组通过能力之和。咽喉道岔组通过能力是指在合理规定到发线使用方案和作业进路条件下,某方向接、发车进路上最繁忙的道岔组一昼夜能够接发该方向的货物(旅客)列车数。

到发线通过能力是指到达场、出发场、直通场或到发场内办理列车到发作业的线路,采用合理的技术作业过程固定使用方案,一昼夜能够接、发各方向的货物(旅客)列车数。

2. 车站改编能力

车站改编能力在合理使用技术设备条件下，车站调车设备一昼夜能够解体和编组的货物列车数或车数。它分别按照解体能力和编组能力进行确定。

解体（编组）能力是指驼峰（牵出线）或牵出线（驼峰）在现有技术设备、作业组织方法及调车数量条件下一昼夜能够解体（编组）的货物列车数或车数。

5.5.3 铁路输送能力

铁路输送能力是指该铁路线在一定的固定设备、一定机车车辆类型和一定的行车组织方法的条件下，根据现有的活动设备数量和职工配备情况在单位时间内最多能够通过的列车对数或列车数。

输送能力的计算式为

$$G_{能}=\left(\frac{n}{1-\gamma_{备}}-\varepsilon_{客}\, n_{客}-\varepsilon_{摘挂}\, n_{摘挂}-\varepsilon_{快货}\, n_{快货}\right)\frac{Q_{总}\,\varphi \cdot 365}{K_{波}}$$

$$=\frac{n_{货}^{能}\, Q_{总}\,\varphi \cdot 365}{K_{波}}(t/\,年) \tag{5-8}$$

式中：n 为开行的货物列车数；ε 为扣除系数；$\gamma_{备}$ 为后备系统，单线一般取 0.20，双线取 0.15；$n_{货}^{能}$ 为每日可开行的货物列车数（不包括沿零摘挂列车、摘挂列车、快运货物列车）；$Q_{总}$ 为货物列车牵引重量；φ 为平均载重系数（列车静载重与总重之比）；$K_{波}$ 为月间货运波动系数，通常取 1.15。

5.6 高速铁路概述

5.6.1 高速列车概述

作为一种安全可靠、快捷舒适、运载量大、低碳环保的运输方式，高速铁路已成为世界交通运输业发展的重要趋势，并在世界上多个国家得到发展。高速铁路集中反映了一个国家铁路线路结构、列车牵引动力、高速运行控制、高速运营组织与管理等方面的技术进步，体现了一个国家的科技和工业水平。高速铁路促进了地区经济的发展，推进了城镇化进程，对经济发达、人口稠密地区的经济效益和社会效益的贡献尤为突出。

高速铁路概念是一个具有国际性的概念，对高速铁路的界定是一个动态的过程，并随着时代的发展而更新。国际铁路联盟（UIC）将高速铁路定义为：新建高速铁路的设计速度达到 250 km/h 及以上，经升级改造的高速铁路设计速度达到 200 km/h。高速铁路的定义并不唯一，因国家不同而不同。高速铁路是一个系统，具有系统复杂性、多样性。随着科学技术的发展和进步，"高速"的水平还会逐步提高。

在高速铁路定义的基础上,目前被广泛接受的世界铁路等级划分标准:100～120 km/h(常速)、120～160 km/h(中速或准高速)、160～200 km/h(快速)、200～400 km/h(高速)和 400 km/h 以上(特高速)。

5.6.2　世界高速列车的发展

自从 1825 年英国修建了世界上第一条铁路以来,铁路运输以运量大、速度快、可靠性高等优点得到了迅速发展,成为世界各国交通运输的骨干力量,铁路运输对国民经济的发展作出了重要贡献,19 世纪后期至 20 世纪 30 年代形成了铁路发展的"黄金时期"。进入 20 世纪 40 年代以来,随着科技的进步,交通运输现代化、多样化的发展,铁路运输受到了公路、航空等其他运输方式的冲击。与航空相比,铁路不再具有速度优势,长途运输领域受到航空运输的排挤,铁路一度沦落为"夕阳产业",在竞争中处于被动局面。各国开始重新思考铁路运输新的发展方向,逐渐认识到提高速铁路在客运方面运行速度的重要性,必须通过提高列车运行速度才能把铁路发展推向新阶段。

高速铁路作为现代工业文明的崭新成果,发端于日本,发展于欧洲,兴盛于中国。高速铁路作为一种安全可靠、技术含量高、快捷舒适、运载量大、低碳环保、正点率高等特征的运输方式,已经成为世界交通业发展的重要趋势,引领人类走向新时代。世界高速铁路以中国 CRH(CRH 是 China Railways High-speed 的缩写,意思是中国高速列车)、日本新干线、法国 TGV 和德国 ICE 为世界高速铁路技术、运营管理的代表,建立自主知识产权,成为当今世界上四个最强的高速铁路技术保有国。就全球而言,高速铁路的发展先后经历了四次建设高潮。

(1) 第一次高潮:20 世纪 60 年代至 80 年代末期。日本、法国、德国和意大利等发达国家纷纷铺设了各自的高速铁路线路。1964 年 10 月,世界第一条真正意义上的高速铁路日本东海道新干线东京—大阪正式通车,标志着世界高速铁路新纪元的到来。此期间比较有代表性的高速铁路线路还有法国的东南和大西洋线、德国汉诺威—维尔茨堡高速新线以及意大利罗马佛罗伦萨线。世界高速铁路总里程达 3 198 km。日本、法国、德国、意大利等国家共同推动了高速铁路的快速发展。

(2) 第二次高潮:20 世纪 80 年代末期至 90 年代中期。由于日本等国高速铁路建设巨大成就的示范效应,世界各国对高速铁路投入了极大关注并付诸实践。1991 年瑞典开通 X2000"摆式列车",解决了瑞典境内多数轨道曲线半径小于 600 m 的问题,并把列车速度提高到 200 km/h;1992 年西班牙引进法、德两国技术建成 471 km 长的马德里—塞维利亚高速铁路;1994 年英吉利海峡隧道通过高速铁路国际连接线把法国与英国连接在一起;1997 年 11 月,从巴黎开出的"欧洲之星"列车,又将法国、比利时、荷兰和德国相连接。在这一时期,意大利、法国、德国、法国以及日本,对高速铁路发展进行了全面规划。这次高速铁路的建设高潮,不仅是铁路企业提高效益的需要,更反映出各国扩展运输网以及能源、环境的要求。

(3) 第三次高潮:20 世纪 90 年代中期至今,波及亚、欧、北美以及大洋洲,可谓世界交通运输业的一场革命。俄罗斯、韩国、澳洲、英国、荷兰等国家及我国台湾地区先后开始建设高速铁路。为配合欧洲高速铁路网建设,东欧与中欧的捷克、匈牙利、波兰、奥地利、希腊以及罗马尼亚等国家也对其干线铁路进行全面提速改造。韩国首尔—釜山高速铁路是连接天安、大田、大邱、釜山等城市的一条主要干线,全长 412 km,线路最高运行速度 300 km/h,高峰时最小运行间隔是 3 min。我国台湾地区南北高速铁路规划设计开始于 1998 年,于 2000 年 3 月动工修建,2007 年 1 月正式运营,线路自台北至高雄左营,全长 345 km,轨距为 1 435 m,最小曲线半径为 6 730 m,限制坡度为 25‰,速度目标值为 350 km/h,运营速度为 250～300 km/h。目前,日开行 150 对列车,最小发车间隔时间为 3 min,台北—高雄旅行时间为 1.5 h。此外,美国、加拿大、印度、土耳其等国也开始对高速铁路给予关注。

(4) 第四次高潮(21 世纪初):从 2004 年开始,中国政府规划建设"四纵四横"客运专线和三个城市群城际铁路,掀起了世界高速铁路发展的第四次高潮。2008年,世界金融危机席卷全球,为拉动内需、调整结构,中国政府出台了 4 万亿元的投资计划,用于基础设施的投资达 1.5 万亿元,占总投资的 37.5%,其中铁路基础设施投资成为重要组成部分,中国迈入全面建设高速铁路的历史阶段。

目前,全世界已通车运营的 250 km/h 及以上的高速铁路主要分布在日本、法国、德国、西班牙、意大利、韩国、英国、俄罗斯、比利时、荷兰、瑞典、土耳其、中国台湾等国家和地区。日本新干线用了半个世纪的时间实现了 2 300 km 以上的高速铁路里程运行,平均运营时速 243 km;法国历时 40 余年建设了 1 900 km 的 TGV 高速路,平均运营时速 277 km;德国历时 20 余年建设了近 1 600 km 的 ICE 高速铁路,平均运营时速 232 km。我国高速铁路的旅行速度也走到世界前列,如京沪高速铁路时速 300 km 的动车组列车跑 288 min,平均运营速度已经达到 272 km/h。京沪高速铁路 350 km/h 提速运行后,350 km/h 运行的列车平均运营速度已突破 280 km/h。

根据 UIC2017 年 4 月发布的 High Speed Lines In the World 报告,世界各国高速铁路远期规划里程将达 5.08 万 km。截至 2017 年 4 月,全球已投入运营和在建高速铁路总里程达 5.32 万 km,欧洲、亚洲国家高速铁路里程占比超 98.07%。欧洲、亚洲垄断现有高速铁路市场,亚洲已投入运营和在建高速铁路总里程为 41 253 km,欧洲已投入运营和在建高速铁路总里程为 10 946 km。其余已投运或在建的高速铁路项目集中在美国、摩洛哥等北美洲和非洲地区。其中,法国已投入

运营的 TGV 高速铁路里程为 2 142 km,在建线路里程 634 km,规划线路里程为
1 786 km。日本已投入运营的新干线高速铁路里程为 3 041 km,在建新干线高速
铁路里程为 402 km,规划建设新干线高速铁路里程为 179 km。

5.6.3 我国高速铁路的发展

回顾中国高速铁路的创新历程,中国高速铁路的发展,从无到有,从"跟随"到
"领跑",大致可划分为三个阶段,其中第二、第三阶段在时间上有交叉和融合。

1. 原始积累阶段

(1) 初期研究阶段(1960—1990 年)。20 世纪 60 年代中期开始,我国开始跟
踪国外高速铁路的研究及发展动态,并开展对相关知识与技术的理论研究,1988
年《铁路技术政策》出版。受到了当时运能的限制,我国的研究对列车速度关注
不够。

(2) 论证与提速阶段(1990—2004 年)。从 20 世纪 80 年代后期开始,我国对
修建高速铁路进行了全面的研究和例证并取得了共识,认为修建高速铁路是社会
发展的需要,发展高速铁路是实现铁路现代化的必由之路。1995 年建成并投入运
营的广深准高速铁路,采用内燃机车 DF11 牵引旅客列车,速度是 160 km/h;线路
通过电气化改造后,采用瑞典 X2000 型摆式动车组,将列车运行速度提高到
200 km/h,使之成为我国第一条高速铁路,成为我国铁路高速化的起点。从 1997
年至 2004 年的几年间,我国铁路既有线进行了六次大提速,提速线路延展里程达
16 000 多公里,其中时速 200 km 的线路达 6 003 km,并开行 200 km/h 电力动车组
列车,部分区段允许速度甚至达到 250 km/h(如沪宁既有线苏州—安亭间),标志
着我国铁路已经进入世界铁路先进行列。

2. 引进消化吸收及自主提升阶段

2004 年,我国高速铁路踏上引进消化吸收再创新之路,正式开始"加速跑",极
大地推动了高速铁路基础理论和关键技术研究的全面进步,大幅度提升了高速铁
路技术装备水平。2004 年 4 月,国务院下发《研究铁路机车车辆装备有关问题的
会议纪要》,明确了高速动车组引进消化吸收再创新的技术路线,铁道部会同国家
发改委决定实施"以全面转让技术为前提,以引进核心和关键技术为重点,以国内
企业为主体,以国产化为最终目的"的行动方案,相继引进日本、法国、加拿大和德
国先进的高速铁路技术,其中动车组采用动力分散式的制造技术。并根据国务院
"引进先进技术、联合设计生产、打造中国品牌"的指导方针,大力推进创新、引进消
化吸收再创新和集成创新,攻克了高速转向架等九大核心技术、受电弓等十大配套
技术难题,成功研制时速 350 km 和 250 km 两种速度等级的高速动车组。其特点
是:满足高速度、高密度、大运量、长距离、高舒适性及多种运输组织形式需求;兼
容不同速度等级的列车,配备多种编组形式的动力分散型动车组;采用高平顺性、

高稳定性能、高耐久性且少维修的基础设施;建立智能化的调度指挥系统、列车自动控制系统及信息化的运营管理系统;高度重视环境保护,追求高安全性、高可靠性及低运营成本。

2006 年,我国启动了时速 300 km 动车组的设计,也是初步探索自主研发能力的一个阶段,这次的设计不再采用联合设计的方式,而是完全由我国自主进行设计。2006 年的 7 月份,第一列时速 200 km 动车组正式下线。通过引进消化吸收再创新,系统掌握了时速 200~250 km 动车组制造技术,成功搭建了时速 350 km 的动车组技术平台。

3. 全面创新阶段

2008 年 2 月,铁道部会同科技部共同签署《中国高速列车自主创新联合行动计划》,提出建立并完善具有自主知识产权、国际竞争力强的时速 350 km 及以上的中国高速铁路技术体系。两部委联合行动,以政府为主导、企业为主体、市场为导向、项目合作为纽带的方式实现科技创新,推动我国开展高速列车正向设计和自主创新。动车组列车是高新技术的系统化集成,涉及机械、材料、电子计算机、网络通信、工程仿真等领域的最新技术。

2008 年,我国启动了时速 380 km 高速动车组的设计工作,380 km 是它的设计时速,最高试验时速要达到 420 km,此时已经找不到可以借鉴的经验,只能用大量的试验去探索。2010 年具有高度自主知识产权的国产 CRH380 系列高速动车组相继下线,成功实现对头型、轻量化车体、转向架、减振降噪、系统集成等关键技术的突破。

我国高速铁路将通过持续推进自主创新,高速铁路机车车辆装备制造领域一批核心关键技术实现重大突破:牵引变流技术、微机网络技术、制动技术等核心技术,打破了国外技术和产业垄断;开发研制了以高速铁路为代表的一系列技术先进、安全可靠、具有价格优势的各类高端轨道交通装备产品;形成了较为完善的轨道交通装备的创新平台、产品开发平台和生产制造平台;以中国标准研制成功的动车组,成为突破动车组核心技术。2016 年 7 月 15 日,我国自行设计研制、全面拥有自主知识产权的两列中国标准动车组"金凤凰"和"蓝海豚"以时速超过 420 km 在郑徐高速铁路上交会而过,相对速度超过 840 km/h,整个交会全程不到 2 s,相当于乘客 1 s"飞"了 117 m,这是世界上首次利用拟运营动车组进行该试验。交会过程中动车组会对旁边的物体产生压力和吸力,当两列车交会的时候,这种气流的变化会对列车的运行带来较大影响,通过交会数据的采集,将会帮助完善和改进列车气动性能的设计。此次试验进一步验证了中国标准动车组整体技术性能,特别是首次实现了动车组牵引、制动、网络控制系统的全面自主化,表明我国具备设计制造满足世界各国不同需求动车组的能力。

在国际社会的一片赞誉之下,越来越多的国家也开始向中国下订单,希望中国给他们修高速铁路。中国高速铁路"走出去"的第一单——雅万高速铁路是中国高速铁路首次全系统、全要素、全产业链走出国门,项目全部采用中国高速铁路技术和装备,借鉴中国高速铁路丰富的建设和运营管理经验单。高速铁路建成以后,从雅加达到万隆的旅行时间可以缩短到 40 min 以内,对于带动雅万高速铁路沿线的就业、综合开发和经济发展会有很大促进作用。2015 年 10 月,中国铁路总公司牵头组织的中方企业联合体,与印度尼西亚维卡公司牵头的印尼国企联合体签署协议,成立合资公司,以 B2B 商业合作模式共同建设雅万高速铁路。2016 年 1 月,雅万高速铁路开工仪式在印尼西爪哇省瓦利尼隆重举行。中国铁路设计集团有限公司在印尼设立代表处,长期派驻专业技术人员负责雅万高速铁路项目勘察设计及现场技术支持等工作。2018 年 6 月,雅万高速铁路 22 处控制性工程取得新突破,这标志着雅万高速铁路项目建设进入全面实施推进新阶段。例如,在工程建造中,最复杂的车站是瓦利尼车站。站内桥隧相连,50 m 高的膨胀土路堑边坡,需要特殊地质处理。最难建造的桥是 2 号桥,全长约 36 km,包含 27 联大跨刚构桥梁,与高速公路并行约 32 km,多次跨越高速公路匝道和河流,设计制约因素多。另外,最有挑战性的隧道是 1 号隧道,全长约 1.9 km,穿越雅加达闹市区既有轻轨桥梁、高速公路及其互通桥梁匝道,施工场地狭窄,环境风险极高。它将是我国铁路大直径盾构隧道设计技术首次走出国门,具有示范意义。

中国的高速列车已经销往 102 个国家和地区,2016 年签署了高达 180 亿美元的高速铁路协议(约合人民币 1 186 亿元),比 2015 年增长了 40%。中国和泰国已经同意建立一条经由老挝的高速铁路。此外,俄罗斯莫斯科至喀山高速铁路、马来西亚吉隆坡至新加坡高速铁路等境外项目的合作都已取得突破性进展。

2017 年 5 月,由中车株洲公司研制生产的中国首批出口欧洲的动车组——马其顿电动车组项目通过 TSI 认证,这标志着中国动车组正式获得欧洲铁路产品的EC(欧共体)符合性认证证书,赢得欧洲技术标准认可,相当于获得欧洲市场的通行证。中国标准动车组完成了整车 60 万公里运用考核,欧洲一般只有 40 万公里,其性能指标实现较大提升,设计寿命由现在的 20 年提高到 30 年。"复兴号"中国标准动车组全面采用自主化设计,九大关键技术和十项配套技术的部件实现了国产化,比动车组技术上的欧标和日标更高级。中国标准动车组攻克了转向架、牵引变流装置、制动系统、网络控制等核心技术,列车动力学、空气动力学、牵引、制动性能、噪声等各项关键技术指标十分优异。2017 年 6 月 26 日,"复兴号"中国标准动车组从京沪两地双向首发(10 年前,中国首列动车组也是从上海站鸣笛起航)。2016 年年底,"中国标准动车组"获得国家铁路局认证。中国标准动车组构建了体系完整、结构合理、先进科学的技术标准体系,整体设计以及车体、转向架、牵引、制动、网络等关键技术都是我国自主研发,达到了国际先进水平,并具有完全自主知识产权,在 254 项重要标准中,中国标准占 84%。2017 年 9 月 21 日,"复兴号"在京沪高速铁路率先实现时速 350 km 运营,运行持续时间最长、运行距离最远,标志着我国成为世界上高速铁路商业运营速度最高的国家。2018 年,"复兴号"家族不断添丁。2018 年"4.10"新图实施后,"复兴号"列车实现"加速跑",上海至北京间通过压缩停站,实现最快 4 h 18 min 可达,较调图前压缩 10 min。截至 2018 年 6 月 26 日,"复兴号"动车组上线运营满 1 周年,累计发送旅客 4 130 万人次,单日最高客座率达到 97.6%,为世界高速铁路商业运营树立新标杆。随着 2018 年 7 月 1 日新列车运行图的实施,全国铁路"复兴号"动车组日开行数量将由现在的 114.5 对增加到 170.5 对,可通达 23 个直辖市、省会城市和自治区首府。

5.6.4 高速铁路的优势

1. 安全性好

安全始终是人们出行选择交通方式的首要因素。高速铁路是当今世界上最为安全的现代化高速交通运输方式之一。有资料表明,在交通运输方式中,铁路、公路、民航运输的事故率(每百万人公里的伤亡人数)之比大致为 1∶24∶0.8。高速铁路普遍采用线路全封闭,且有完善的安全保障体系,包括固定设施和移动设备的监测和诊断系统、科学的养护维修制度、先进的列车控制系统、自然灾害预警预报系统等,这一系列措施能够有效地防止人为过失、设备故障等引起的各类事故。日本新干线开通运营以来零死亡事故的安全性彰显其技术实力,遇有天气不稳定等环境变化,自动控制系统能随时调整列车限速运行,特别是地震防护,列车防护系统会让附近的列车均自动停车。

2. 运输能力大

输送能力大是高速铁路主要技术优势之一。目前各国高速铁路几乎都能满足最列车间隔 3～4 min 的要求。根据专家分析计算:高速铁路动车组最小行车间隔可达 2～3 min,列车密度可达 20 列/h 以上。若列车开行间隔约为 3 min,每列车载客人数按 800 人计算,扣除线路维修时间(4 h/d),则每天可开行高速列车 400 多列,输送旅客 32 万人次,年均单项输送可达到 1.17 亿人。日本东海道新干线高峰时段发车间隔为 3 min,平均每小时发车达 11 列,每天通过的列车达 394 列,每列车可载客 1 323 人,年均输送旅客达 1.2 亿人次,最高日达 37 万/d。而 4 道高速公路,单向每小时可通过骑车 1 250 辆,每天按 20 h 计算,可通过 25 000 辆。若大轿车占 20%,每车平均乘坐 40 人;小轿车占 80%,每车乘坐 2 人,年均单向输送能力为 8 700 万人。航空运输主要受机场容量限制,若一条专用跑道的年起降能力为 12 万架次,采用大型客机的年单向输送能力只能达到(1 500～1 800)万人。

3. 运营速度高

速度是高速铁路技术的核心。动车组列车运行速度可达 300 km/h 及以上,超过小汽车近 2 倍多,可达喷气客机的 1/3 和短途飞机的 1/2,因而使得高速铁路在运距 100～1 000 km 范围内均能显示其节约总旅行时间(包括途中旅行、到离车站或机场、托运和领取行李、上下车或飞机的全过程以及小汽车驶入和驶出高速公路的总时间消费)的效果,而在 1 500～2 000 km 运距内可发挥其利用列车夜间运行的有利条件,并能保证旅客有充足时间睡眠。

4. 列车运行准点

各国都十分重视高速列车的正点率问题。日本的高速列车 50 年平均误点 0.8 min,超过 2 h 退还旅客的加快费;法铁承诺:当列车晚点超过 30 min,按票额 30％以交通券方式进行补偿;西班牙高速列车晚点超过 5 min 退还旅客的全额车票费;我国高速列车准点率已达到 99％。

5. 能源消耗低

能耗高低是评价交通运输方式优劣的重要经济技术指标之一。根据统计资料显示,各种交通运输工具平均每人公里的消耗:飞机 29 998.8 J、小轿车 3 309.6 J、高速公路大轿车 583.8 J、普通铁路 403.2 J、高速铁路 571.2 J。若以普通铁路每人公里的能耗为 1.0,则高速铁路为 1.42,大轿车为 1.45,小轿车为 8.2,飞机为 7.44。可见,高速列车的能耗约为汽车、飞机的 1/5。汽车、飞机均使用不可再生的一次能源——汽油或柴油(现代新型节能汽车正在批量投入使用),而高速铁路使用二次能源——电力。随着水电、太阳能、风能和核电等新型能源的发展,高速铁路在能源消耗方面的优势更加突出。另外,高速铁路车站采用太阳能光伏发电、地缘热泵等新能源技术,这也是在当今石油资源紧张的情况下,世界各国选择发展高速铁路的重要原因之一。

6. 受气候影响小

一般情况下高速铁路运营不受天气变化的影响,可以做到按列车运行图安全行车。即使在大风情况下,高速列车只要减速运行而不需停运。例如,风速达到 25～30 m/s,列车限速在 160 km/h;风速达到 30～35 m/s(类似 11/12 级大风),列车限速在 70 km/h。特别是在浓雾、暴雨和冰雪较为严重的自然灾害条件下,飞机机场和高速公路必须关闭停运,高速铁路不会像公路和航空运输对大雾、暴雨、大雪、雷电、大风等天气那样敏感,可采取高速列车减速方式继续组织运营。我国高速铁路职工还“以雪为令”,不分昼夜坚守在风雪一线,尽全力保障列车安全畅通。

7. 绿色环保

环境保护是当今关系人类生存发展的全球性紧迫问题。交通运输与生态环境问题密切相关节能环保是高速铁路的一大优势。研究发现,若设定普通铁路每人每公里能耗为 1.0,则高速铁路为 1.42,小汽车为 8.5,飞机为 7.44。不仅如此,随着高速铁路节能技术的进步,其节能效果也得到不断改进。UIC 研究表明,在同一条线路上高速列车需消耗的能量比普速列车要小。当前,交通运输对环境的污染主要是废气和噪声。据统计,各种交通运输工具一氧化碳等有害物质的换算排放量,公路为 0.902 kg/人,铁路为 0.109 kg/人,客机为 635 kg/h,有些有害物质在大气中要停留 2 年以上,是当今造成大面积酸雨、植被遭破坏和建筑物受到侵蚀的主要原因。高速铁路电气化和集便器等设施设备,基本消灭了粉尘、油烟和其他废气(物)对铁路沿线环境的污染。高速铁路作为电力驱动的交通工具的确会产生辐射,但是车厢中的辐射值仅仅是相比于家中的那些家用电器大一些而已,符合国际电磁辐射的安全标准,目前没有证据证明对人体健康构成威胁。高速铁路其他电器产生的极低频电磁辐射与女性的不孕率和流产率之间的关联,在研究中也并没有被明确证实。

8. 土地占用少

陆上交通运输由于要修建道路和停车场,需要占用大量土地,而且大部分是耕地。双线高速铁路路基面宽 3.6～14 m,而 4 车道的高速公路路基面宽达 26 m;双线铁路连同两侧排水沟用地在内,用地约 70 亩/km(1 亩=666.67 m²),而采用高架、隧道等工程,占用土地将还要大幅度减少;4 车道的高速公路用地要 105 亩/km。高速铁路大量采用以桥带路方式,与路基相比,桥梁每公里节约土地 3/5。相比大型飞机场,高速铁路虽然建设动车基地需要占用土地,但机场占用面积更大,包括跑道、滑行道、停机坪、候机大楼及设施等。

9. 造价相对低

高速铁路工程造价虽然大大高于普速铁路,但并不比高速公路高。根据法国统计资料,高速铁路基础设施造价要比 4 车道的高速公路节约17%,高速列车平均每座席的造价仅相当于短途飞机每座席造价的 1/10。

10. 综合舒适度高

随着人们物质文化生活水平的不断提高,出行舒适状况已成为人们选择出行交通方式的重要条件之一。"快、稳、准"等的乘坐需求推动高速铁路技术不断革新发展,保证旅客出行体验到智能化和智慧化。尽管每个国家的铁路网和运营方式差异明显,但乘客体验却始终是铁路服务之首要。例如,高速铁路动车组列车内宽敞明亮、设施先进、装备齐全、乘坐舒适等,旅客在途中占用的活动空间大大高于汽车和飞机。在噪声污染方面,日本曾以航空运输每千人公里产生的噪声为 1,则大轿车为 0.2,高速铁路仅为 0.1。尤其是车厢里面的噪声,我国规定不能超过 68 dB,日本规定不能超过 65 dB,这是对人耳朵舒适性的一个关键。

11. 效益好

交通堵塞、事故频发、环境污染等是当今世界性难题,欧共体国家每年用于处理高速公路堵塞和公路交通事故的费用分别占国民生产总值的 2.9%、2.5%。修建高速铁路直接的经济效益却是非常明显。日本东海道新干线 1964 年投入运营,

1966 年就开始盈利,开通后仅 7 年就收回了全部建设资金,自 1985 年以后,每年纯利润达 2 000 亿日元;1983 年法国高速铁路东南线 TGV 全线通车,1984 年开始盈利,运营 10 年投资全部收回,目前每年纯利润达 19. 44 亿法郎。

5.6.5　建设高速铁路的主要模式

1. 新建客运高速专线

客运专线一般在经济发达、人口密集、客流稳定增长的方向上修建。

日本是新建客运高速专线的典型代表。从 1964 年至 1990 年已经建成 4 条新干线(东海道、山阳、东北、上越),总长度为 1 831. 5 km。正在修建的 5 条新干线(北陆、东北、北海道以及九州两条),总长为 1 440 km。

日本新干线的特点是:专门为客运服务;高速线与既有线不接轨,是独立系统,轨距也不相同(新线轨距 1 435 mm,旧线轨距 1 067 mm)。运营与养护时间分开,白天运营,夜间养护。因此,行车密度较大。

2. 新建客货混运高速线

新建高速线是客货混运还是客运专线,完全取决于运输的需要和运营的经济效益。意大利是新建客货混运高速线的代表。意大利等国人口集中程度不如日本,没有形成特别密集的“走廊地带”,于是就把新建高速线作为既有线路网整体的一部分,不仅运行高速客运列车也运行货物列车。

意大利修建的第一条高速铁路是罗马—佛罗伦萨高速新线,这是世界上第一条客货混运的高速新线,全长 260 km,其中新建部分为 231 km。为了增强通过能力,新线与旧线之间设有 5 个联轨点,利用联轨点进行运输调节。在这条线上旅客列车时速为 250 km,货物列车时速为 120 km。客货混运线能达到如此高速,也是创举。

3. 修建部分高速客运专线

修建部分高速客运专线,其中一小部分利用旧线改造而成。

这种方式以法国高速铁路为代表。巴黎—里昂高速线全长 426. 36 km,其中新线 388. 93 km,在巴黎郊区利用既有线改造了 29. 30 km,在里昂附近利用既有线 8. 13 km,在这两大城市附近利用两段既有线是因为市郊建筑群集,难于再建新线。

4. 改造机车车辆

靠改进机车车辆性能,提高列车运行速度,对既有线路无需改造,也不必新修建高速线。如英国、意大利、瑞典等国采用加速和制动性能良好的可控倾斜度的“摆式”车体电动车组,使客车在曲线上也能保持高速运行。

5.6.6　高速铁路运输组织模式

总结国内外高速铁路运输特点,几种运输组织模式如表 5 - 11 所示。

表 5‑11　高速铁路运输组织模式

分类标准	类　型	特　征
列车性质	客运专线	高速线上只开行动车组列车
	客货共线	混行或分时段开行
列车速度	单一速度列车共线	一般列车间无越行
	多种速度列车共线	可按需要组织列车运行
跨线列车	全本线列车	无跨线列车,组织旅客在跨线点换乘
	跨线和本线列车共线	可组织跨线列车上下行高速线运行,跨线和本线列车存在速差时,运营组织较为复杂

5.6.7　高速铁路客流

1. 高速铁路客流影响因素分析

高速铁路客流是一个复杂的要素集合体共同影响的产物,其形成和发展是内外各种动因共同作用的结果,可从客观和主观层面对影响高速铁路客流的因素做出简述。其中,客观层面是对客流外部的影响因素进行分析,主观层面是从旅客运输需求的角度展开叙述。

1) 客观因素

包括经济发展水平、地理区域、居民消费水平、人口数量、季节及气候、其他运输行业的竞争等。

2) 主观因素

从旅客出行需求的主观角度看,旅客对运输产品的选择是综合多种影响客流因素的结果。影响客流的因素不会单方面发挥作用,而是相互交织、相互作用,其影响因素可归纳为七个方面。

(1) 安全。高速铁路的运营安全情况直接影响到旅客对高速铁路出行方式的评价、选择和依赖程度。

(2) 列车正点率。对高速列车的正点率要求很高,列车晚点多可能会导致高速铁路客流的流失,列车正点率高能培养、吸引更多的高速客流。

(3) 速度(旅行时间)。速度是运输业产品性能的基本体现。速度的提高、旅行时间的缩短,对旅客而言,是激发其旅行需求的首要因素。

(4) 发车密度。一般来讲,缩短发车间隔、相应增加列车发车密度可增加旅客选择出行方式的机会,同时也缩短了旅客在车站的平均候车时间。上海虹桥这个中国最繁忙的车站,平均 84 s 就有一趟高速铁路驶过,比中国最繁忙的地铁高峰发车间隔,还少了 19 s。

（5）票价。合理公道的票价是旅客选择出行方式的一个重要因素。在我国经济还不完全发达的情况下，票价对旅客的影响仍很大，有时还起决定作用。当然，消费水平不同的旅客对于"合理的票价"有着不同的衡量标准。价格可以成为调节客流的杠杆。运价灵活可以提高高速铁路对市场的敏感度，加快融入市场的步伐，也可以使高速铁路的收入预期与经营环境有所改善。一般说来，高速铁路旅客的消费水平较高，经济承受能力较强，对票价的敏感性较低。

从国内各种交通工具横向比较来看，我国高速铁路的定位是低于航空票价，而日本、法国、德国、西班牙等国家，高速铁路都是最高端的交通出行方式，远远高于航空定价。再从国际高速铁路同行定价来看，我国高速铁路 300 km/h 以上班次定价在 0.4～0.5 元/km，而日本大约是 1.5 元/km、法国 1.2 元/km、德国 1.7 元/km、意大利 1.5 元/km、西班牙 1.1 元/km 左右。从我国高速铁路的基准价看，以每百公里票价站人均月工资的比例比照，法国是 0.81%，日本是 1.14%，德国是 1.29%，意大利是 1.33%，我国是 0.80%，与法国差不多。

（6）舒适度。随着人民生活水平的提高，旅客对出行工具的舒适度有越来越高的要求。旅客不仅有满足于能实现位移的需要，而且要求在接受运输服务的过程中感到舒适，对这方面的需求也是多层次的。

（7）营销策略。是指寻找适应高速铁路客运市场需求的各种营销手段，如运输企业赠送列车时刻表、改进产品性能、提高列车速度及档次、降低销售价格、实行优惠价、提高服务质量等。目前，铁路 12306 网络客户端、手机客户端和自助售取票机等售票方式成为铁路主要销售渠道，方便了旅客购票，相比较而言，车站窗口和代售点的售取票数量降幅较大。据上海铁路局客运营销统计数据，2016 年手机和互联网购票占总购票量的 68.96%，尤其是手机客户端购票占售票总数的 51.07%，说明网络购票符合旅客出行需求。

2. 客流特征

高速铁路客流是一个复杂的要素集合体共同影响的产物，其形成和发展是内外各种动因共同作用的结果。系统内部因素主要有运输组织计划、运输服务质量、客票价格等，系统外部因素包括系统环境方面和旅客方面等因素，系统外部环境方面主要是社会稳定性、国家经济发展水平、人文与自然环境条件交通结构等因素，还包括旅客自身方面的因素，诸如个人社会经济条件、消费偏好等。

1) 客流量大并具有动态性

我国现有 13 亿多人口，2020 年实现小康社会后，若每人每年平均乘坐火车往返 2 次，铁路旅客年发送量可达到 52 亿人次以上。根据 2016 年铁路完成旅客发送量 23.57 亿人次，还不足每年平均往返 1 次，旅客发送量还有近 29 亿人次的上升空间。动车组占比例有多大，发展迅猛。与公路、民航相比，高速铁路在方便舒适、经济快速、准时安全等方面具有独特的优势，它的出现使我国客运市场供给结构发生了巨大变化。2016 年,我国高速铁路旅客发送量达 14.4 亿人次,同比上涨 24%,占铁路总发送量的 52%;民航旅客发送量为 4.9 亿人次,同比上涨 12%。从客流走势来看,高速铁路开通后客运市场逐渐旺盛,并呈现有规律波动、季节性波动、假日波动、天气波动、大型活动影响等动态变化。逐渐旺盛:以沪宁高速铁路为例,2011 年发送旅客 6 799.7 万人、2012 年 7 468.3 万人、2013 年 8 167.8 万人、2014 年 9 119.4 万人、2015 年 9 603 万人、2016 年 10 741.3 万人,逐年增长。

2) 流向集中

我国工业布局、人口分布主要集中在长三角、珠三角、京津冀等工业发达、商业繁荣、人口密集地区,从发展情况看,四川的成渝、长江中游的武汉、东北的辽沈、西北的关中也将形成都市带(群)。这些地区和都市群主要分布在六大繁忙干线的沿线,旅客流向会更加集中。

3) 行程长

我国广阔的疆域、经济发展不平衡、旅游景点分布范围广等原因,导致旅客行程长,上海到昆明,上海到北京,根据统计 2014 年铁路旅客平均行程为 492 km。我国高速铁路客流很大部分是由既有铁路、航空等客流转移而来。高速铁路网络化运营前,旅客夕发朝至的需求通过既有线来实现,而高速铁路网络化后,相应高速铁路旅客出行的平均运距增长,高速铁路中长距离运输的优势明显,高速铁路客流在不同的运输距离所占的比例不同,2014 年度我国直通高速铁路旅客行程距离比例如表 5-12 所示。

表 5-12 2014 年度直通高速铁路旅客行程距离比例

行程/km	500 以下	500~700	700~900	900~1 000	1 000~1 100	1 100~1 200
比例/%	59.9	11.0	7.6	4.6	5.2	2.3
行程/km	1 200~1 300	1 300~1 400	1 400~1 500	1 500~1 600	1 600 以上	—
比例/%	3.4	4.1	0.7	0.3	0.9	—

4) 波动性大

高速铁路客运量在季、月、周、日和一日内各个时段之间都会出现起伏变化,列车开行方案以及列车运行图具有弹性适应,适时采取相应的组织方法。高速铁路旅客出行的时间波动性较强,客流出发和到达时间域更为集中,即使是在高速运输模式下,列车开行数量的调整也无法充分适应客流的变化。高速铁路客流在一年里最大的是春运及暑运。春运以春节为中心前后一次高峰,并延续 40 天左右。暑运以七月份为中心,旅游旺季来临,公务流及商务流活跃,形成客流高峰。一年中 12 月份高速铁路客流量最小,这是因为公务流、商务流在这一时期正是一年结束时期,同时也是下一年、特别是春运积蓄力量的时期,因而,高速铁路客流量较小,成为高速铁路客流量的低谷。

5）规律性

周规律波动是指以 1 周为单位，客流随工作日、双休日呈现规律性变化，一般周一至周四为平峰或低谷，周五至周日呈现高峰。

季节性波动：是指随着四季气候转变，旅客出行时间、出行频率、目的地等均会弹性调整。

假日波动：是指春节、小长假、国庆黄金周等节假日，以及学生教师寒暑假期间，旅游客流直线上升，带动整体客流波动。

天气波动：是指除通勤、商务等刚性客流外，部分客流随天气变化波动明显，其中旅游、探亲流影响最大。

大型活动影响：包括大型运动会、博览会、国家重点会议，以及大型体育赛事、娱乐晚会、旅游活动等。

6）体验性

高速铁路产品的消费必须耗用消费者的时间，对于这个过程的体验与消费结果——到达目的地，这两个方面共同决定着消费者对这个产品的满意度，在一次乘车活动消费结束后，体验会转成某种回忆，影响着后续乘坐选择和对后续产品的满意度。根据国外众多发达国家的经验，提高列车速度是铁路赖以生存和适应社会发展的出路之一。尽管每个国家的铁路网和运营方式差异明显，但乘客体验却始终是铁路服务之首要。快、稳、准，正是这些乘坐需求，推动铁路技术不断革新发展。例如，旅客对高速铁路与普速铁路差别的直观感受体现在舒适度、速度和票价方面。舒适度方面，高速铁路环境与服务质量接近航空甚至优于航空，提升了旅客的乘车体验。例如，在推进供给侧结构性改革方面，铁路部门持续改进售票组织工作，售票组织精细化水平不断提升：延长互联网售票时间、引入"支付宝"支付、自助售取票、自助验证验票、自助检票进站、出台并完善旅客挂失补办法、增加购票信息查询服务、优化网络购票验证码、与银行合作推广 ATM——铁路自动售票机、发售京津城际同城优惠卡、互联网订餐、接续转乘和动车组选座，旅客购票更加便捷，铁路售票服务再上新台阶。

3. 客流分类

1）按旅客成分分析

高速铁路客流按照旅客出行目的可分为公务性和私务性两大类。前者包括商务、通勤、会议等；后者包括旅游、探亲、务工等。总体来看，高速铁路客流主要集中体现在商务、通勤、旅游、探亲流等，其客流特征存在明显差异，相对应的组织措施也存在差异。例如，根据相关调查可知，广深线高速客流主要是由商务、旅游、探亲流组成，按出行目的构成为：会议 10％、公务 10％、商务 15％、旅游休闲 21％、其他 18％。

只有明确服务对象的需求特征,才能更好地为高速旅客提供更好的服务,满足旅客日常出行需求。不同服务对象的需求特征不同,若以公务、商务客流为主,其需求特征更侧重于快速与舒适;若以通勤、通学客流为主,其需求特征更侧重于便捷与经济;若以探亲、旅游客流为主,其需求特征更侧重于安全与舒适等。服务对象的需求特征是设计与调整高速铁路运输产品的一个重要根据。

2) 按照列车运行区段分类

(1) 本线客流。是指起终点均在某条高速铁路的客流,本线客流组织较为简单,通常采用全程高速列车进行输送。例如,沪宁城际铁路本线客流的输送量占总输送量的70%,本线23个站(含上海虹桥、南京南站)间交换客流占全线各站总到发量的90.2%。

(2) 跨线客流。是指起点与终点分别在不同铁路线路上的客流,这种客流通常跨越高速铁路线。例如,包括上海(上海虹桥)分别到合肥、武汉、宁安、淮南东站等方向的各次动车在沪宁城际铁路跨线运行,输送上述方向的客流,同时也输送沪宁区域客流,跨线列车在沪宁城际铁路线的停站方式就要合理安排好。

(3) 换乘客流。目前,针对高速铁路本线客流,考虑到旅行时间不长,为了最大限度地方便旅客出行,更好地吸引客流,在停站方案编制时,通常采取尽量保证各OD之间有较好的通达性,减少旅客的换乘方式。但也存在着本线换乘部分客流,若中转换乘方式衔接方案不合理,会给旅客出行带来很多不便,旅客会倾向于选择较为便捷的直达方式。换乘较大的客流是在枢纽站换乘到其他方向的客流。或是高速铁路网络化后,存在跨线的换乘客流。例如,常州到杭州方向,旅客选择乘坐沪宁城际铁路到达上海虹桥站后,再换乘沪杭高速铁路的动车组列车,在上海虹桥站换乘。换乘模式,交路少,运输组织相对简单,线路单独运营,相互干扰少,旅客等待时间少短。

3) 按照客流来源分类

(1) 趋势客流。这主要是本线的客流,该部分占据着客流的最大部分。所谓趋势客流反映的是整个国家或某一地区由于社会人口的增加及经济总量的增长,使得旅客选择铁路这种运输方式出行越来越多的一种客流。这部分客流呈现出连续渐进的增长态势,其历年的流量表现为一种有序有界的序列。新开通运营高速铁路,趋势客流可似为零。但运营一段时候,便有了趋势客流。

(2) 诱增客流。交通设施等硬件条件的改变(如新建高速铁路),或者是软件条件的变化(如交通管制措施的改进以及政策导向的改善),使得人们心理上产生出行的愿望,从而形成一种客流。例如,由于高速铁路的正点率及其安全、高速度、便捷的特性,使得人们的出行需求由隐性转为实际,这便构成一部分诱增客流量。

(3) 转移客流。高速铁路的修建以及其较好的服务特性,使本来选择其他运输方式的旅客,改选乘坐高速铁路而形成的吸引客流,也包括既有线铁路向高速铁路的转移客流。

4）其他分类

根据客流性质特征的不同,客流的分类也有不同：从旅客选择列车的等级上分,可分为高速客流、中速客流；从客流流动的数量(流量)上分,可分为大、中、小客流；从客流流动的方向(流向)上分,可分为上行、下行客流等；从客流流动的时间(流时)上分,可分为高峰、平峰、低峰客流等,其中,为了实现精细管理,高峰客流还可以分为高峰和次高峰客流。

5.6.8　我国高速铁路的规划

到 2020 年,一批重大标志性项目建成投产,铁路网规模达到 15 万公里,其中高速铁路 3 万公里,覆盖 80％以上的大城市,为完成"十三五"规划任务、实现全面建成小康社会目标提供有力支撑。到 2025 年,铁路网规模达到 17.5 万公里左右,其中高速铁路 3.8 万公里左右,网络覆盖进一步扩大,路网结构更加优化,骨干作用更加显著,更好发挥铁路对经济社会发展的保障作用。展望到 2030 年,基本实现内外互联互通、区际多路畅通、省会高铁连通、地市快速通达、县域基本覆盖。

完善广覆盖的全国铁路网。连接 20 万人口以上城市、资源富集区、货物主要集散地、主要港口及口岸,基本覆盖县级以上行政区,形成便捷高效的现代铁路物流网络,构建全方位的开发开放通道,提供覆盖广泛的铁路运输公共服务。

建成现代的高速铁路网。连接主要城市群,基本连接省会城市和其他 50 万人口以上大中城市,形成以特大城市为中心覆盖全国、以省会城市为支点覆盖周边的高速铁路网。实现相邻大中城市间 1～4 h 交通圈,城市群内 0.5～2 h 交通圈。提供安全可靠、优质高效、舒适便捷的旅客运输服务。

打造一体化的综合交通枢纽。与其他交通方式高效衔接,形成系统配套、一体便捷、站城融合的铁路枢纽,实现客运换乘"零距离"、物流衔接"无缝化"、运输服务"一体化"。

为满足快速增长的客运需求,优化拓展区域发展空间,在"四纵四横"高速铁路的基础上,增加客流支撑、标准适宜、发展需要的高速铁路,部分利用时速 200 km铁路,形成以"八纵八横"主通道为骨架、区域连接线衔接、城际铁路补充的高速铁路网,实现省会城市高速铁路通达、区际之间高效便捷相连。

因地制宜、科学确定高速铁路建设标准。高速铁路主通道规划新增项目原则采用时速 250 km 及以上标准(地形地质及气候条件复杂困难地区可以适当降低),其中沿线人口城镇稠密、经济比较发达、贯通特大城市的铁路可采用时速 350 km标准。区域铁路连接线原则采用时速 250 km 及以下标准。城际铁路原则采用时速 200 km 及以下标准。

5.6.8.1 高速铁路网

1. 构筑"八纵八横"高速铁路主通道

1)"八纵"通道

(1)沿海通道：大连(丹东)—秦皇岛—天津—东营—潍坊—青岛(烟台)—连云港—盐城—南通—上海—宁波—福州—厦门—深圳—湛江—北海(防城港)高速铁路(其中青岛至盐城段利用青连、连盐铁路,南通至上海段利用沪通铁路),连接东部沿海地区,贯通京津冀、辽中南、山东半岛、东陇海、长三角、海峡西岸、珠三角、北部湾等城市群。

(2)京沪通道：北京—天津—济南—南京—上海(杭州)高速铁路,包括南京—杭州、蚌埠—合肥—杭州高速铁路,同时通过北京—天津—东营—潍坊—临沂—淮安—扬州—南通—上海高速铁路,连接华北、华东地区,贯通京津冀、长三角等城市群。

(3)京港(台)通道：北京—衡水—菏泽—商丘—阜阳—合肥(黄冈)—九江—南昌—赣州—深圳—香港(九龙)高速铁路;另一支线为合肥—福州—台北高速铁路,包括南昌—福州(莆田)铁路。连接华北、华中、华东、华南地区,贯通京津冀、长江中游、海峡西岸、珠三角等城市群。

(4)京哈—京港澳通道：哈尔滨—长春—沈阳—北京—石家庄—郑州—武汉—长沙—广州—深圳—香港高速铁路,包括广州—珠海—澳门高速铁路。连接东北、华北、华中、华南、港澳地区,贯通哈长、辽中南、京津冀、中原、长江中游、珠三角等城市群。

(5)呼南通道：呼和浩特—大同—太原—郑州—襄阳—常德—益阳—邵阳—永州—桂林—南宁高速铁路。连接华北、中原、华中、华南地区,贯通呼包鄂榆、山西中部、中原、长江中游、北部湾等城市群。

(6)京昆通道：北京—石家庄—太原—西安—成都(重庆)—昆明高速铁路,包括北京—张家口—大同—太原高速铁路。连接华北、西北、西南地区,贯通京津冀、太原、关中平原、成渝、滇中等城市群。

(7)包(银)海通道：包头—延安—西安—重庆—贵阳—南宁—湛江—海口(三亚)高速铁路,包括银川—西安以及海南环岛高速铁路。连接西北、西南、华南地区,贯通呼包鄂、宁夏沿黄、关中平原、成渝、黔中、北部湾等城市群。

(8)兰(西)广通道：兰州(西宁)—成都(重庆)—贵阳—广州高速铁路。连接西北、西南、华南地区,贯通兰西、成渝、黔中、珠三角等城市群。

2)"八横"通道

(1)绥满通道：绥芬河—牡丹江—哈尔滨—齐齐哈尔—海拉尔—满洲里高速铁路。连接黑龙江及蒙东地区。

(2)京兰通道：北京—呼和浩特—银川—兰州高速铁路。连接华北、西北地区,贯通京津冀、呼包鄂、宁夏沿黄、兰西等城市群。

（3）青银通道：青岛—济南—石家庄—太原—银川高速铁路（其中绥德至银川段利用太中银铁路）。连接华东、华北、西北地区,贯通山东半岛、京津冀、太原、宁夏沿黄等城市群。陆桥通道。连云港—徐州—郑州—西安—兰州—西宁—乌鲁木齐高速铁路。连接华东、华中、西北地区,贯通东陇海、中原、关中平原、兰西、天山北坡等城市群。

（4）沿江通道：上海—南京—合肥—武汉—重庆—成都高速铁路,包括南京—安庆—九江—武汉—宜昌—重庆、万州—达州—遂宁—成都高速铁路（其中成都至遂宁段利用达成铁路）,连接华东、华中、西南地区,贯通长三角、长江中游、成渝等城市群。

（5）沪昆通道：上海—杭州—南昌—长沙—贵阳—昆明高速铁路。连接华东、华中、西南地区,贯通长三角、长江中游、黔中、滇中等城市群。

（6）厦渝通道：厦门—龙岩—赣州—长沙—常德—张家界—黔江—重庆高速铁路（其中厦门至赣州段利用龙厦铁路、赣龙铁路,常德至黔江段利用黔张常铁路）。连接海峡西岸、中南、西南地区,贯通海峡西岸、长江中游、成渝等城市群。

（7）广昆通道：广州—南宁—昆明高速铁路。连接华南、西南地区,贯通珠三角、北部湾、滇中等城市群。

2. 拓展区域铁路连接线

在"八纵八横"主通道的基础上,规划建设高速铁路区域连接线,进一步完善路网、扩大覆盖。

（1）东部地区：北京—唐山、天津—承德、日照—临沂—菏泽—兰考、上海—湖州、南通—苏州—嘉兴、杭州—温州、合肥—新沂、龙岩—梅州—龙川、梅州—汕头、广州—汕尾等铁路。

（2）东北地区：齐齐哈尔—乌兰浩特—白城—通辽、佳木斯—牡丹江—敦化—通化—沈阳、赤峰和通辽至京沈高铁连接线、朝阳—盘锦等铁路。

（3）中部地区：郑州—阜阳、郑州—濮阳—聊城—济南、黄冈—安庆—黄山、巴东—宜昌、宣城—绩溪、南昌—景德镇—黄山、石门—张家界—吉首—怀化等铁路。

（4）西部地区：玉屏—铜仁—吉首、绵阳—遂宁—内江—自贡、昭通—六盘水、兰州—张掖、贵港—玉林等铁路。

3. 发展城际客运铁路

在优先利用高速铁路、普速铁路开行城际列车服务城际功能的同时,规划建设支撑和引领新型城镇化发展、有效连接大中城市与中心城镇、服务通勤功能的城市群城际客运铁路。

京津冀、长三角、珠三角、长江中游、成渝、中原、山东半岛等城市群,建成城际铁路网;海峡西岸、哈长、辽中南、关中、北部湾等城市群,建成城际铁路骨架网;滇中、黔中、天山北坡、宁夏沿黄、呼包鄂榆等城市群,建成城际铁路骨干通道。

5.6.8.2 综合交通枢纽

统筹运输网络格局,按照"客内货外"的原则,优化铁路枢纽布局,完善系统配套设施,修编铁路枢纽总图。创新体制机制,统筹建设运营,促进同步建设、协同管理,形成系统配套、一体便捷、站城融合的现代化综合枢纽。研究制定综合枢纽建设、运营、服务等标准规范。构建北京、上海、广州、武汉、成都、沈阳、西安、郑州、天津、南京、深圳、合肥、贵阳、重庆、杭州、福州、南宁、昆明、乌鲁木齐等综合铁路枢纽。

1. 客运枢纽

按照"零距离"换乘要求,同站规划建设以铁路客站为中心、与其他交通方式有机衔接的综合交通体,特大城市要强化铁路客运枢纽、机场、城市轨道交通的便捷联结。实施站区地上地下立体综合开发,打造高效便捷的综合客运枢纽和产城融合发展的临站经济区。同步强化客运枢纽场站设施,完善动车段(所)、客运机车车辆以及维修设施,完善客运枢纽(高铁车站)快件集散等快捷货物服务功能设施。

2. 货运枢纽

合理布局铁路物流中心、铁路集装箱中心站及末端配送服务设施,扩大货物集散服务网络。按照"无缝化"衔接要求,完善货运枢纽多式联运、集装箱运输、邮政快递运输、国际联运以及集疏运等"一站式"服务设施,提升枢纽集散能力和服务效率。优化货运枢纽编组站,完善货运机车车辆设施。布局建设综合维修基地、应急救援基地以及配套完善铁路战备设施等。以发展枢纽型园区经济为导向,推进传统货运场站向城市物流配送中心、现代物流园区转型发展。

第6章
航空运输系统

6.1 航空运输设备

6.1.1 飞机

1. 飞机的分类

（1）按构造：按机翼数目，飞机一般可分为双翼机和单翼机；按发动机类型可分为活塞发动机、螺旋桨飞机和喷气式飞机；按发动机数目可分为单发动机飞机、双发动机飞机、三发动机飞机和四发动机飞机；按旅客过道数目，可分为单通道客机和宽体（双通道）客机；按起落方式：滑跑起落式飞机和垂直/短距起落式飞机；按其起飞着陆地点：水上飞机、陆上飞机和水路两用飞机。

（2）按用途可分为军用机、民用机和专门用于科研和试验的研究机。

（3）按飞机的最大飞行速度可以将其分为亚音速飞机和超音速飞机。

（4）按飞机的航程不同，可分为短程飞机、中程飞机和远程飞机。

2. 飞机的基本结构

飞机用机翼提供升力，还得有机身用以安装发动机和容纳乘坐人员，飞机的起降由一套机构来支撑重量和在地面的运动。最后飞机用尾翼控制飞行方向及爬升下降的机械结构。因此，飞机由四个基本组成部分组成：机体、推进装置、飞机系统和机载设备。

（1）机体。飞机的机体包括机身、机翼、尾翼、起落架等。

机身。机身的主要功用是装载乘员、旅客、武器、货物和各种设备；还可将飞机的其他部分如尾翼、机翼及发动机等连接成一个整体。

机翼。机翼的主要功用是为飞机提供升力，以支持飞机在空中飞行，机翼在飞机的稳定性和操纵性中扮演重要角色，机翼上安装的可操纵翼面主要有副翼、襟翼、前缘襟翼、前缘缝翼。另外，机翼上还可安装发动机、起落架和油箱等。

尾翼。尾翼的主要功用是用来操纵飞机俯仰和偏转，是飞机稳定性的重要组成部分。

起落架。起落装置用于飞机的起飞、着陆和滑行并支撑飞机。飞机的前轮可偏转,用于地面滑行时控制方向。主轮上装有各自独立的刹车装置。

(2) 推进装置。推进装置的作用是产生拉力或推力。发动机是飞机的动力装置即推进装置。发动机带动的发电机为飞机用电设备提供电源,从发动机引入的热气流可用于座舱加温或空调系统。

(3) 飞机系统。飞机系统主要有飞机操纵系统、液压传动系统、燃油系统、空调系统和防冰系统。飞机操纵系统将驾驶员在驾驶舱内发出的操纵指令传递给有关装置,驱动舱面或其他有关装置,改变和控制飞行姿态。液压传动系统用于传动和控制操纵系统及起落架系统等。燃油系统用于储存飞机所需的燃油,并在飞机的不同飞行状态和工作条件下,按照要求的压力和流量连续可靠地向发动机供油。同时,燃油还可以用来冷却飞机上的有关设备和平衡飞机。防冰系统是防止结冰给飞机飞行带来危害,它包括防止结冰与除去结冰。

(4) 机载设备。现代大型运输机驾驶舱内的机载设备包括飞行和发动机仪表、导航、通信和飞机控制等辅助设备。机载设备主要是为驾驶员提供有关飞机及其系统的工作情况的设备,通过机载设备驾驶员能随时得到飞行所必需的信息,并可在飞行后向维修人员提供有关信息。

3. 飞机的主要数据和性能指标

1) 主要数据

(1) 飞机重量。飞机重量由基本重量、商务重量、航段燃油及备用燃油四个变量组成。根据飞机的用途不同可以将飞机重量分为空重、总重、有效载重、载弹量、燃油重量等。

基本重量是指机组人员为飞行所需的全部必要装备的重量。商务载重即运输机有收益的运载能力。航段燃油指飞机正常飞行中应耗的燃油。备用燃油指飞机为了应对突发状况所必备的燃油。

燃油是飞机重量的重要组成部分。对短程飞机来说,基本重量占 66%,商务重量占 24%,航段燃油占 6%,备用燃油占 4%;中程飞机这四部分分别为:59%、16%、21%、4%;远程飞机:44%、10%、42%、4%。可见,航程越长,基本重量所占比例越小,燃油所占比例越大。

(2) 尺寸数据。飞机的主要尺寸包括翼展、机长和机高等。

2) 飞机的性能指标

飞机的主要性能指标包括速度性能、爬升性能、续航性能和起降性能四个方面。

(1) 速度性能。速度性能的指标是飞机的最大平飞速度和巡航速度。最大平飞速度是飞机在水平飞行条件下,在一定距离内(一般不小于 3 km)将发动机的拉力(或马力)开到最大时所能达到的最大的平衡速度。巡航速度是发动机每公里消耗燃油最少时的飞行速度。

（2）爬升性能。主要指飞机的最大爬升速率和升限。最大爬升速率是指单位时间内飞机所上升的最大垂直高度。升限是当飞机达到某一高度，发动机的推力只能克服平飞阻力时，飞机不能再继续爬升了，这一高度称为飞机的升限。

（3）续航性能。主要指航程和续航时间（航时）。航程是飞机起飞后，爬升到平飞高度平飞，再由平飞高度下降落地，且中途不加燃油和滑油，也不进行空中加油时所获得的水平距离的总和。最大航程是飞机在最大载油量和飞机单位飞行距离耗油量最小的情况下所获得的航程。续航时间是飞机装满燃油和滑油起飞后的，不进行空中加油，在空中连续飞行时间（以小时计），简称"航时"或"续航力"。

（4）起降性能。包括飞机起飞离陆速度、离陆距离、飞机着陆速度和着陆距离。离陆速度是指在地面滑跑的飞机，当其前进速度所产生的升力略大于飞机的起飞重量，飞机就能够离陆起飞。离陆距离包括起飞滑跑距离和起飞爬升距离两部分。着陆速度包括着陆进场速度和着陆接地速度。着陆距离包括着陆下滑距离和着陆滑跑距离。

6.1.2　机场

1. 机场的分类

（1）按航线性质分，可分为国际航线机场（国际机场）和国内航线机场。

（2）按机场在民航运输网络中所起作用划分，可分为枢纽机场、干线机场和支线机场。

（3）按机场所在城市的性质、地位划分，可分为Ⅰ类机场、Ⅱ类机场、Ⅲ类机场和Ⅳ类机场。

（4）按旅客乘机目的分，可分为始发/终程机场、经停（过境）机场和中转（转机）机场。

（5）按服务对象机场可分为军用机场、民用机场和军民合用机场。

2. 机场构成

机场是供飞机起飞、着陆、停驻、维护、补充营养及组织飞行保障活动所用的场所。机场主要有飞行区、航站区及进出机场的地面交通系统构成。

（1）飞行区是机场内用于飞机起飞、着陆和滑行的区域，通常还包括用于飞机起降的空域在内。飞行区由跑道系统、滑行道系统和机场净空区构成。相应设施有目视助航设施、通信导航设施、空中交通管制设施以及航空气象设施。

（2）航站区是飞行区与机场其他部分的交接部。航站区包括旅客航站楼、站坪（停机坪）、车道边、站前停车设施（停车场或停车楼）等。

（3）进出机场的地面交通系统通常是公路，也包括铁路、地铁（或轻轨）和水运码头等。其功能是把机场和附近城市连接起来，将旅客和货邮及时运进或运出航站楼。进出机场的地面交通系统的状况直接影响空运业务。机场的其他设施还包括供油设施、应急救援设施、动力与电信系统、环保设施、旅客服务设施、保安设施、货运区及航空公司区等。

机场系统根据设施所处的位置和对应功能,也可以分为空侧(airside)部分和陆侧(landside)部分。

一般可将机场分为空侧和陆侧两部分。空侧(又称对空面或向空面)是受机场当局控制的区域,包括飞行区、站坪及相邻地区和建筑物,进入该区域是受控制的。陆侧是为航空运输提供各种服务的区域,是公众能自由进出的场所和建筑物。机场平面如图6-1所示。

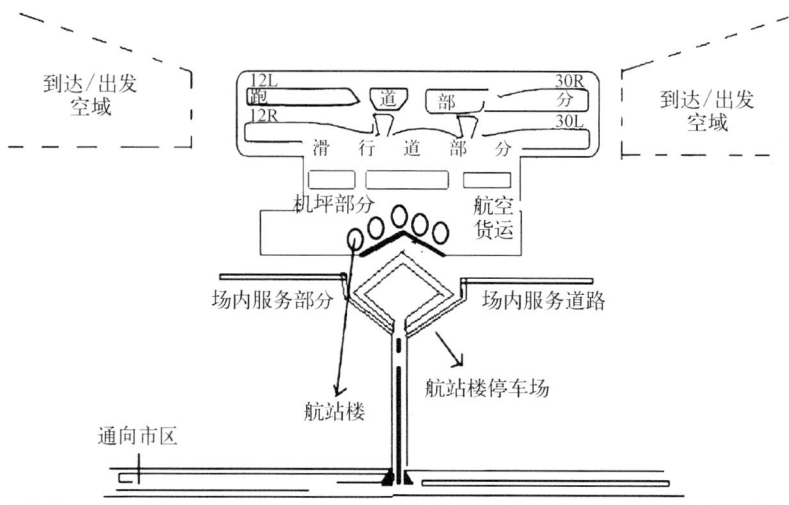

图6-1 机场平面

3. 机场设备与设施

1) 航站楼

航站楼(主要指旅客航站楼,即候机楼)是航站区的主体建筑物。航站楼的设计,不仅要考虑其功能,还要考虑其环境、艺术氛围及民族或地方风格等。航站楼一侧连着机坪,另一侧又与地面交通系统相联系。旅客、行李及货邮在航站楼内办理各种手续,并进行必要的检查以实现运输方式的转换。

2) 目视助航设施

为了满足驾驶员的目视要求,保证飞机的安全起飞、着陆、滑行,应在跑道、滑行道、停机坪及相关区域内设置目视助航设施,包括指示标和信号设施、标志、灯光、标记牌和标志物。此外,还要设置表示障碍物及限制使用地区的目视助航设施。

3) 地面活动引导和管制系统

地面活动引导和管制系统是指由助航设备、设施和程序组成的系统。该系统的主要作用是使机场能安全地解决运行中提出的地面活动需求,即防止飞机与飞机、飞机与车辆、飞机与障碍物、车辆与障碍物以及车辆之间的碰撞等。

4) 地面特种车辆和场务设备

为了保证飞机在飞行区内正常运行,机场应配备维护、检测设备(清扫车、吹雪车、推雪车、割草机、道面摩擦系数测试车等)以及驱鸟设备等。

5) 机场场道

机场场道主要包括飞行区和停机坪。

(1) 飞行区:跑道、滑行道、机场净空。

跑道是提供飞机起飞、着陆、滑跑以及起飞滑跑前和着陆滑跑后运转的场地。

机场的构成主要取决于跑道的数目、方位以及跑道与航站区的相对位置。跑道数目取决于航空运输量的大小。

跑道的长度是机场的关键参数之一,它与飞机的起降安全直接相关。跑道长度的确定主要考虑飞机的起降质量与速度,机场所在环境、气象条件、跑道条件等因素。

跑道的方位是指跑道的走向。跑道的方位主要与当地风向有关。飞机最好是逆风起降,且过大的侧风也会妨碍飞机起降。因此,跑道的方位应尽量与当地常年主导风向相近。

跑道应有足够的宽度,跑道横向应有坡度,且宜采用双面坡,以加速道面的排水。而尽量避免跑道的纵向坡度及坡度的变化,以保证飞机起飞、着陆和滑跑的安全。此外,跑道道面应具有良好的平整度和摩擦特性,以便保证飞机滑跑时的稳定性。

滑行道的主要功能是提供从跑道到航站区的通道,使已着陆的飞机迅速离开跑道,不与起飞滑跑的飞机相干扰,并尽量避免延误随即到来的飞机着陆。同时,滑行道也提供了飞机由航站区进入跑道的通道,滑行道还可使性质不同的各功能分区连接起来。

机场能否安全有效地运行,与场址内外的地形和人工构筑物密切相关。飞机在机场起飞降落必须按规定的起落航线飞行。这样,就必须对机场附近沿起降航线一定范围内的空域提出要求,即净空要求。这个空域称为机场净空区。在该区域内,不应有高障碍物和干扰导航信息的电磁环境。

(2) 停机坪:站坪、维修机坪、隔离机坪、等候机位机坪、等候起飞机坪等。停机坪上设有机位,即供飞机停放的划定位置。航站楼空侧所设停机坪称为站坪,可供飞机滑行、停驻机位和旅客上下等。

6.1.3　通信与导航设备

1. 通信设备

民航客机用于和地面电台或其他飞机进行联系的通信设备包括三种系统。

1) 高频通信系统(HF)

一般采用两种制式工作,即调幅制和单边带制,以提供飞机在航路上长距离的空与地或空对空的通信。它工作在短波波段,频率范围一般为 2~30 MHz。

2) 甚高频通信系统(VHF)

一般采用调幅方式工作,主要提供飞机与地面塔台、飞机与飞机之间近距离视线范围的话音通信。其工作于超短波波段,频率范围一般为 113~135.975 MHz。

3) 选择呼叫系统(SELCAL)

选择呼叫指地面塔台通过高频或甚高频通信系统对指定飞机或一组飞机进行联系。当被呼叫飞机的选择呼叫系统收到地面的呼叫后,指示灯亮、钟响,告诉飞行员地面在呼叫本飞机。

2. 导航设备

民航客机的导航主要依赖于无线电导航系统,其设备:甚高频全向无线电信标/测距仪系统(VOR/DME)、无方向性无线电信标系统(NDB)、仪表着陆系统(ILS)等。

1) 甚高频全向无线电信标/测距机系统(VOR/DME)

一种近程无线电导航系统。1949 年被 ICAO 采用为国际标准航线的无线电导航设备。它由地面发射台和机载设备组成。地面设备通过天线发射从 VOR 台到飞机的磁方位信息,机载设备接受和处理该信息,并通过有关指示器指示出飞机到 VOR 台的磁方位角。

测距机(DME)是为驾驶员提供距离信息的设备。1959 年,它成为 ICAO 批准的标准测距系统。它由机载测距机和地面测距信标台配合工作。一般情况下,地面测距台与 VOR 台安装在一起,形成极坐标近程定位导航系统。它是通过询问应答方式来测量距离的。

2) 无方向性无线电信标系统(NDB)即导航台

用来为机上无线电罗盘提供测向信号的发射设备。根据要解决的导航任务,导航台可以设置在航线上的某些特定点、终端区和机场。航线上导航台,可以引导飞机进入空中走廊的出、入口,或到某一相应的导航点以确定新的航向。终端区的导航台,用来将飞机引导到所要着陆的机场,并保证着陆前机动飞行和穿云下降,也用来标志该机场的航线出口位置。机场着陆导航台,用来引导飞机进场,完成机动飞行和保持着陆航向。

3) 仪表着陆系统(ILS)

1949 年被 ICAO 确定为飞机标准进近和着陆设备。它能在气象恶劣和能见度差的条件下,给驾驶员提供引导信息,保证飞机安全进近和着陆。

3. 监视设备

目前实施空中交通监视的主要设备是雷达。它是利用无线电波发现目标,并测定其位置的设备。

6.2　航空货物运输

航空货物运输组织形式有班机运输、包机运输、集中托运三种形式。

1. 班机运输

班机运输是指在固定航线上定期航行的航班。按照业务的对象不同班机运输可分为：客运航班和货运航班。班级运输有三个特点。

（1）班机运输一般有固定的始发站、到达站和经停站和时间。

（2）收、发货人能确切地掌握货物情况，所以受贸易商的欢迎。

（3）客货混载，舱位有限，不能大批量运输货物，只能分批。

由于班机运输有固定的航线、挂靠港、固定的航期，并在一定时间内有相对固定的收费标准，对进出口商来讲可以在贸易合同签署之前预期货物的起运和到达时间，核算运费成本，合同的履行也较有保障，因此成为多数贸易商的首选航空货运形式。

2. 包机运输

包机运输分为整包机和部分包机。整包机是指航空公司或包机代理公司按照合同中双方事先约定的条件和运价将整架飞机租给租机人，从一个或几个航空港装运货物至指定目的地的运输方式。部分包机是指由几家航空货运代理公司或发货人联合包租一架飞机，或者是由包机公司把一架飞机的舱位分别卖给几家航空货运代理公司的货物运输形式。部分包机适合于运送一吨以上但货量不足整机的货物，在这种形式下货物运费较班机运输低，但由于需要等待其他货主备妥货物，因此运送时间要长。

包机运输的特点：i. 解决班机舱位不足的矛盾。ii. 弥补没有直达航班的不足。iii. 减少货损、货差、或丢失。iv. 在空运旺季缓解航班紧张状况。

3. 集中托运

集中托运是指集中托运人将若干批单独发运的货物组成一整批，向航空公司办理托运，采用一份航空总运单集中发运到同一目的站，由集中托运人在目的地指定的代理收货，再根据集中托运人签发的航空分运单分拨给各实际收货人的运输方式。

1）集中托运流程

（1）将每一票货物分别制定航空运输分运单，即出具货运代理的运单。

（2）将所有货物区分方向，按照目的地相同的地区制定航空公司的总运单。

（3）打出该总运单项下的货物清单。

（4）把该总运单、货运清单作为一整票货物交给航空公司。

（5）货物达到目的地站机场后，当地的货运代理公司作为总运单的收货人负责接货、分拨。

（6）实际收货人签字后，目的站的代理公司向发货站的代理公司反馈信息。

2）集中托运的特点

（1）优点：ⅰ.由于航空运费的费率随托运货物数量增加而降低，所以当集中托运人将若干个小批量货物组成一大批出运时，能够争取到更为低廉的费率。ⅱ.集中托运人的专业性服务也会使托运人收益，这包括完善的地面服务网络，拓宽了的服务项目，以及更高的服务质量。ⅲ.集中托运形式下托运人结汇的时间提前，资金的周转加快。

（2）局限性：ⅰ.贵重物品、活动物、危险品、外交信袋等根据航空公司的规定不得采用集中托运的形式。ⅱ.由于集中托运的情况下，货物的出运时间不能确定，所以不适合易腐烂变质的货物、紧急货物或其他对时间要求高的货物的运输。ⅲ.对书本等可以享受航空公司优惠运价的货物来讲，使用集中托运的形式可能不仅不能享受到运费的节约，反而使托运人运费负担加重。

6.3 航空运输管理

6.3.1 民用运输机飞行

1. 民用运输机飞行的类别

民用运输机飞行是指民用运输机执行运输任务的飞行，它包括自飞机起飞前开车至着陆后关车的全过程。

民用运输机飞行按飞行区域分，可分为机场区域飞行和航线飞行；按领航和驾驶条件分，可分为目视飞行和仪表飞行。

2. 飞行的准备和实施

民用运输机飞行活动通常包括准备阶段和实施阶段。我国民航规定分飞行的预先准备、飞行的直接准备、飞行实施和飞行后讲评四个阶段。

飞行的预先准备通常于飞行前一日进行，遇有临时紧急任务，方可和直接准备阶段合并进行。预先准备的主要内容：下达任务，配备空勤组，确定机型，选择航线，研究制订飞行、指挥方案，办理飞行申请。飞行的直接准备通常于飞机预计起飞前1.5 h开始进行，其主要内容：研究天气情况，进行领航计算，准备飞机，旅客登机，装载货物，检查设备，修订和补充各项工作计划和方案措施，决定飞机的接受和放行。

飞行实施是指按照预定计划实施飞行全过程和保证飞行。飞行后讲评为对飞行进行总结，以便提高飞行水平。

3. 空勤组

空勤组是指由执行航空客货运输任务的飞机上人员组成的小组，也称机组。客机机组包括飞行人员和乘务人员。飞行人员是在飞行中操纵飞机和使用机上航行、通信设备的人员,包括驾驶员、领航员、空勤通信员、空勤机械员(工程师)。空勤组由机长领导。机长对飞行安全、航班正常和服务质量负责。

6.3.2　空中交通管制

1. 管制工作任务与管制机构

空中交通管制是指对航空器的空中活动进行管理和控制的业务。它的主要任务:使航空器按计划飞行,使保障工作有条不紊;维护飞行秩序,合理控制空中交通流量,防止航空器之间、航空器与障碍物之间相撞,保证飞行安全;对违反飞行管制的现象,查明情况,进行处理。为此,需要设置如下空中交通管制机构。

1) 空中交通服务报告室

负责审理进离本机场的航空器飞行预报,申报飞行计划,办理航空器离场手续,向有关单位和管制室通报飞行预报和动态。

2) 塔台管制室

管制范围包括起落航线与最后进近定位点以后的空间及机场活动区,它负责提供塔台管制区域内航空器的开车、滑行、起飞、着陆和与其有关的机动飞行的管制服务。

3) 进近管制室

这是通常在一个或几个机场附近的航路汇合处划设的管制空域,以地进场和离场的航空器飞行。它是中低空管制空域与塔台管制空域之间的连接部分,垂直范围通常在 6 000 m 以下,最低高度层以上,水平范围通常是半径 50 km 以内。

4) 区域管制室

区域管制是指飞机飞离起飞航空站区域以后,至到达降落航空站区域之前,全航线飞行过程中所实施的空中交通管制。它的工作内容是监督航线上飞机的活动,掌握天气变化,安排飞机的间隔,调配飞行冲突;协助机长处置特殊情况。

5) 区域管制中心

负责管制与监督本区域管制室辖区内的飞行,协调各管制室之间和管制室与航空公司之间的工作。

6) 民航总局高度室

负责监督、检查全国范围内跨地区高空干线、国际航线的飞行,以及外国航空器在中国境内的飞行,控制全国的飞行流量,组织承办和掌握专机飞行,处理特殊情况下的飞行。

2. 管制方法

管制员为获得管制范围内每个航空器的位置和高度信息,并为了在航空器之间配备必要的垂直、纵向或侧向间隔,需要实施空中交通管制,采取的管制方法有程序管制和雷达管制。

1) 程序管制

采用程序管制时,航路和管制区内的航线利用无线电导航设施确定。管制员通过航空器驾驶舱内的仪表向驾驶员提供导航信息。管制员根据飞行计划结合当时空中情况,向驾驶员发出飞行许可和有关指示。飞行中驾驶员用无线电向管制员报告位置和高度。当发现航空器之间的间隔小于最低标准时,管制员立即指示航空器改变飞行高度或指挥它在某一报告点上空盘旋等待。在飞行繁忙的机场,尤其是天气不好时,为安排着陆服务,常常要采用等待程序。程序管制的主要职责是为飞机配备安全间隔。

2) 雷达管制

雷达管制是为了克服程序管制对交通量的局限性,随着监视雷达的出现而逐渐形成的一种交通管制方法。管制员根据雷达的显示可以了解本管制空域雷达波覆盖范围内所有航空器的精确位置,因此能够大大减小航空器之间的最低间隔,从而可在一定空域内增加交通量。

雷达管制按空中交通管制规则,依靠雷达监视的手段进行管制,即它对飞行中的飞机进行雷达跟踪监视,随着掌握飞机的航迹位置和有关的飞行数据,并主动引导飞机运行。采用雷达管制系统可使管制员有更充裕的时间来调配航空器的间隔,保证飞行安全。

6.3.3 空域管理

1. 空域管理的意义

民用航空飞行的航线和区域遍于全国。为了在广阔的空间对航空运输飞行的飞机能提供及时、有效的管制服务、飞行情报服务和告警服务,防止飞机空中相撞和与地面障碍物相撞,保证飞行安全,促使空中交通有秩序地运行,必须进行包括空域划分与空域规划的空域管理。空域管理的基本原则:ⅰ.充分满足交通需求的增长,充分利用空域资源,尽可能满足商业运输、通用航空、军事飞行三类用户的基本要求。ⅱ.尽量减少对空域使用的限制和妨碍,使飞机能沿其最有利的路线飞行,并保证其与其他飞机之间的安全间隔。

2. 空域划分

空域划分包括飞行高度层的规定和各种空中交通服务区域的划分。

1) 飞行高度层的规定

为了防止飞机在飞行中相撞,根据飞机的飞行方向、气象条件和飞机性能的区别,规定了不同的飞行高度层。在机场区域内不论航向如何,从 600～9 000 m,每隔 300 m 为一个高度层;9 000 m 以上,每隔 600 m 为一个高度层,直到 15 000 m。在航线区域内,真航线角在 0°～179°范围内,从 900～8 700 m,每隔 600 m 为一个高度层;9 600 m 以上,每隔 1 200 m 为一个高度层。真航线角在 180°～359°范围内,从 600～9 000 m,每隔 600 m 为一个高度层;9 000 m 以上,每隔 1 200 m 为一个高度层。其中,真航线角从航线起点和转弯点量取。

2) 各种空中交通服务区域的划分

按照统一管制和分区负责相结合的原则,我国将全国空域划分为若干飞行情报区和飞行管制区,并建立相应的机构,对在该区内的民用航空飞行提供空中交通服务。同时,为了对民用航空飞行实施有效的管制,要求飞机沿规定的路线在规定的区域内飞行,因此在飞行情报区和管制区内划定飞行的航路、航线、空中走廊和机场区域;并对一些禁止飞行和在规定的时间与高度内禁止飞行的区域,划定了空中的禁航区、限制区和危险区。

3. 空域规划

1) 空域规划的意义

空域规划是指对某一给定空域(通常为终端区),通过对未来空中交通量需求的预测,根据空中交通流的流向、大小与分布,对其按高度方向和区域范围进行设计和规划,并加以实施和修正的全过程。其目的是增大空中交通容量,理顺空中交通流量,有效地利用空域资源,减轻空中交通管理员工作负荷,提高飞行安全水平。

2) 空域规划的过程

(1) 制定空域规划的工作计划,提出规划工作的任务,建立规划的组织管理机构和相应的技术工作小组。

(2) 交通现状调查与分析。其主要包括现有空域结构形式,进离场航路,空中走廊,航路交叉点,飞行冲突点,交通流量大小、流向与分布,空域空中交通量统计数据,空域容量,导航台分布,禁区,限制区,主要障碍物,机场所在地区航空运输市场现状等。

(3) 交通需求分析与预测。研究国家国民经济发展计划和本地区社会经济发展战略,对机场所在地区航空运输市场前景、发展趋势进行预测;对交通现状调查所获得的数据进行分析,研究预测未来空域空中交通需求的模型。

(4) 空域规划与评价。利用系统工程方法和空域规划技术,对给定空域提出规划方案。通过对社会、经济、技术性能的定性和定量分析,评价方案的优劣。

3) 空域规划设计技术

空域规划设计的基本内容包括终端区区域设计、进离港航路走向设计、航路交叉点设计、空域结构设计。规划时,应考虑的问题有特殊空域(如放油区、军事区等)、环境问题(如噪声敏感区、人口密集区、国家保护区、特殊建筑等)、地形、通信导航设备的类型和特性、邻近设备的相互影响、机场情况(如跑道的数量、排列、长度、宽度和状况,跑道之间的靠近程度,障碍物等)、扩建计划等。

空域运行结构可分为基本结构(最简单的一种空域运行结构,只有一个席位,但管制所有的空域)、扇区结构(通常按平行于主要跑道划分)、进/离场结构、四角位置结构(根据导航台的数量和位置划分)。

6.3.4 空中交通流量管理

1. 流量管理的意义

空中交通流量管理是当空中交通流量接近或达到空中交通管制可用能力时,适时地进行调整,保证空中交通量最佳地流入或通过相应的区域,以期尽可能提高机场、空域可用容量的利用率。

2. 流量管理应考虑的问题

1) 空域结构和网络布局

空域结构与网络布局对其容量有着重要影响,从而影响流量管理的效果。因此,必须认真考虑空域与网络的有关结构及其分布。

2) 空中交通容量

对空中交通容量的准确估计是空中交通流量管理的基础和前提,也是主管部门制订有关空管规章、合理配置空管保障系统设备与管制席位,以及进行空域规划的重要依据。

通常,空中交通容量包括机场容量和空域容量两大部分。机场空中交通容量主要由跑道容量、停机位容量和滑行道容量所组成。其中,跑道容量是机场空中交通容量的关键。机场容量受气象条件、跑道状况、空域结构、空管设备、管制员能力等多因素的影响;空域空中交通容量包括终端区和各扇区管制空域容量、航线网容量和航路交叉点容量等。

3) 需要的信息

(1)飞机实时动态信息。飞机实时动态信息包括飞机在某一时刻的高度、速度、航向和位置信息。雷达、GPS,ADS 等均能提供这些信息,其中雷达数据是主要的信息来源。

(2)由飞机计划处理提供所关心区域、航线及相关机场飞行计划的数据信息,是完成流量预测和流量管理的另一主要依据。

(3)实时气象信息。实时气象信息包括机场、终端区和航路气象条件的变化将直接影响管制区容量的大小,因而气象信息是决定流量管理方案的重要因素。

(4)设备状况信息。设备状况信息包括通信、导航、监视等设备运行的状况直接影响流量管理系统的运行和实现,同时还影响管制区容量的大小。

(5)人员状况信息。人员状况信息包括空中交通流量管理的决策方案,要由空中交通管制员来负责实施,因此管制员对流量系统的整体交通产生重要影响。此外,管制员状况的好坏、管制技能的高低将直接影响他所能指挥飞机的数量,即管制区的容量。

(6)信息集成与共享。空管系统目前所拥有的信息是多种多样的,如由雷达数据处理系统提供的飞行动态信息,由飞机计划处理系统提供的飞行计划信息,由自动转报系统提供的航班动态信息,以及由气象雷达提供的航空气象信息和情报系统提供的航行情报信息等。这些信息是分散的,各自独立,自成系统。要实施流量管理,要求集成与共享多方面的信息。

4）硬件环境

流量管理系统应有具备的硬件配置包括雷达数据处理系统、飞行计划处理系统、自动转报系统、航空气象雷达系统、航空情报系统、通信系统、导航系统、流量管理计算机网络系统。

3. 流量管理方法

空中交通流量管理方法,可分为长期法、中期法和近期法三类。长期法（从概念到实现一般要 15 年左右）包括建造机场、增加机场跑道、改善硬件设备环境、提高空中交通管制技术等,这些都需要大量的资金,周期长,见效较慢。中期法（从概念到实现一般要 6 个月到几年）包括增加空中航线、修改空域结构等。它使得空中交通网络的飞行流量宏观上更加合理,能更加有效、经济地利用空域。近期法为通过采用地面等待、空中等待、修改飞行计划等策略,直接对空中交通流量控制,使空中交通流量与空域、机场的容量相匹配,从而减少拥挤的方法。由于前两类方法实施周期较长,见效较慢,在实际工作中大多采用第三类方法。因此,通常的流量管理方法是指第三类方法。

20 世纪 80 年代末,美国麻省理工学院的 Odoni 教授首次对空中交通流量管理进行了系统的描述,提出了战术管制和战略管理两种流量管理模式。当飞机处于飞行状态时,实施战术管制,主要内容包括:

(1) 高空等待、修改航线飞行计划等,以避免昂贵的低空等待。

(2) 控制航线飞行速度,调整空中交通网络的航班流量。

(3) 优化机场飞机起飞和降落的次序,获得最大的机场跑道接收率。

这些空中交通管制方法控制了空中交通网络某些区域的飞机流量,但其流量控制作用是有限的。流量控制的另一种方法是战略管理,其主要内容包括:

(1) 飞机起飞前,修改某些飞机的飞行计划,以避开空中交通网络的拥挤区域。

(2) 延迟飞机的起飞时间,即采用地面等待策略,调节飞机流量。

6.4 国际航空货物运输组织

6.4.1 货物运输流程及单证

1. 航空货物出口货物运输流程及单证

1）作业流程

航空货物出口程序是指航空货运公司从发货人手中接货到将货物交给航空公

司承运这一过程所需通过的环节、所需办理的手续以及必备的单证,它的起点是从发货人手中接货,终点是将货交航空公司。

2) 航空货物出口货物运输流程

航空货物出口流程如图 6-2 所示。

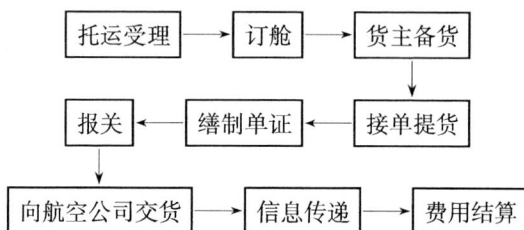

图 6-2 航空货物出口流程

3) 航空货物出口业务主要单证

如图 6-3 所示,航空货物出口业务主要单证:出口货物报关单、国际货物托运书、装箱单及发票、航空运单、商检证明、出口许可证、出口收汇核销单、配额许可证、登记手册。货物出口通关单证流程如图 6-4 所示。

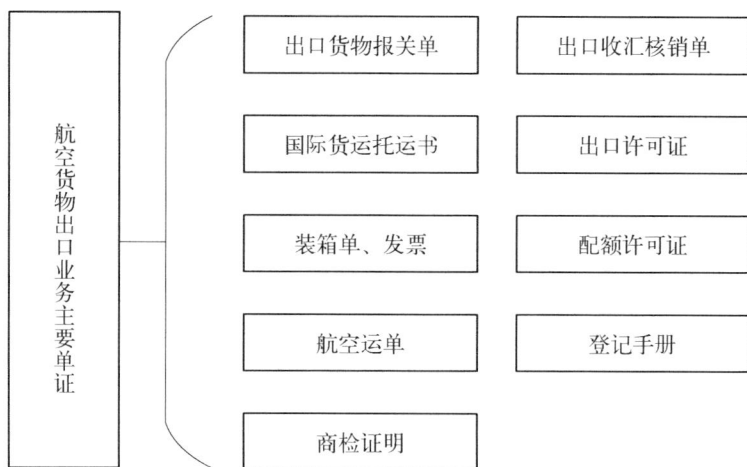

图 6-3 航空货物出口业务主要单证

2. 进口货物运输流程及单证

航空货物进口程序是指航空货物从入境到提取或转运的整个过程中所需通过的环节、所需办理的手续以及必备的单证。

航空货物入境后,要经过各个环节才能提出海关监督场所,而每经过一道环节都要办理一定的手续,同时出具相关的单证,例如商业单据、运输单据及所需的各种批文和证明等。

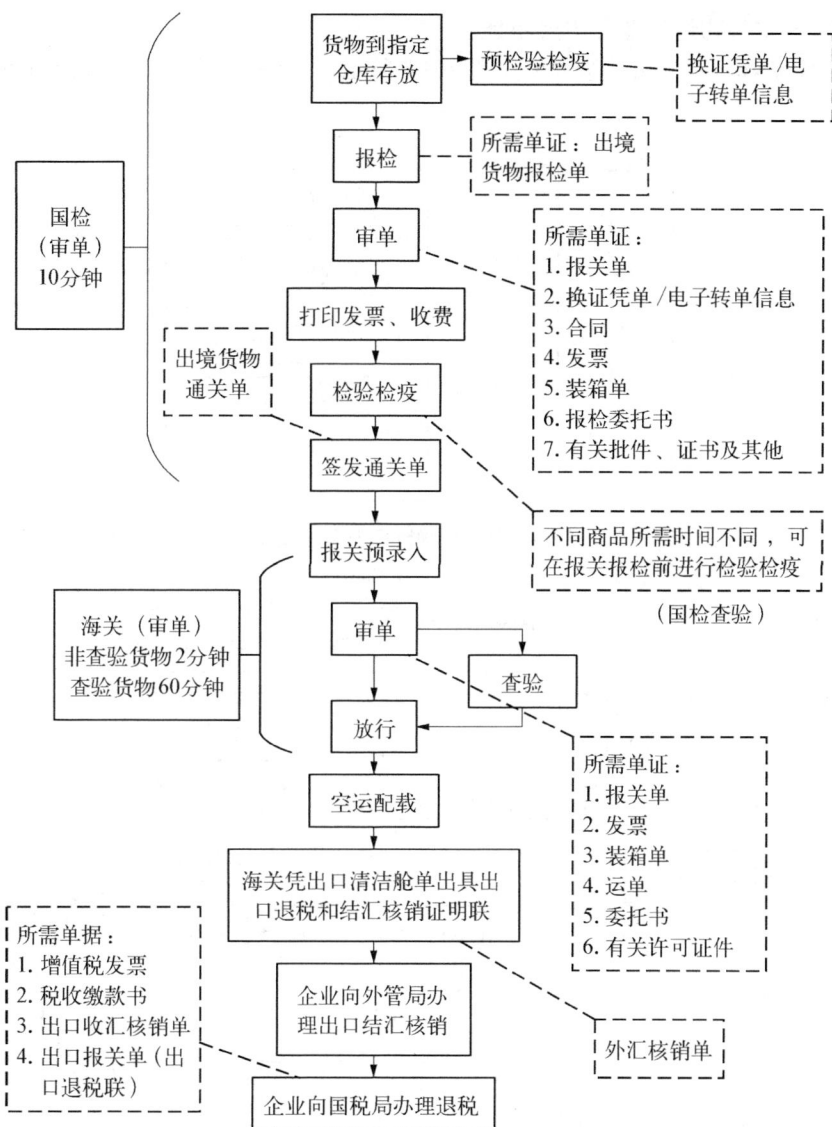

图 6-4 货物出口通关单证流程

1) 航空进口货物运输流程

航空进口货物运输流程如图 6-5 所示。

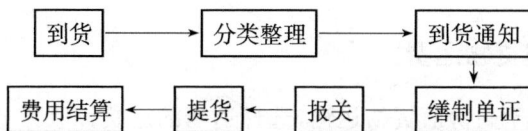

图 6-5 航空进口货物运输流程

2) 航空货物进口业务主要单证

航空货物进口业务主要单证如图 6-6 所示;货物进口通关单证流程如图 6-7 所示。

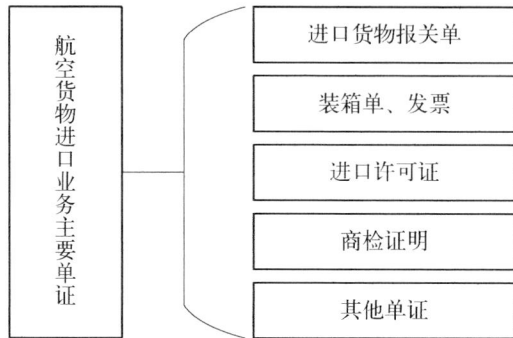

图 6-6 航空货物进口业务主要单证

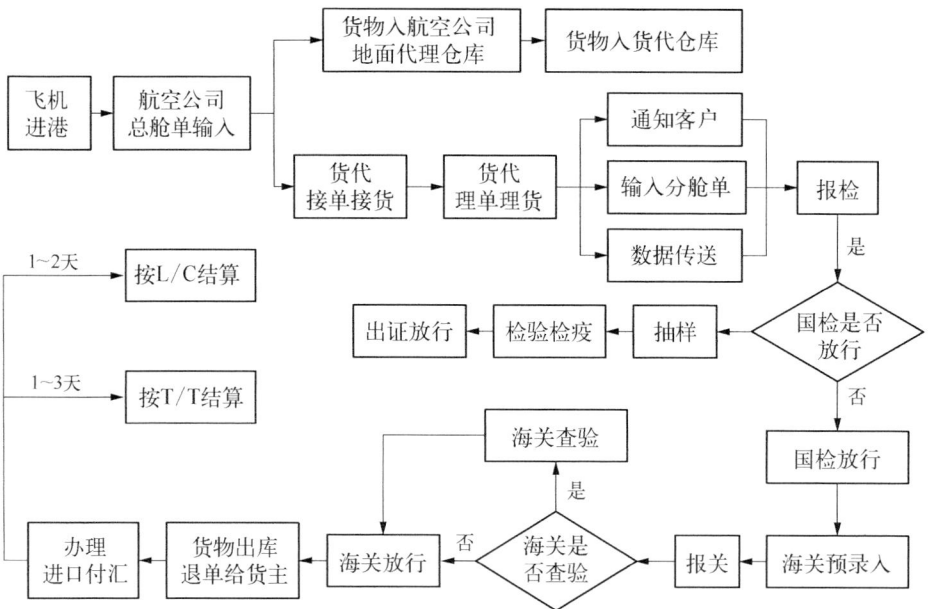

图 6-7 货物进口通关单证流程

6.4.2 国际航空货物运费

航空货运适用于高价值货物运输,选择适当的运费计收方式可能会为货主节省大笔运费。

1. 计费质量

计费质量就是据以计算运费的货物质量。航空公司规定计费质量按实际质量和体积质量两者之中较高的一种统计。

1) 实际质量

实际质量是指一批货物包括包装在内的实际总重,即毛重。凡质量大而体积相对小的重货物(如机械、金属零件等)用实际质量作为计费质量。

具体计算时,质量不足 0.5 kg 的按 0.5 kg 计算,0.5 kg 以上不足 1 kg 时按 1 kg 计算,不足 1 lb(1 lb＝0.454 kg)的按 1 lb 计算。

2) 体积质量

轻泡货物以体积质量作为计费质量,计算方法是:

(1) 分别量出货物的最长、最宽、最高的部分,单位为 cm 或 in(1 in＝2.54 cm),测量数值四舍五入。

(2) 计算货物的体积。

(3) 将体积折合成千克或磅,即根据所使用的度量单位分别用体积值除以 6 000 cm³ 或 366 in³,结果即为该货物的体积质量,即

$$体积质量＝最长×最宽×最高÷6 000(或 366) \qquad (6-1)$$

3) 集中托运货物的计费质量

在集中托运情况下,同一总运单下会有多件货物,其中有重货也有轻泡货物,其计费质量采用整批货物的总实际质量或总的体积质量,按两者中较高的一个计算。

2. 公布的直达运价

公布的直达运价是指航空公司在运价本上直接注明承运人对由甲地运至乙地的货物收取的一定金额。

1) 指定商品运价

指定商品运价是指承运人根据在某一航线上经常运输某一种类货物的托运人的请求或为促进某一地区间某一种类货物的运输,经国际航空运输协会同意所提供的优惠运价。

指定商品运价是给予在特定的始发站和到达站的航线上运输的特种货物的价格。公布指定商品运价时,同时公布起码质量。国际航空运输协会公布指定商品运价时,将货物划分为 10 种类型。

在具体使用指定商品运价时应注意:ⅰ.决定货物是属于哪一种货物;ⅱ.查阅在所要求的航线上有哪些特种货物运价;ⅲ.查阅"航空货物运价表"上的"货物明细表",选择与货物一致的号码,如果该货物号有更详细的内容,则选择最合适的细目;ⅳ.根据适用该货物的起码质量,选择合适的指定商品运价。

2) 等级货物运价

等级货物运价适用于指定地区内部地区之间的少数货物运输,通常是在普通货物运价的基础上增加或减少一定的百分比。当某种货物没有指定商品运价可以适用时,才可选择合适的等级运价,其起码质量规定为 5 kg。

适用等级货物运价的货物：ⅰ.动物、活动物的集装箱和笼子；ⅱ.贵重物品；ⅲ.尸体或骨灰；ⅳ.报纸、杂志、期刊、盲人和聋哑人专用设备和书籍等出版物；ⅴ.作为货物托运的行李。

其中 1～3 项通常在普通货物运价基础上增加一定百分比；4～5 项通常在普通货物运价的基础上减少一定百分比。

3) 普通货物运价

普通货物运价又称一般货物运价,是应用最为广泛的一种运价。当一批货物不能适用等级货物运价,也不属于指定商品时,就应该选择普通货物运价。普通货物运价的数额随运输量的增加而降低。

普通货物运价分类：ⅰ. 45 kg(100 lb)以下,运价类别代号为 N；ⅱ. 45 kg 以上(含 45 kg),运价类别代号为 Q；ⅲ. 45 kg 以上可分为 100 kg、300 kg、500 kg、1 000 kg、2 000 kg 等多个计费质量分界点,但运价类别代号仍以 Q 表示。

由于对大运量货物提供较低的运价,航空公司规定在计算运费时除了要比较其实际质量和体积质量并以较高者为计费质量外,如果用较高的计费质量分界点,计算出的运费更低,则可选用较高的计费质量分界点的费率,此时货物的计费质量为那个较高的计费质量分界点的最低运量。

4) 起码运费

起码运费代号为 M,它是航空公司办理一批货物所能接受的最低运费,是航空公司在考虑办理即使很小的一批货物也会产生固定费用后判定的。如果承运人收取的运费低于起码运费就不能弥补运送成本。航空公司规定无论所运送的货物适用哪一种航空运价,所计算出来的运费总额都不得低于起码运费,否则以起码运费计收。

起码质量的计算：运用下列公式,可求得在两个相邻质量分界点之间,按较高质量分界点的起始质量与相应运价计算运费的起码质量。

$$W_x = W_2 \times A_2 / A_1 \qquad (6-2)$$

式中：W_2 为较高质量等级的起始质量,单位为 kg；A_1 为较低质量等级的运价,单位为元/kg；A_2 为较高质量等级的运价,单位为元/kg。

例 6-1 上海运往旧金山的普通货物两批,第一批 30 kg,第二批 40 kg,分别计算两批货物的航空运费。运价资料如表 6-1 所示。

表 6 - 1

运 价 资 料	上海—旧金山
M	420 元
N	51.59 元/kg
Q45	38.71 元/kg

解　计算按高质量分界点的起始质量进行判断：

$$W_x = W_2 \times A_2/A_1 = 45 \times 38.71/51.59 = 33.8 \approx 34 (\text{kg})$$

两批货物适用的运价：

第一批货物重 30 kg，小于 34 kg，所以，按 N＝51.59 元/kg 和 30 kg 运费计算；第二批货物重量 40 kg，大于 34 kg，所以，按 Q＝38.71 元/kg 和 45 kg 运费计算。

第一批货物运费：51.59×30＝1 547.7(元)。

第二批货物运费：38.71×45＝1 741.95(元)。

注意：当一批货物采用上述方法计算的航空运费低于货物运输的起码运费 M 时，货物的起码运费即为货物的航空运费。

5) 使用各种运价时的具体注意事项

① 计收次序；

② 起收标准；

③ 直达运价；

④ 计收单位和货币单位。

3. 非公布的直达航空运价

如果甲地至乙地没有可适应的公布的直达运价，则要选择比例运价或利用分段相加运价。

例 6 - 2　从上海至亚历山大，没有直达航班，运送普通货物 15 kg，计算航空运费。运价资料如表 6 - 2 所示。

表 6 - 2

运 价 资 料	上海—开罗
N	72.93 元/kg
	开罗—亚历山大
运价附加数	0.06 EGP/kg

其中，1＄＝6.15 元，1＄＝6.89 EGP(埃及镑)，1 EGP＝0.89 元，0.06 EGP＝0.54 元。

解 上海—亚历山大：N＝72.93＋0.54＝73.47(元)。

计费质量：15 kg。

航空运费：73.47×15＝1 102.05(元)

注意：ⅰ.比例运价适合国际货物运输；ⅱ.只能是相同比例运价相加；ⅲ.如果有不同运价组成，采用最低运价。

4. 声明价值附加费

《华沙公约》规定了由于承运人的责任导致货主损失的最高赔偿责任限额。如果货物的价值超过这个限额，发货人在交运货物时就必须向承运人声明货物的价值，并支付一定的费用。否则承运人只按照最高限额承担赔偿责任。

声明价值附加费的计算式为

$$声明价值＝(整批货物声明 － 货物毛重×20 美元)×0.5\% \quad (6-3)$$

5. 其他附加费

其他附加费包括地面运费、中转手续费、制单费、货到付款附加费、提货费、送货费等。

一般只有在航空公司或航空货运公司提供相应服务时才收取。

6.5 民用航空运输组织与管理

6.5.1 基本概念

1. 航路

政府有关当局批准的、飞机能够在地面通信导航设施指挥下沿具有一定高度、宽度和方向在空中做航载飞行的空域，就称为航路。它分为两部分：一是航站区空域，供飞机进出机场用；二是航线空域，用于连接各航站区。

在欧美国家，航路空域高度层分为三种。

低空航路空域，宽 16 km，高度在平均海拔 4 423 m 以下；

中空航路空域，宽 26 km，高度在平均海拔 4 423～7 320 m 之间；

高空航路空域，宽度没有规定，高度在平均海拔 7 320 m 以上，专供喷气式飞机使用。我国民用航路的宽度规定为 20 km。

1) 飞行规则

目前主要有三种飞行规则。

(1) 一般飞行规则：在任何空域中均要遵守的规则。如保护地面人员和防止污染的规定，避免飞机相撞，右行规则和航空器导航等规定。

(2) 目视飞行规则(VFR)：在符合限制规定的天气条件下航空器应遵守的规则。这种飞行是指在可以看清地形和其他航空器或可以被观察到的基础上进行的飞行。

（3）仪表飞行规则（IFR）：当天天气条件低于目视飞行限制或在某种规定的空域中飞行时航空器要遵守的规则。ICAO 对管制或非管制空域的最低目视气象条件有具体的规定。

2）空中交通间隔规则

为了保证安全，空中交通管制部门所规定的航空器间必需的空中间隔规则。一般航路的宽度为 20 km，最小为 8 km；在垂直平面，航空器通过间隔在不同高度层飞行，一般情况下，分不同高度以 300 m、600 m、1 200 m 为一高度层；民航飞机在飞行时，以正南正北方向为 0°界限，凡航向偏右（偏东）的飞机飞双数高

图 6 - 8　空中交通间隔规则

层。例如，北京飞往上海，上海位于北京南面偏东，飞机需要飞双数层，如图 6 - 8 所示。

2. 航线

由站点形成的航空运输路线，称为航线。航线分为固定航线和非固定航线（临时航线）两种。

开辟新航线，必须考虑航路的地理条件和气象条件，有利于飞机运输的飞行安全，也应考虑航线站点地区的经济水平，同时，新航线的建立，还必须充分考虑与其他航线的衔接、地面交通的综合运输能力，以便航空运输的客货、货集散。

3. 航段

航段通常分为旅客航段（简称航段）和飞行航段（通常称为航节）。

旅客航段指能够构成旅客航程的航段，如北京—上海—旧金山航段，旅客运输航程有三种可能：北京—上海、上海—旧金山和北京—旧金山。

飞行航段是指航班飞机实际飞经的航段，例如，北京—上海—旧金山航线，飞行航段为北京—上海和上海—旧金山。

4. 航班

我国的民航飞行航班号一般采用两个字母的航空公司代码加 4 位数字组成。

航空公司代码由民航总局规定公布。后面的 4 位数字第一位代表航空公司的基地所在地区，第二位表示航班的基地外终点所在地区（1 为华北，2 为西北，3 为华南，4 为西南，5 为华东，6 为东北，8 为厦门，9 为新疆），第三、第四位表示这次航班的序号，单数为由基地出发向外飞的去程航班，双数表示飞回基地的回程航班。

例如：MU5305，上海—广州航班，MU 为东方航空公司代码，5 代表上海所在

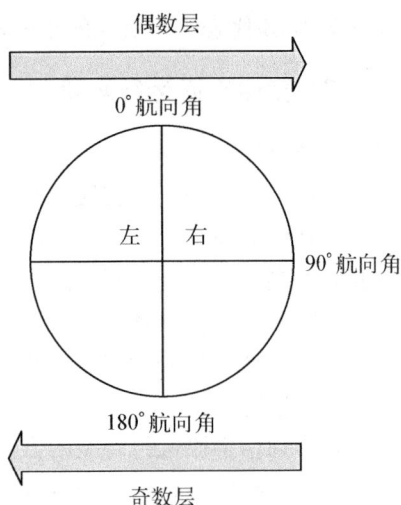

华东地区,3 代表广州所在的华南地区,05 为序号,单数是去程航班。

6.5.2 空中交通运行与管理

1. 空中交通管制

空中交通管制工作在民用航空运输中发挥着重要作用。它的主要目的是: 使航空器按计划飞行,使保障工作有条不紊;维护飞行秩序,合理控制空中交通流量,防止航空器之间、航空器与障碍物之间相撞,保证飞行安全;对违反飞行管制的现象,查明情况,进行处理。

空中交通管制分为程序管制和雷达管制。

1) 程序管制

依靠通信手段进行管制的方法。它要求机长报告飞行中的位置和状态,管制员依据飞行时间和机长的报告,通过精确的计算,掌握飞机的位置和航迹。程序管制的主要职责是为飞机配备安全间隔。

2) 雷达管制

依靠雷达监视的手段进行管制的方法。它对飞行中的飞机进行雷达跟踪监视,随时掌握飞机的航迹位置和有关的飞行数据,并主动引导飞机运行。

程序管制和雷达管制最明显的区别在于两种管制手段允许的航空器之间最小水平间隔不同。在区域管制范围内,程序管制要求同航线同高度航空器之间最小水平间隔 10 min(对于大中型飞机来说,相当于 150 km 左右的距离),雷达监控条件下的程序管制间隔只需 75 km,而雷达管制间隔仅仅需要 20 km。

2. 空域管理

为了在广阔的空间对航空运输飞行的飞机提供及时、有效的管制服务,飞行情报服务和告警服务,防止飞机空中相撞和与地面障碍物相撞,保证飞行安全,促使空中交通有秩序地运行,必须进行空域管理。

空域管理的内容包括空域划分和空域规划。

1) 空域划分

(1) 飞行高度层的划分。

真航线角在 0°至 179°范围内,高度由 900 m 至 8 100 m,每隔 600 m 为一个高度层;高度由 8 900 m 至 12 500 m,每隔 600 m 为一个高度层;高度在 12 500 m 以上,每隔 1 200 m 为一个高度层。

真航线角在 180°至 359°范围内,高度由 600 m 至 8 400 m,每隔 600 m 为一个高度层;高度由 9 200 m 至 12 200 m,每隔 600 m 为一个高度层;高度在 13 100 m 以上,每隔 1 200 m 为一个高度层。

在我国现行飞行高度层配备标准基础上,缩小 8 400 m 至 12 500 m 高度范围内原 600 m 垂直间隔。即在 8 400 m 至 8 900 m 实行 500 m 垂直间隔,其余高度范围实行 300 m 垂直间隔。8 400 m 以下、12 500 m 以上仍分别维持 300 m、600 m 垂直间隔不变。

（2）各种空中交通服务区域的划分。

飞行情报区：为飞行提供情报服务和告警服务而划分范围的空间。

飞行管制区：对飞行提供空中交通管制服务而划定范围的空间。我国民航飞行管制区分区域管制区和机场管制区。

空中禁航区：是指在一个国家的陆地或领海上空，禁止航空器飞行的划定空域，分永久性禁航区和临时性禁航区。我国的永久性禁航区如北京市、上海市等。

限制区：是指在一个国家的陆地或领海上空，根据某些规定的条件，限制航空器飞行的划定空域，如炮射区、靶场等。

危险区：是指一个在某些规定的时间内存在对飞行有危险活动的空域。

2）空域规划

空域规划是指对某一给定空域（通常为终端区），通常对未来空中交通量需求额预测，根据空中交通流的流向、大小和分布，对其按高度方向和区域范围进行设计和规划，并加以实施和修正的全过程。其目的是增大空中交通容量，理顺空中交通流量，有效地利用空域资源，减轻空中交通管制员工作负荷，提高飞行安全水平。

3. 空中交通流量管理

空中交通流量管理是当空中交通流量接近或达到空中交通管制可用能量时，适时地进行调整，保证空中交通量最佳地流入或通过相应的区域，尽可能提高机场、空域可用容量的利用率。

6.6　机场容量计算

6.6.1　机场容量及其影响因素

机场容量一般是指在特定的一段时间内，当要求连续服务时，一个机场能够接纳的最大飞机架次数，即活动繁忙时期机场接受飞机的能力。在这里，要求连续服务是指总有飞机准备起飞或着陆。按这一方法定义的机场容量，通常称为极限容量、饱和容量或容许吞吐率。机场容量是反映机场性能和吞吐能力的指标。将现有的机场容量与预计对的未来需求容量甲乙比较，可以确定是否需要改进机场设施，增加容量；通过比较各种不同构型的机场容量，可借以选择确定有效的构型。

影响机场容量的因素主要有以下这些。

1. 机场构型问题

① 跑道的构型，即跑道的条数、间距和方向；

② 滑行道的构型和条数；

③ 机位的安排、大小和数目；

④ 混合作业占用跑道的时间。

2. 与飞机起降的环境相关

① 使用设施飞机的各种尺寸；

② 天气情况；

③ 风的条件会妨碍所有可用跑道的使用；

④ 消减噪声的程序可能限制可用跑道上作业的类别，如着陆、起飞等；

⑤ 管制员选择使用跑道的方法；

⑥ 到达架次和离去架次的关系；

⑦ 尾流涡流，空中交通规则要求，轻型飞机跟随重型飞机时的间隔应比重型飞机跟随重型飞机或重型飞机跟随轻型飞机时的间隔大些。

3. 其他

① 助航设备；

② 是否具备为飞机到达和离去划定的航路区域；

③ 空中交通管制设施的性质和范围。

6.6.2　跑道容量

1. 跑道容量的意义

跑道容量一般是指在一段规定的时间内（通常为 1 h），当要求连续服务时，一个跑道体系所能承担的最大飞机架次，它等于服务的所有飞机加权平均服务时间的倒数。

如果所有飞机在空中的间隔都能精确地符合空中交通规则规定的最小允许时间间隔，而且如果飞机能按管制员规定的达到空中进入点的那一瞬间准确地达到那里，那么就能形成一个没有误差的体系，实际上这是不可能达到的。也就是说，飞机达到进入点的时间肯定会有误差，并假定这一误差服从正常分布，即它以零点为中值有一规定的标准偏差值。在进入点和跑道入口之间也有误差，也假定它服从中值为零的正常分布。将进入点误差加到进入点和跑道之间的速度误差上，可得出进入点到跑道入口的空中点误差。假定一架飞机的误差不受其他飞机的影响，则可认为误差是相互独立的。由于存在误差，所以管制员使用空中交通规则所允许的飞机间最小间隔时间时，还要增加一定的时间，这一增加时间被称为缓冲时间。已知最小时间间隔，即可计算出缓冲时间。

跑道容量的影响因素：

① 飞机组合情况，通常按飞机的进近速度把飞机划分为若干级；

② 各级飞机的进近速度；

③ 从进入点到跑道入口的共用进近航道长度；

④ 最小空中交通时间间隔规划，如果没有规划，则为实际观察的时间间隔；

⑤ 到达进入点时间误差和共用进近航道的速度误差；

⑥ 允许最小时间间隔偏差的规定概率；

⑦ 组合中各级飞机的平均占用跑道时间及这些平均时间离差的大小。

2. 只有到达的形式

为方便计算，将飞机按速度不同分为几级 (v_i, v_j, …, v_n)。 为求到达的加权服务时间，首先将每对飞机在跑到入口的最小时间间隔列为矩阵。根据这个矩阵和飞机组合中各级飞机的百分数，就可算出加权服务时间。加权服务时间的倒数就是跑道容量。设 v_i 为在前的 i 级飞机的速度，v_j 为尾随的 j 级飞机的速度；r 为共用进近航道的长度；δ 为沿共用进近航道任何地方的两架到达飞机间的最小允许间隔；R_i 为在前的 i 级飞机占用跑道的时间。

当 $v_i \leqslant v_j$ 时，跑道入口处的最小间隔距离为 δ，最小间隔时间为 t_{v_i}；当 $v_i > v_j$ 时，跑到入口处的最小时间间隔为 $[\delta/v_j + r(1/v_j - 1/v_i)]$，相应的最小距离间隔 δ 是在空中进入点，而不是跑道入口。

以上是无误差的理想体系的情况。若考虑误差，则需在最小时间间隔上加上缓冲时间。缓冲时间的大小取决于容许的偏离概率。当 $v_i \leqslant v_j$ 时，缓冲时间为 $\sigma_0 q(p_v)$；当 $v_i > v_j$ 时，缓冲时间为 $\sigma_0 q(p_v) + \delta(1/v_j - 1/v_i)$。 其中，$q(p_v)$ 为累计标准正态分布函数值为 $(1 - p_v)$ 的数值。有了缓冲时间的形式，就可得出速度级 j 的飞机尾随速度级 i 的飞机情况下缓冲时间的矩阵 **B**。 把这个矩阵加上无误差矩阵 **M** 就组成为组合矩阵。

3. 混合作业形式

对于混合作业，必须遵循以下原则：

① 到场飞机对离场飞机有优先权；

② 在同一时间只能有 1 架飞机占用跑道；

③ 随后到场飞机离跑道入口处小于一个规定的时间不能放行离场飞机；

④ 连续离去的最小时间间隔等于离去服务时间 t_d。

设 T_i 为到达飞机 i 通过跑道入口的时间；T_j 为到达飞机 j 通过跑道入口的时间；v_i 为到达飞机 i 的进近速度；v_j 为到达飞机 j 的进近速度；δ_d 为了一架离去飞机能被放行，一架到达飞机距跑道入口的最小距离；δ 为两架到达飞机间的最小间隔；G 为满足第三条规则，一架离去飞机可以放行的一段时间，$G = T_2 - T_1$；T_d 为离去的飞机开始起飞滑动时间；T_1 为到达飞机 i 脱离跑道的时间；T_2 为离去飞机再能被放行的时间；t_d 为离去服务时间；R_i 为 i 飞机占用跑道时间，$R_i = T_1 - T_i$。 如果在两架飞机到达间有一次起飞，根据规则④，有

$$T_i + R_i \leqslant T_1 \leqslant T_j - \frac{\delta_d}{v_j} \tag{6-4}$$

$$T_j - T_i - R_i - t_d \geqslant 0 \qquad (6-5)$$

无误差情况下,不考虑式(6-5),则两架飞机到达间插入离去任何架次 n_d 的表达式为

$$T_j - T_i \geqslant R_i + \frac{\delta_d}{v_j} + (n_d - 1)t_d \qquad (6-6)$$

考虑误差的情况下,有

$$T_j - T_i = \sigma_G q(P_G) + R_i + \frac{\delta_d}{v_j} + (n_d - 1)t_d \qquad (6-7)$$

式中:P_G 为与第三条规则有离差的概率;σ_G 为 G 值的标准偏差。

对一组飞机来说,允许一架或多架离去飞机放行的到达间隔最小时间和矩阵,可用 $\boldsymbol{\Gamma}_{ij}$ 表示。考虑误差时,到达飞机 j 尾随到达飞机 i 通过跑道入口的最小间距的矩阵,用 $(\boldsymbol{M}+\boldsymbol{B})_{ij}$ 表示。因此,当 $(\boldsymbol{M}+\boldsymbol{B})_{ij} \geqslant \boldsymbol{\Gamma}_{ij}$ 时,一架飞机离去能够放行。设 P_d 为 $(\boldsymbol{M}+\boldsymbol{B})_{ij} \geqslant \boldsymbol{\Gamma}_{ij}$ 的概率,它相当于两架飞机相继到达之间的间隔大于进行一架或多架离去放行所需要的最小时间的概率;混合作业情况下的极限容量为 λ,其中到达容量为 λ_1,离去容量为 λ_d。所以,$\lambda = \lambda_1 + \lambda_d$ 和 $\lambda = (1+P_d)\lambda_1$。

6.6.3 机位容量

同跑道容量一样,机位容量可定义为在需要连续服务的一段时间内,一个给定的几位数所能接纳的飞机最大数目。机位容量可以按加权平均占用记为时间的倒数计算。

影响机位容量的因素主要有:机位数目和型别;机位占用时间;需要服务飞机型别。

当机位的使用没有什么限制时,即所有飞机都能使用全部可用机位时,机位容量 F 可用下式表示,即

$$F = \frac{G}{\sum_{i=1}^{n} M_i T_i} \qquad (6-8)$$

式中:G 为可使用的机位总数;i 为一架 i 级飞机($i=1, 2, \cdots, n$);n 为飞机级别数;T_i 为 i 级飞机的占用机位时间;M_i 为在需要服务的飞机组合中,i 级飞机的比例。

第7章
管道运输系统

7.1 管道运输系统的特性及分类

7.1.1 管道运输的特性

管道运输是使用管道输运流体货物的一种运输方式,其所运货物多为燃料一类,主要有油品(包括原油、成品油、液化烃等)、天然气、二氧化碳气体、煤浆及其他矿浆等。管道运输与其他运输方式最大的不同是:管道既是运输工具(但并不移动),又是运输通道,它通过输送设备(如泵、压缩机等)驱动货物,使之通过管道流向目的地。因此,管道运输具有以下所述特性。

1. 管道运输的优点

1) 运量大

一条管径为 720 mm 的管道每年可输送易凝高粘原油 2 000 万吨以上,相当于一条单线铁路的运量;一条管径为 1 200 mm 的管道年输量可达 1 亿吨以上。

2) 占用土地少,运距短

运输管道通常埋于地下,其占有的土地很少。运输系统的建设实践证明,运输管道埋藏于地下的部分占管道总长度的 95% 以上,因而对于土地的永久性占有很少,分别仅为公路的 3%,铁路的 10% 左右。管道可以从河流、湖泊乃至海洋的水下穿过,也可以翻越高山、横越沙漠,允许敷设坡度较铁路、公路要大得多,易选取捷径,缩短运距。

3) 管道运输建设周期短、费用低

国内外交通运输系统建设的大量实践证明,管道运输系统的建设周期与相同运量的铁路建设周期相比,一般来说要短 1/3 以上。例如,中国建设大庆至秦皇岛全长 1 152 km 的输油管道,仅用了 23 个月的时间,而若要建设一条同样运输量的铁路,至少需要 3 年时间,特别是地质地貌条件和气候条件相对较差,大规模修建铁路难度将更大,周期将更长。另外,统计资料表明,管道建设费用比铁路低 60% 左右。

天然气管道输送与其液化船运(LNG)的比较。以输送 300 m^3/y(立方米/年)的天然气为例,如建设 6 000 km 管道投资约 120 亿美元;而建设相同规模(2 000 万吨)LNG 厂的投资则需 200 亿美元以上,另外,需要容量为 12.5 万立方米的 LNG 船约 20 艘,一般 12.5 万立方米的 LNG 船造价在 2 亿美元以上,总的造船费约 40 亿美元。仅在投资上,采用 LNG 就大大高于管道。

4) 安全可靠,损耗小,连续性强

由于石油天然气易燃、易爆、易挥发、易泄露,采用管道运输方式,既安全又可以大大减少挥发损耗,同时由于泄露导致的对空气、水和土壤污染也可大大减少,此外,由于管道基本埋藏于地下,其运输过程中受恶劣多变的气候条件影响小,可以确保运输系统长期稳定地运行,生产过程连续不断。

5) 管道运输耗能少,成本低,效益好

发达国家采用管道运输石油,每吨千米的能耗不足铁路的 1/7,在大量运输时的运输成本与水运接近,且无装卸费用,也无空车回程问题。因此在无水条件下,采用管道运输时一种最为节能的运输方式。管道运输是一种连续工程,运输系统不存在空载,因而系统的运输效率高。

2. 管道运输的缺点

1) 灵活性差

管道运输不如其他运输(如汽车运输)灵活,除承运的货物比较单一外,也不容随便扩展管线。难以实现"门到门"的运输服务,对一般用户来说,管道运输常常要与铁路运输或汽车运输、水路运输配合才能完成全程输送。当运输量降低较多并超出其合理运行范围时,优越性就难以发挥。管道运输适合于定点、量大、单向的流体运输。

2) 专用性强

运输对象受限,承运货物比较单一。只适合运输诸如石油、天然气、化学品、碎煤浆等气体和液体货物。

3) 固定投资大

为了进行连续输送,还需要在各中间站建立储存库和加压站,以促进管道运输的畅通。

4) 专营性强

管道运输属于专用运输,其生产与运销混为一体,不提供给其他发货人使用。

7.1.2 管道运输的分类

1. 按所输送的物品不同分类

根据管道运输的物品不同,可分为输油管道、输气管道和输送固体料浆的管道三类。

1) 输油管道

输油管道是专门输送油品的管道,可分为原油管道和成品油管道两种。

（1）原油管道。世界上的原油总运量中约有 85%～95% 是用管道输运的。原油一般具有密度大、黏稠和易于凝固等特性。用管道输送时，要针对所输原油的特性，采用不同的输送工艺。原油运输主要是将油田的原油输给炼油厂、石油化工厂、转运原油的港口或铁路车站，其运输特点是：输送量大、运距长、收油点和交油点少，故特别适宜用管道运输。

（2）成品油管道。成品油管道输送汽油、煤油、柴油、航空煤油和燃料油，以及从油气中分离出来的液化石油气等。可以运送一种油品，也可以运送多种油品。每种成品油在商业上有多种编号，常采用在同一条管道中按一定顺序输送多种油品的工艺，这种工艺能保证油品的质量并准确地分批运到交油点。成品油管道主要铺设在炼油厂通往化工厂、电厂、化肥厂、商业成品油库及其他用户之间。成品油管道运输的特点是批量多、交油点多。因此，管道的起点段管径大，输油量大；经多处交油分输以后，出油量减少，管径亦随之变小，从而形成成品油管道多级变径的特点。

2）天然气管道

天然气管道是输送气田天然气和油田伴生气的输气管道，由开采地或处理厂输送到城市配气中心，是陆地上大量运输天然气的主要方式。天然气管道，包括集气管道、输气干线和供配气管道。就长距离运输而言，输气管系指高压、大口径的输气干线。这种输气管道约占全世界管道总长的一半。

3）固体料浆管道

固体料浆管道 20 世纪 50 年代中期发展起来的，到 70 年代初已建成能输送大量煤炭料浆的管道。其输送办法是将固体粉碎，掺水制成浆液，再用泵按液体管道输送工艺进行输送。

2. 按管道的用途分类

运输管道按用途可以分为集油（气）管道、输油（气）管道、配油（气）管道三种。

1）集油（气）管道

集油（气）管道是指从油（气）田井口装置经集油（气）站到起点压力站的管道。主要用于收集从地层中开采出来的未经处理的原油（天然气）。

2）输油（气）管道

以输气管道为例，它是指从气源的气体处理厂或起点压气站到各大城市的配气中心、大型用户和储气库的管道，以及气源之间相互连通的管道，输送经过处理符合管道输送质量标准的天然气，是整个输气系统的主体部分。天然气依靠起点压力站和沿线压气站加压输送，输气压力为 $70～80 \text{ kPa/cm}^2$，管道全长可达数千公里。

3）配油（气）管道

对于油品管道来说，它是指炼油厂、油库和用户之间的管道。对于输气管道来说,是指从城市调压计量站到用户支线的管道。由于配油(气)管道压力低、分支多、管网稠密、管径小,除大量使用钢管外,低压配气管道也可用塑料管或其他材质的管道。

3. 按制造材料分

根据管道制造材料的不同,管道可分为竹制管道及钢制管道等。

4. 按动力驱动机械分

根据动力驱动机械的不同,管道可分为蒸汽机驱动管道、内燃机驱动管道、电动机驱动管道的高速离心泵管道以及燃气轮机驱动的管道。

7.2 管道运输系统的基本设备

7.2.1 输油管道运输设备

1. 输油管道的组成

1)输油站

输油站包括首站、末站、中间输油站等。

输油管道的起点称为首站。其任务是集油,经计量后加压向下一站输送,故首站的设备除输油泵外,一般有较多的油罐。输油管道沿途设有中间输油站,其任务是对所输送的原油加压、升温,俗称中间泵站。中间泵站的主要设备有输油泵、加热炉、阀门等设备。输油管道末站接受输油管道送来的全部油品,供给用户或以其他方式转运,故末站有较多的油罐和准确的计量装置。

2)管线

输油管道的线路(即管线)包括管道、沿线阀室、穿越江河、山谷和管道阴极防腐保护设施等。为保证长距离输油管道的正常运营,还设有供电和通信等设施。

2. 输油管道的主要设备

1)离心泵和输油泵站

离心泵是国内外输油管线广泛采用的原动力设备,是输油管线的心脏。离心泵通过离心力的作用完成介质的输送任务。

输油泵站设于首站和中间输油站,它的基本任务是供给油流一定的能量(压力能或热能),将油品输送到终点站(末站)。

2)输油加热炉

在原油输送过程中对原油采用加热输送的目的是使原油温度升高,防止输送过程中原油在输油管道中凝结,减少结蜡,降低动能损耗。通常采用加热炉为原油提供热能。加热方法有直接加热和间接加热两种方式。直接加热的方法是使原油在加热炉炉管内直接加热,即低温原油先经过对流室炉管被加热,再经辐射室炉管被加热到所需的温度。目前我国用得较多的是管式加热炉,它操作方便、成本低,可以连续、大量地加热原油(重质油)。间接式加热炉,也称热煤炉。它利用某种中间热载体(又称热煤)通过换热器加热油品(原油)。间接加热炉的优点是安全、可靠,但系统复杂,不易操作,造价也较高。

3) 储油罐

油罐是一种储存石油及其产品的设备。油罐按照建造方式分为地下油罐(罐内油品最高液面比邻近自然地面低 0.2 m 以上者)、半地下油罐(油罐高度均 2/3 左右在地下)和地上油罐(油罐底部在地面或高于地面者)三种类型;按建造材料分为金属油罐、非金属油罐;按油罐的结构形式分为立式圆柱形油罐、卧式油罐、双曲率形油罐三类。一般,应用较广的是钢质金属油罐。这种储油罐安全可靠,经久耐用,施工方便,投资少,可以储存各种油品。非金属油罐大都建造在地下或半地下,用于储存原油或重油,油品蒸发比钢罐低,抗腐蚀能力亦比金属罐强;其缺点是易渗漏,不适合储存轻质油品,一旦罐底发生不均匀沉陷时,易产生裂纹,且难以修复。

4) 管道系统

输油管线一般采用有缝和无缝钢管,大口径者可采用螺旋焊接钢管。无缝钢管壁薄质轻、安全可靠,但造价高,多用于工作压力高、作业频繁的主要输油管线上。焊接钢管又称有缝钢管,是目前输油管路的主要用管。

在管道铺设过程中要注意选择合适的方案。为防止管线受地面上各种负荷可能引起的损害,保护管线在热应力下的稳定性,输油管埋深一般不小于 0.8 m。在穿越河流、铁路与公路干线时应更深些;同时应略低于冰冻线,这对等温输送管道尤为重要。在地下水位较低、施工方便的高寒地区,可取较大的埋深;而对于地下水位较高、土壤腐蚀性强的地段,应考虑将管线铺设在地下水位以上。

5) 清管设备

油品在运输过程中,管壁结蜡使管径缩小,造成输油阻力增加,能力下降,严重时可使原油丧失流动性,导致凝管事故。处理管线结蜡有效而经济的方法是机械刮蜡,即从泵站收发装置处放入清蜡球或者其他类型的刮蜡器械瓜,利用泵输送原油在管内顶挤清蜡工具,使管壁结蜡被清除并随油输走。

6) 计量及标定装置

为保证输油计划完成,加强输油生产管理,长输管线上必须对油品进行计量,以便及时掌握油品的收发量、库存量及耗损量。现代管道运输系统中,流量计已不仅仅是一个油品计量器,它还是监测输油管运行的中枢。

7.2.2　天然气管道运输设备

1. 输气管道的组成

输气管道系统主要由矿场集气网、干线输气管道(网)、城市配气管网以及与此相关的站、场等设备组成。这些设备从气田的井口装置开始,经矿场集气、净化及干线输送,再经配气网送到用户,形成一个统一的、密闭的输气系统。

2. 输气管道主要设备

1) 矿场集气设备

集气过程从井口开始,经分离、计量、调压净化和集中等一系列过程,到向干线输送为止。集气设备包括井场、集气管网、集气站、天然气处理厂、外输总站等。

2) 输气站

输气站又称压气站,其核心设备是压气机和压气机车间,任务是对气体进行调压、计量、净化、加压和冷却,使气体按要求沿着管道向前流动。由于长距离输气需要不断供给压力能,故沿途每隔一定距离(一般为110~150 km)设置一座中间压气站(或称压缩机站),首站是第一个压气站,最后一站即干线网的终点——城市配气站。压气站也可按作用分为压气站、调压计量站、储气库三类。调压计量站多设在输气管道的分输处或末站,其作用是调节气体压力、测量气体流量,为城市配气系统分配气量并分输到储气库;储气库则设于管道沿线或终点,用于解决管道均衡输气和气体消费的昼夜及季节不均衡问题。

3) 干线输气

干线是指从矿场附近的输气首站开始到终点配气站为止。压气机站与管路是一个统一的动力系统。输气管线可以有一个或多个压气机站。

4) 城市配气系统

城市配气指从配气站(即干线终点)开始,通过各级配气管网和气体调压所按用户要求直接向用户供气的过程。配气站是干线的终点,也是城市配气的起点与枢纽。气体在配气站内经分离、调压气计量和添味后输入城市配气管网。城市一般均设有储气库,可调节输气与供气之间的不平衡。

7.2.3 固体料浆管道运输设备

1. 料浆管道系统的组成

料浆管道的基本组成部分与输气、输油管道大致相同,但还有一些制浆、脱水干燥设备。以煤浆管道为例,整个系统包括煤水供应系统、制浆厂、干线管道、中间加压泵站、终点脱水与干燥装置。它们也可分为三个不同的组成部分:浆液制备厂、输送管道、浆液后处理系统。

2. 料浆管道的主要设备

1) 浆液制备系统

以煤为例,煤浆制备过程包括洗煤、选煤、破碎、场内运输、浆化、储存等环节。从煤堆场用皮带运输机将煤输送至储仓后,经振动筛粗选后进入球磨机进行初步破碎,再经第二级振动筛筛分后进入第二级棒磨机掺水细磨,所得粗流量计浆液进入储浆槽,由提升泵送至安全筛筛分,最后进入稠浆储罐。煤浆管道首站一般与制浆厂合在一起,首站的增压泵从外输罐中抽出浆液,经加压后送入干线。

2)中间泵站

中间泵站的任务是为煤浆补充压力能。停运时则提供清水冲洗管道。输送煤浆的泵也可分容积式与离心式两种,其特性差异与输油泵大致相同。泵的选用要结合管径、壁厚、输量、泵站数等因素综合考虑。

3)后处理系统

煤浆的后处理系统包括脱水、储存等部分。管输煤浆可脱水储存,也可直接储存。浆液先进入受浆罐或储存池,然后再用泵输送到振动筛中区分为粗、细浆液。粗浆液进入离心脱水机,脱水后的煤粒可直接输送给用户,排出的废液输入浓缩池与细粒浆液一起,经浓缩后再经压滤机压滤脱水,最后输送给用户。

7.3　管道运输的管理工作

7.3.1　管道运输生产管理

管道生产管理是指管道运行过程中利用技术手段对管道运输实行统一的指挥和调度,以保证管道在最优化状态下长期安全而平稳的运行,从而获得最佳经济效益的过程。管道生产管理包括管道生产计划管理、管道输送技术管理、管道输送设备管理和管道线路管理。前两者合称管道运行管理。

1. 管道输送计划管理

根据管道所承担的运输任务和管道设备状况编制合理的运行计划,以便有计划地进行生产。管道输送计划管理首先是编制管道输送的年度计划,根据年度计划安排管道输送的月计划、批次计划、周期计划等。然后根据这些计划安排管道全线的运行计划,编制管道站、库的输入和输出计划,以及分输和配气计划。另一方面,根据输送任务和管道设备状况,编制设备维护检修计划和辅助系统作业计划。

2. 管道输送技术管理

根据管道输送的货物特性,确定输送方式、工艺流程和管道运行的基本参数等,以实现管道生产最优化。管道输送技术管理的内容包括随时检测管道运行状况参数,分析输送条件的变化,采取各种适当的控制和调节措施调整运行参数,以充分发挥输送设备的效能,尽可能地减少能耗。对输送过程中出现的技术问题,要随时予以解决或提出来研究。管道输送技术管理和管道输送计划管理都是通过管道的日常调度工作来实现的。

3. 管道输送设备管理

对管道站、库的设备进行维护和修理,以保证管道的正常运行。管理的内容主要包括：对设备状况进行分级、登记；记录各种设备的运行状况；制定设备日常维修和大修计划；改造和更新陈旧、低效能的设备；保养在线设备。

4. 管道线路管理

对管道线路进行管理，以防止线路受到自然灾害或其他因素的破坏。管理内容主要包括：日常的巡线检查；线路构筑物和穿越、跨越工程设施的维修；管道防腐层的检漏和维修；管子的渗漏检查和维修；清管作业和管道沿线的放气、排液作业；管道线路设备的改造和更换；管道线路的抗震管理；管道紧急抢修工程的组织等。

管道运行管理是指用制定管道运行计划的方法，以及运用管道运行状况分析和调度等手段，充分发挥管道和设备的输送效率，实现管道安全、平稳、经济的最优化运行，是管道生产管理的主要组成部分。近代的油、气管道，一般都采用油品顺序输送工艺和全线密封输送工艺。为了达到最好的经济效益，就要提高管道运行管理的水平。管道运行管理，需要准确的资料档案，即应有能正确反映全线客观条件的资料，如全线及泵站的竣工图和竣工后的更改纪录；需要先进、可靠的设备，如要有良好的调度设备和通信设备，以及显示各泵站运行参数及流程的电视屏幕，还要有电子输出设备以便随时记录各站的运行参数；需要训练有素的调度人员，他们对管道以及各站的设备、流程要熟悉了解，具有掌握现代化设备的知识和能力，具有丰富的运行管理经验。

管道运行管理包括分析运行资料、编制运行计划和运行调度三个基本步骤。

（1）分析运行资料。对委托管道承运的油品种类和数量，交付输送的时间和地点，油品的特性，以及对管线各泵站收、发油品应具备的条件等进行分析和研究，编制出年度轮廓计划，并做好完成管道年度任务的技术准备。

（2）编制运行计划。在分析运行资料的基础上，编制出指令性强的全线运行计划和各站的运行计划。在编制成品油月份或旬的全线运行计划时，要标明各批油品的名称、编号、特性和输量；标明各批油品到达各站的时间和进入的油罐；明确各批油品输送的顺序和分输时间、分输量；确定各批油品的运行参数；标明有无清管作业和计划性停输作业。在编制月或旬的各站运行计划时，要明确各站进油任务、倒灌流程；安排倒灌作业、启泵和停泵或倒停泵的作业、流量计标定和清管器接收与投入作业以及各旬的设备维修计划等。

（3）运行调度。运行调度是指按运行计划进行全线指挥、调整、监管工作，以保证运行计划完成输送任务。调度人员先对运行计划进行核对，并作适当修改，然后根据计划下达调度指令。全线运行情况均反映调度室，以便调度室进行全面监视。顺序输送时跟踪各批油品界面的准确位置，预报分输站切换流程和分输的时间，跟踪清管气的运行位置等。一旦发生事故，调度人员应负责立即处理，采取措施，下达指令，更换运行参数，以减少事故对计划的影响。

7.3.2　管道运输安全管理

安全生产管理是企业管理的重要组成部分,是企业生存的根本。安全生产管理是保证生产正常进行,防止发生伤亡事故,确保安全生产而采取的各种对策、方针和行动的总称。它要管理好人、物和环境。安全生产管理同样存在计划、实施、检查、处理循环。

1. 输油管道事故

输油管道由输油站和管线两大部分组成,两者有不同的安全特点。输油站内有机泵、阀门、管汇、加热炉、油罐、通信及电力系统等。而管道则有埋设在地下、隐蔽、单一和野外性等特点。对于输油管道的易发事故,根据其不同的特点,可将其分成六类。

1) 管道强度不足造成破坏

这类事故多数是因焊缝或管道材料的缺陷引起的管道破裂。另外,管道的施工温度与输油温度之间存在一定的温差,造成管壁拉伸变薄,也会形成破裂。

2) 管道腐蚀穿孔

一般管道都有防腐绝缘层,使管材得到保护,不会造成腐蚀破坏,但是,由于土壤中含水、盐、碱及地下杂散电流等会造成管道腐蚀,严重的会造成管道穿孔。

3) 凝管事故

长输热油管道发生凝管事故不仅造成管线停输,影响油田、炼厂、装油码头的正常生产,而且还要消耗大量的人力、物力解堵,其经济损失是相当可观的。造成长输热油管道凝管事故主要有以下几种情况:ⅰ.管道投产初期,油源不足,又无反输能力,造成凝管;ⅱ.管道输量不足,采用正反输交替运行时,未能及时跟踪监测运行参数的变化,没有采取相应措施而导致凝管;ⅲ.油源不足而采用降量输送时,因输油温度低造成凝管事故;ⅳ.停输时间过长造成凝管;ⅴ.长期没清管的管道,清管过程中造成凝管。

4) 设备事故

输油站内的泵机组、阀门、加热炉、油罐、锅炉等设备都存在发生事故的可能性。

5) 自然灾害

地震、洪水、地层滑坡、泥石流、雷击等自然灾害都可能破坏管道造成泄漏污染事故,也可能击毁油罐或其他设备,造成意外损失。

6) 违规事故

因违反操作规程造成跑油、憋压、冒罐等事故。

2. 输油管道的维修和抢修

当输油管道发生穿孔、破裂、蜡堵、凝管或其他设备事故时,都可能伴随出现跑油或发生火灾事故,其后果是很惨重的。所以,一旦发生事故,必须组织力量进行抢修,而日常的维护保养更是不可缺少的。如果是管道穿孔、破裂跑油,应选择适当的位置开挖储油池,防止原油泄漏污染农田、河流、湖泊等。对于长输管道的事故,应根据具体情况采取不同的措施和方法进行处理。

1) 管道穿孔的抢修

管道穿孔常见的有腐蚀穿孔、砂眼孔、缝隙孔和裂缝等。其特点是漏油量较小,初始阶段对输油生产影响较小,也不易发现,但随时间的延续,会逐步扩大,以至影响输油生产。这类事故在初始阶段处理较为简单,所以应抓紧时机,及时排除故障。

2) 管道破裂的抢修

管道由于强度不够、韧性不好或焊缝有夹渣、裂纹等缺陷或管道受到意外载荷发生破裂,则会形成原油大量外泄。这种事故的抢修应根据破裂的具体情况,可采取如下措施:

(1) 裂缝较小时使用带有引流口的引流封堵器。

(2) 对于较大裂缝,可用"多顶丝"封堵器进行封堵。

(3) 当管道破裂,不能补焊,需要更换管段,或因输油生产需要更换阀门时,可使用 DN 型管道封堵器进行封堵。

3) 凝管事故的抢修

凝管事故是石油长输管道最严重的恶性事故,可根据具体情况采取两种抢救措施:i. 在发现凝管的苗头时,或处于初凝阶段,可以采用升温加压的方法进行顶挤;ii. 当管道经开孔后,管内输量仍继续下降,此时管道已进入凝管阶段时,应采取沿线开孔、分段顶挤的方法。此外,还可采用一种电热解堵方法。

3. 站库安全技术

工作中的粗心大意或违反操作规程,极易发生火灾、爆炸或中毒事故。因此,在油品的收、发、储、运过程中必须加强安全工作,严格遵守操作规程和有关规章制度,最大限度地消除能引起火灾、爆炸和中毒事故的一切因素,保证平稳安全输油。

1) 防火防爆

爆炸、失火是对油库安全最严重的威胁。一旦发生爆炸失火,就会造成生命财产的巨大损失。因此,必须高度重视和切实做好油库的防火防爆工作。油库发生爆炸和火灾事故的主观原因往往是油库工作人员思想麻痹大意、制度不严、管理不善、违章作业等。客观原因有:由于电气设备短路、触头分离、泵壳接地等原因引起弧光或火花;金属撞击引起火花;雷电或静电;可燃物自燃;油库周围的意外明火等。

油品蒸气在空气中会引起爆炸的最小浓度,称为爆炸下限,最大浓度称为爆炸上限。上限和下限之间称为爆炸区间,油品的爆炸区间越大,发生爆炸的危险性愈大。当油品蒸气浓度在爆炸区间时,遇到火源则会引起爆炸。

防火防爆措施有:消除火源与油品蒸气的接触;在站库内有工业用火作业时,严格执行工业用火审批制度,进行明火作业前,应提出用火施工方案,安全措施、处理好可燃物经批准后,方可用火。

针对燃烧三要素和构成燃烧的其他条件,在站库消防中常采用冷却法(目的在于吸收可燃物氧化过程中放出的热量)、窒息法(取消助燃物—氧,使燃烧物在与新鲜空气隔绝的情况下自行熄灭)和隔离法(将火源与可燃物隔离,防止燃烧蔓延)进行灭火。

2) 防雷

雷电的危害可分为直接雷电危害和间接雷电危害两大类。避雷针是一种最常用的防雷电保护装置,由受雷器、引下线和接地装置三部分组成。

3) 防静电

在长输管道中静电的主要危害是由于静电放电会引起火灾和爆炸。防静电的安全措施,以消除静电引起爆炸火灾的条件为目标,主要采取防止静电产生及积聚的措施,消除火花放电,防止存在爆炸性气体。

4) 防毒

油品及其蒸气具有毒性,特别是含硫油品及加铅汽油毒性更大。油品蒸气可经口、鼻进入呼吸系统,使人产生急性中毒或慢性中毒。轻质油品的毒性虽然比重质油品的毒性小些,但其挥发性强,在空气中的浓度相应也要大,因此,危害性更大。为保证站库工作人员的身体健康,必须严格控制工作场地空气中有毒气体含量,使其不超过最大允许浓度;保证设备的严密性,加强通风,尽量减少工作场地中油蒸气浓度。

第8章
综合交通运输体系规划及运营

8.1 综合交通运输规划的内涵

综合交通运输规划是指在一定地域范围内(一个国家或地区)对交通运输系统进行总体战略部署,即根据国民经济发展的要求,从当地具体的自然条件和经济条件出发,通过综合平衡和多方案比较,确定交通运输发展方向和地域空间分布。综合交通运输规划是实现国民经济对交通运输要求的重要手段,也是编制各种交通运输方式总体规划的基本依据。

8.1.1 综合交通运输规划的总体目标

1. 适应中国现实国情需要,促进我国可持续发展战略实施

交通运输在促进经济发展的同时,具有高度的资源依赖性,大量占有土地和消耗能源,同时带来比较严重的环境污染。我国现实国情不允许我们再去重复西方发达国家交通发展的老路,而应在确保交通运输供求总量均衡、普遍服务的总体目标前提下,优化交通运输资源配置,建立资源节约型和环境友好型的适应性综合交通运输网,以最小的资源和环境代价满足经济社会的运输总需求,促进经济与社会协调发展。

2. 缩小地区经济差异,促进我国国土资源合理均衡开发

通过综合交通运输规划,综合考虑我国资源分布、工业布局、城市分布以及人口分布的特点,特别是我国未来可能形成的经济区划及经济中心布局,着眼于尽快形成沟通东西和南北的若干条国家级交通运输大通道,将引导和促进国土均衡开发,为缩小我国地区间差距提供基础条件。

3. 大力推进各种交通运输方式协调发展,充分发挥综合交通运输系统优势

通过综合交通运输规划,将各种交通运输方式作为有机衔接、不可分割的整体,从系统固有的空间特征和资源约束的角度,分析研究交通运输资源的最优配置,实现交通运输系统的整体优势和综合效益,使各种交通运输方式从基础设施的规划开始,就做到衔接优化和协调发展。

4. 提升交通运输能力

交通运输能力是指交通运输供给满足社会经济对其需求的能力,它至少包括

两方面含义：一是与社会经济对交通运输的需求在功能上的平衡；二是与社会经济对交通运输的需求在经济上的平衡。交通运输只有在功能上和经济上协调发展，两者均能满足社会经济的需要，才能真正体现出交通运输能力。

8.1.2　综合交通运输规划的层次划分与基本内容

按照行政区划和不同范围区域综合交通运输体系发展特点，综合交通运输体系发展规划可划分为国家、省（经济区）、城市群、市县四个层次。不同层次的综合交通运输体系发展规划要解决的重点问题各有侧重。

国家级综合交通运输规划主要研究国家发展综合交通运输体系的战略取向和总体部署。

省级、市县级综合交通运输规划重点是落实国家总体部署，研究本区域内交通基础设施布局和一体化运输发展等具体问题。经济区是我国经济发展的重要区域，近年来国家陆续出台了长江三角洲地区、环渤海地区、振兴东北老工业基地等一系列经济区发展规划，以经济区为范围开展综合交通运输规划研究符合我国发展实际，经济区综合交通运输规划的特点总体与省级规划类似，可归为一类。

城市群具有大区域和城市节点的双重特点，把城市群作为一个类型区域开展综合交通运输体系规划有利于打破行政区域划界限，促进城际间及各种运输方式间一体化运输体系的形成，有利于提升区域竞争力。

虽然不同层次综合交通运输体系发展规划关注的重点不同，但规划的基本内容大致相同。总的来说，区域综合交通运输体系规划主要包括发展现状评价、运输需求分析、发展定位与目标研究、规划方案研究和政策措施建议五个方面的内容：

（1）发展现状评价是综合交通运输体系发展规划的逻辑起点。

本部分主要从综合交通网络规模与结构、综合交通运输通道、综合交通枢纽及集疏运、各种运输方式之间以及城际交通与城市交通之间相互衔接等方面对基础设施发展水平进行评价；从客货运输组织、客货运量发展、基本公共服务覆盖面等方面对综合交通运输服务效率和水平进行评价；从安全应急保障能力、交通运输科技与信息化水平、绿色低碳交通运输发展等方面对综合交通运输的现代化水平进行评价。在此基础上，总结评价综合交通运输体系发展对国民经济社会发展的适应程度，分析综合交通运输体系发展中存在的突出问题。

（2）运输需求分析是综合交通运输体系发展规划的理论依据。

本部分从经济社会发展总体趋势出发，论述对外贸易、产业布局、城镇化、新农村建设、"两型社会"建设等方面对综合交通运输体系发展的影响和需求，进一步分析在这种形势下客货运输发展的新特点，并对部分客货运输指标进行定量预测，作为制定区域综合交通运输体系发展规划方案的重要依据。

（3）发展定位与目标研究是综合交通运输体系发展规划的战略导向。

本部分主要从经济社会发展战略的高度、从区域整体利益的广度、从交通运输自身发展需要的深度出发，研究制定适合区域特点和实际的综合交通运输体系发展指导思想和基本原则，提出规划期内综合交通运输体系发展的目标和主要指标。

（4）规划方案研究是综合交通运输体系发展规划的核心内容。

本部分主要从基础设施、运输服务、支持系统三方面提出综合交通运输体系规划的方案设计。

（5）政策措施建议是综合交通运输体系发展规划的实施保障。

本部分主要从体制机制、投融资渠道、政策引导与支持等方面提出支撑和保障综合交通运输体系发展规划实施的主要措施。

8.1.3 综合交通运输体系规划逻辑框架

综合运输体系发展规划在外延上与交通运输发展规划基本一致，主要包括基础设施、运输服务、支持系统三部分。

（1）基础设施主要包括综合运输通道、综合运输枢纽、综合运输衔接三方面。

综合运输通道是指在一定区域范围内，连接主要经济点、生产点和重要城镇，有共同流向的客货流密集地带，一般包含两种以上运输方式，主要由干线公路、铁路、水路（航道）等组成。

综合运输枢纽是由若干运输方式连接的终端设施（包括综合客运站、物流园区、公路场站、铁路场站、港口码头、机场等）组成的整体，承担着所在区域的客流、物流集散和转换功能，是所在区域对外联系的桥梁和纽带。

综合运输衔接依托综合运输通道与综合运输枢纽，共同构成综合运输基础设施网络，主要包括重点客货运输场站的集疏运系统、城际交通与城市交通的衔接系统、城乡集散交通系统等。

（2）运输服务是规范运输市场管理以及提高运输组织化程度、运输效率、服务质量与水平的重要手段，主要包括运输装备系统、公共客运系统、现代物流系统等方面。

（3）支持系统是实现交通运输行业健康与可持续发展的保障系统，也是交通运输发展时代特征与要求的集中体现，主要包括交通科技与信息化、绿色低碳交通、安全与应急保障等方面。

政府作为规划的制定者，主要关注基础设施建设、公共信息平台构建等公益性领域，对于客货运输行为，主要依靠市场配置资源。政府主要发挥市场监管、公共管理等方面的作用。因此，政府制定的区域综合运输体系发展规划中，往往基础设施规划的内容较多，运输服务和支持系统两方面的内容相对较少。同时，这种偏重基础设施的规划特点也是与目前我国综合运输体系处于网络形成与完善的发展阶

段相适应的。为体现政府对公益性基础设施规划的重
视,也为了平衡基础设施、运输服务、支持系统三方面
的规划内容,提出了一个演化后的框架结构,如
图 8-1 所示。

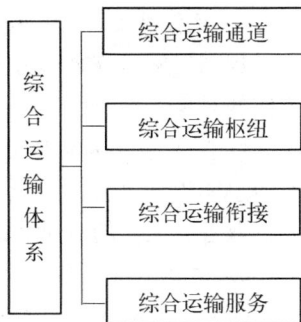

图 8-1 规划方案演化框架

在新的演化框架中,将运输服务与支持系统合并,
统称为"综合运输服务",使整个综合交通运输体系规
划方案的框架划分为综合运输通道、综合运输枢纽、综
合运输衔接、综合运输服务四个部分。综合运输通道
和综合运输枢纽共同构成区域综合运输体系的主骨
架,其中综合运输通道是主骨架中的"线",综合运输枢
纽是主骨架中的"点"。综合运输衔接与综合运输主骨架共同构成了区域综合运输
基础设施网络。综合运输服务是充分发挥交通基础设施功能、提高运输管理与服
务水平的重要环节。

8.2 综合交通运输规划的步骤

综合交通运输规划主要包括交通调查、需求预测、方案制定与评价等环节,每
个环节又包括一系列任务,下面分别介绍涉及的步骤。

1. 资料建档

交通运输规划最初阶段的工作是收集可能得到的,与交通运输服务有关的数
据。资料建档是整个交通运输规划工作的基础,由以下几类数据构成:有关交通
运输部门的数据,社会经济方面的数据,国家及区域政策和规划文件,以及所有对
交通运输规划人员有用的分析和预测及计算机方面的资料。

2. 调查分析诊断

调查分析在规划过程中起着重要的作用。通过调查分析,可以使规划中的分
析工作集中在最主要的问题和情况上,从而能够选择优先研究领域及制定目标和
评价准则。调查数据主要为交通供给和需求两个方面的数据。具体地说,是调查
现有交通设施使用情况,调查交通工具的现状,调查分别以个人、家庭、分区为单位
的特性数据资料。其中以出行起讫点(OD)数据调查和特性数据调查最为重要。
调查结束后,还要对这些数据进行处理、统计和分析。调查分析包括对国家交通运
输结构形成因素(铁路、公路、水路、航空和管道交通运输方式)历史趋势的分析研
究。因此,必须对现在的系统进行研究,以了解各因素是如何发挥作用的,是什么
原因使它以何种方式发挥作用的,了解系统改进的障碍及可能改进的领域。调查
分析报告是对各种因素的供需情况和国家交通运输系统管理做出进一步分析的指
导性材料。

3. 目标确定

规划目标是规划的方向,在进行规划前必须明确。交通规划的目标是指规划工作的对象区域、规划年限及所规划的交通系统欲达到的性能指标,如安全、快速、经济性能,以及环境影响,与社会经济发展的适应性、能源节约等指标。对象区域发展总体规划以及宏观交通发展战略是确定交通规划目标的依据,在确定目标时应听取各界人士的意见和建议。

4. 体制和财政分析

研究一个有效的且有实用价值的交通运输规划,必须对体制和财政因素有清楚的认识和评价。体制和财政分析的主要目的是为指导和评价远期交通运输规划的各要素提供一个潜在的基础;同时,也是为分析交通运输部门的管理和协调情况,以便研制短期运营方案和研究政府部门与事业机构职责的有效分配方案。

5. 供给分析

交通运输供给包括交通运输工具(如驳船、汽车、铁路货车等)和固定设施(如公路、铁路、港口、机场等)。资料建档和数据调查为供给分析提供了基础资料。现有交通运输供给:i.以地区供给为基础,以便对系统水平进行有意义的分析,并能与需求预测进行比较;ii.研制一些分析工具,以预测处于不同交通运输条件下各种特定供给要素的状况(以成本、服务水平等概念来表示)。

6. 需求分析

如果不进行当前运输服务需求分析,就无法预测将来的运输服务需求。分析当前需求是为了了解资源和生产力的空间分布及人口和社会经济活动之间的关系。这些关系可以用来预测交通运输的未来需求。运输需求分析包括每个区域的客货运输需求的生成量、增长量、分布量和交流量的分析。

7. 运营管理和运输重点设备的改进

对可行的改进措施进行费用和效果分析,确定合理的改进对策,并通过确定最适当的交通量水平,选择效益最大化的运输方式及其设备条件的改进措施。

8. 区域交通运输活动的预测

主要包括未来区域人口交流和迁移及商品供给的剩余和短缺(包括国际贸易往来)以及客、货流的空间分布这两方面内容,并据此预测区际运输交流的需求量和供给量。

9. 未来交通运输方式的选择

未来交通运输方式的选择分析为以后对通道和系统两个方面进行各种方式分析构成一个基本的设想。根据不同国家交通运输需求的观察,分析新的方式选择的特征和可行性。

10. 未来交通运输短缺的辨识

从空间和时间上来说,未来交通运输短缺情况的确定是规划过程的关键步骤。

通过分析现在交通运输系统的功能并考虑未来交通运输的需求,来确定"关键通道"。

11. 关键通道备选方案的生成、分析和评价

在存在严重问题和短缺的情况下可考虑通道备选方案,即寻找"关键路径"。关键备选方案的生成与评价,是在未来交通运输方式的备选方案与预测的各通道需求量相比较的基础上,所进行的一个完整的交通运输方式选择分析。

12. 备选方案的产生和评价

交通运输系统备选方案包含整个国家或地区交通运输规划的内容。这部分工作的任务是把作为国家或地区交通运输规划方案的所有专题研究、信息和分析结合起来,确定并评价各种可行的备选策略。

13. 综合交通运输规划的总体评价

综合交通运输规划的总体评价,是在对各种备选方案进行分析和评价的基础上进行的。这种评价包括定量分析和定性分析,一般以定量分析来提示综合交通运输规划的微观经济效益,用定性分析来揭示其宏观的社会经济效果,并在此基础上选出最佳方案。从综合交通运输规划的总体评价的内容来看,包括建设必要性的评价、投资方案的评价、建设条件的评价、技术评价、经济效益评价、社会效益评价、不确定性分析及环境评价等。

以上将综合交通运输规划过程分为 13 个步骤,每一步又包含几项特定的任务,其中交通调查、交通预测、方案设计、方案评价这四项工作是交通规划的主要内容而交通预测(交通发生、交通分布、方式划分)和交通分配又是交通规划理论的重要内容。这里特别强调的是交通规划方案,它是交通规划的最根本任务。而且,这些步骤是密切相关的,它们之间存在大量的反馈。因为交通规划方案的实施是一个漫长的过程,需要几年甚至十几年的时间,在实施过程中可能会发现问题,也会因新的情况出现而产生原来预料不到的问题,这些都会导致对原规划方案的修改、调整、更换甚至中止。也就是说,交通规划还存在一个反馈和修改的过程。因此完整的交通规划是不断反馈、不断调整的连续的过程。

8.3　综合交通运输通道规划

8.3.1　综合交通运输通道的内涵及特征

交通运输通道不是各种运输方式运输线路的集合,具有特定涵义。对运输走廊的定义,目前国内外文献中较完整的有七个方面。

(1)"国际公共运输联盟"和"原联邦德国公共运输企业联盟"主编的《公共运输词典》的解释是:"在某一地域内,连接主要交通发源地,有共同流向,可以有几种运输方式可供选择的宽阔地带,是客货密集带,也是运输的骨干线路。"

(2) William W. Hay 对交通运输通道的解释为："在湖河流、溪谷、山脉等自然资源分布、社会经济活动模式、政治等因素的影响下而形成的客货流密集地带，通常由多种运输方式提供服务。"

(3) William L. Garrison 对交通运输通道的解释是："在交通运输投资集中的延伸地带内，运输需求非常大，交通流非常密集，各种不同的运输方式在此地带内互相补充，提供服务。"

(4) 张国伍的定义："某两地之间具有已经达到一定规模的双向或单向交通流，为了承担此强大交通流而建设的交通运输线路的集合，称之为交通运输通道。"

(5) 张文尝从运输联系与运输区划相结合角度，定义如下："运输通道是联结不同区域的重要和便捷的一种或多种运输干线的组合。"

(6) 曹小曙、阎小培认为，"交通运输走廊是由巨大的综合交通枢纽和多条基本平行的高效率交通干线组成，承担所有空间相互作用的廊道状地域空间系统。"

(7) 黄承锋将运输通道定义为："运输通道是客货流的流经地、线路、运载工具以及管理系统的总和。"

归纳以上几种观点，综合运输通道定义：综合交通运输系统的重要载体，是交通运输网的骨干。连接着国际、国家或区域中重要的枢纽节点，客货流密集，而且多条线路多种运输互相补充，不仅是国际、国家或区域运输的大动脉，而且在政治、文化、国防方面担当重要角色的狭长地带。

综合交通运输通道的特征主要有七个方面。

(1) 运输通道是交通运输网的骨干，具有全局意义。因为它承担着区际运输联系的大部分或全部任务，运输通道是否畅通对于运输网整体的效益起决定性作用。

(2) 运输量大而集中。运量包括了区际(省、市际)运量、过境运量、地方运量。运输客货流的流向相似或相同，起讫点集中于通道附近或联结地区。在这三种运量中，运输通道主要以区际交流运量为主。

(3) 技术先进。采用相对先进的技术、设备和管理方式。

(4) 有一定层次性。高层次的运输通道由多种运输方式组成，通过能力大，能适应各种运输需求。低层次的则由单一方式组成或以某一方式为主。并非所有低层次运输通道都可发展为高层次的，因为影响通道发展的因素很多。

(5) 联系区域具有扩展性。除直接联系和经过的区域外，运输通道对运量的吸引还影响到非相邻区域。

(6) 运输通道可引导生产力布局。其空间布局的展开是生产力布局展开的先导，通道沿线往往形成经济发展的增长点。

(7) 运输通道不仅包括各种交通运输线，而且包括机场、港站枢纽及相应的配套。

8.3.2　综合交通运输通道的功能

1. 综合交通运输通道是综合交通运输网络的骨干

综合交通运输通道承担着大宗客货运量，是综合交通运输网络的骨干。综合交通运输通道的加强与运网扩展是综合交通运输系统建设的主要任务，综合交通运输通道的加强应着重于综合交通运输系统"质"的提高。

2. 综合交通运输通道有利于资源的开发和利用

大规模的能源基地建设必然依赖综合交通运输通道，因为资源开发的难易程度很大程度取决于交通运输条件，而综合交通运输通道就具有强大的交通运输能力。

3. 实现生产力布局的重要手段是形成交通经济带的基本条件

综合运输通道是生产力布局的基础，是地区开发的重点，通过综合运输通道的建设，促进地区生产专业化与协作的发展。在综合运输通道沿线地带，辅以其他条件，就会形成连绵的交通经济带。

4. 综合交通运输通道的社会意义

运输通道对加强中央与地方，发达与不发达地区的政治、经济交流有很大作用。有些情况下，政治意义甚至超过经济意义，早期的运输通道的建设往往是出于这种考虑。一条干线通道，即使运营初期甚至相当长的时期运量少、运营收益低；但是政治意义很大，也应该修建。如澳大利亚的横向大铁路的建成促成了西澳大利亚州加入联邦。我国进藏公路与青藏铁路，虽然线路的营业收入率较低，但是对于支援边疆、发展少数民族经济、巩固边防意义巨大。

综合交通运输通道与综合交通运输网络既有区别又有联系，在形式上通道是连接客货流的交通密集带，呈线性结构；交通运输网络则是相关交通线路与枢纽的集合，呈网状结构。在功能上，通道构成交通运输网络的骨干，连接交通运输网络的主要枢纽和集散点，通过与交通运输网络的联系，聚散强大的交通流。

综合交通运输通道在综合交通运输网络中的主要功能有四点。

（1）综合交通运输通道是国家或区域交通运输系统的骨干，担负国家或区域大量、重要、稳定的客货流交通运输，建设完整、配套的通道体系保证客货流运输的畅通，是从根本上解决国家或区域的交通运输问题的首要条件。

（2）综合交通运输通道能促进各种交通运输方式的合理分工、协调发展，加速完善综合交通运输体系，不断提高综合交通运输能力，实现交通运输结构合理，以较少的社会劳动消耗获得社会运力供给的较快增长。

（3）综合交通运输通道的形成有利于促进交通运输系统管理的进步和高效化，实现计划上的统筹安排、组织上的协调配合、控制上的反馈追踪，为建立交通运输信息系统和发展联合运输提供有利条件。

（4）综合交通运输通道有利于人们树立"大交通"观念，把握交通活动的总目标，避免各种交通运输方式片面追求自我利益，有利于提高整个交通运输系统的经济和社会效益。鉴于交通运输网络中的特殊重要地位，优先建设综合交通运输通道是建设整个交通运输网络的最优策略。

8.3.3 综合交通运输通道的分类

1. 按照不同空间层划分

根据运输通道的空间层次和交流性质可以分为五种： i. 国际性运输通道（国家间运输通道）； ii. 大经济区间的区际运输通道； iii. 省际运输通道； iv. 省内运输通道； v. 市内运输通道。

国际通道是承担国际交流的基础，是国家对外联系的桥梁。一个畅通便利的国际通道是保证一个国家参与国际分工的先决条件。国际货运联系主要是通过海上通道完成的，铁路或公路等通道在一些内陆国家间也起重要作用。

区际通道联接一个国家的各大经济区。区域之间资源分布不均衡及专业化分工，产生了区域间的运输联系。区际通道的畅通是全国各大经济区经济协调发展的重要前提。

区内通道联接经济区内的不同地区，组织起更为紧密的分工与协作，承担区内运输联系。区内联系主要是各省间的客货交流。一个经济区的发展，区内通道是否通畅同样是其基础条件之一。

省内运输通道是联系各省辖市、地区之间的运输骨干，也是一省内实现平衡发展的基础条件。

2. 按构成运输方式划分

（1）综合型运输通道。两种以上运输方式干线或者串联、或者并联。

综合运输通道，是多种运输方式联合而形成的运输通道。联合的方式有多种。有几种运输方式的并联，即联结同一起讫区域之间的不同运输方式线路组成，也有几种运输方式的串联，即铁水联运，铁—水—公联运等；还有混联，即既有并联，又有串联。运输通道因不同的运输方式组成，可最经济的分配各种方式的交通量；有效的分配对各种方式的建设投资，从而达到交通运输系统的最小消耗和最大效益，并为社会提供可供选择的多种运输服务。分清运输通道的结构类型，可以合理地确定运输道的结构，在不同地区因地制宜地发展相应的交通设施。

（2）单一运输方式的运输通道。反映了运输通道的结构类型，说明运输通道可由单一运输方式干线组成，也可由多种运输方式干线组成。

单一方式运输通道多见于通道发展初期。当各种运输方式均有发展，单一通道逐渐发展为综合运输通道。然而，在某些特定条件下，单一型的运输通道仍然存在，如青藏公路通道。

3. 按运输对象划分

（1）客运通道或者以客运为主的运输通道：客运专线、通勤、旅游线路等。

（2）货运通道或者以货运为主的运输通道。

（3）客货兼有的运输通道。

4. 按交通运输通道的功能划分

（1）干线交通运输通道，包括国家通道、广域城际通道、省际通道、区域城际通道。

（2）集散交通运输通道，包括区域城际通道、区域城镇群通道、城市对外通道。

（3）特殊用途交通运输通道，包括旅游通道、机场（港口）通道、厂矿（企业）用通道。

（4）城市通道。考虑到通道的根本功能是为社会经济发展服务，直接功能是为各种交通出行提供服务，且通道的功能分析直接影响系统的结构配置，是通道规划和布局的基础，本书认为按功能进行通道分类更加合理。按功能对通道进行分类是指以通道的本质属性或其他显著属性特征作为根据，把各种等级层次或类别的通道按功能集合成类的过程。考虑作为综合交通网络的重要组成部分，其规划、投资、建设、运营、管理、养护等工作涉及中央、地方及有关行业部门的各级组织，通道的分类要尽量与我国的行政管理体制紧密结合，并充分考虑区域经济和区域一体化发展趋势。

8.3.4　综合交通运输通道布局规划

1. 综合交通运输通道布局规划目的及内容

综合交通运输通道规划的关键环节是综合交通运输通道布局规划。综合交通运输通道布局研究的目的是：在对现状综合交通通道形成过程及其缺陷分析的基础之上，从建设、使用角度出发，对综合交通运输通道的发展需求和硬性条件进行分析和明确，建立与运输业发展规律相协调、与社会经济发展需求相一致的通道运输格局，包括通道内不同运输方式的线路走向、衔接方案的拟定与技术经济比较、优化工作。

综合交通运输通道布局研究的内容包括七个方面：

（1）综合交通运输通道的影响区、功能、地位分析。

（2）综合交通运输通道节点与枢纽点分析。

（3）综合交通运输通道区位线分析及其重要度分析。

（4）综合交通运输通道路线布局规划方案拟定及衔接方案拟定。

（5）综合交通运输通道方案比选、优化。

（6）综合交通运输通道布局结果的确定及不同部分的功能定位。

（7）综合交通运输通道布局结果的评价。

2. 常用的综合交通运输通道布局规划方法

1) 四阶段法

四阶段法是一种基于交通流量预测的交通规划方法,起源于城市交通规划,是目前国内外交通规划主要采用的一种方法。应用四阶段法,首先要求确定一个所研究区域的分区和网络系统,然后收集编码、有关规划、模型标定和模型检验所需数据,这些数据应该包括每一分区中不同类型人口的基年数据和各种经济活动量如从业人口数,商业中心数,教育及娱乐设施情况数据。然后就可以利用这些数据估计每一分区的出行发生量与出行吸引量的模型出行生成。下一步构造一流矩阵,确定整个区域的出行分布情况。接下来是将一流矩阵中的每项出行分配给不同的交通运输方式。最后将每一种运输方式承担的出行量具体分配到运输网络的某一特定路径上。

四阶段法采取的是单向的以交通预测为核心的建模技术,确实推动了交通规划从定性向定量的重要转变,将其应用于综合运输通道布局规划,可以充分利用交通调查数据及丰富的实践经验,提高规划的精确度,且可以通过 Transcad 等交通规划软件来实现,技术比较成熟。但是仍然会存在以下几个方面的缺陷:

(1) 适用领域小。四阶段模型源于城市交通规划,在城市规划中,往往可以对市区内的土地利用加以控制,形成交通小区或组团,利用小区或组团间的联系性布局交通线路;而在更大的区域背景中,交通需求不可能像城市一样划分为若干小区,运输量的集散点很多,交通现象也复杂多样,四阶段模型已无法解决如此复杂的问题。

(2) 适用时间短,不适用于中远期规划。由于四阶段模型的基础是 O-D 流调查,并在此基础上进行预测,根据预测原理,时间越长预测结果的准确性越低,故四阶段法只适用于短期交通规划。

(3) 规划模型所需数据难以获取。四阶段法的核心内容是交通需求预测,这就需要大量的基础数据,因此需进行大规模的城市居民出行调查及车辆调查,倘若用于运输通道规划还将扩大调查范围,需要花费大量的人力、财力,使许多城市无力负担而调查项目多、耗时长,且交通状况在不断变化,调查资料的时效性受到影响,从而影响规划方案的可靠性。

2) 重要度法

重要度法引入了节点这一概念,从对区域内节点分析入手,通过节点重要度、路线重要度的计算,完成由点到线、由线到面的布局过程,符合区域经济学中以点带面,逐层辐射的经济发展规律。

首先,选择节点,计算节点重要度的大小。通常采用几个指标的线性加权合成,根据交通节点可能是城市、资源点、大型工业厂矿的规律,纳入重要度的指标可以是人口、国内生产总值等。重要度是对区域内各节点相对重要性的一种综合量度。重要度越高,说明该区域的生产潜力大,将是未来主要的交通量生成区间。节点重要度计算出来以后,根据系统聚类分析原理及各节点重要度,将节点分成不同的层次,其目的是确定节点功能的强弱,从而确定不同层次路线的主要控制点。然后根据聚类分析结果,分层拟定各类节点间联系线路的走向,划分其功能和作用,进行网络的平面轮廓设计。

重要度布局法从区域的综合经济规模与运输的需求关系出发,重视了运输的宏观成因,相对于四阶段法而言,在交通调查、数据收集上的工作量大幅度下降,具备一定的可实施性。尽管如此,其在运输通道布局中仍存在一定的不足。

(1) 衡量节点重要度的指标体系选取难以统一。综合运输通道涉及公路、铁路、水路、航空等多种运输方式,而不同的运输方式具有不同的技术经济特征,因此,在选择运输通道布局节点时,不同的运输方式需考虑的影响因素就各不相同。

(2) 指标仅限于规划期内各节点的既定量,忽视了产业结构、政策制度的联系性及转变,缺乏引导性和前瞻性。

(3) 缺乏对区域外经济、交通格局对区域内通道布设的影响的分析。基于重要度布局法分析某区域的运输通道布局时,研究的是封闭系统内的交通布设,不考虑区域外经济、交通格局对区域内运输通道布局的影响。从运输通道的特性可知,布局研究区域外的经济协作区、区域过境交通联系对运输通道的形成及发展有重要的影响。因此,重要度法布局的运输通道与实际的通道走向有所偏离。

3) 交通区位法

交通区位论认为在交通现象中,地理因素、社会经济因素和科技因素是决定交通网络布局规划的三个主要因素。其中,地理因素对交通网络具有支配地位。交通区位线是交通线在地理上的高发地带。

交通区位线是运输通道的原理线,其分布格局揭示了运输通道的格局。交通区位布局法是以交通区位理论为基础发展起来的一种路网布局方法,是一种本体论的规划方法。它把交通运输线看做某些条件集合下一定地域内发展与社会经济相适应的交通有优势地带内的外化结果,认为区域交通网的布局规划主要是考虑地域空间经济、政治、安全等相对稳定的需求结构,通过对规划区域的经济地理特征、经济发展模式和资源的分布、需求情况的分析,结合规划区域在全国的地位,从根本上找出规划区域内交通产生的高发地带,即所谓的交通区位线,并以此作为路线布局走向的依据来布局交通干线。通过这种方法布局的路线不仅在运输上是必要的,而且从经济上也是运费最低的。但是此方法主要还是以定性分析为主,量化程度较差,较为容易受到规划人员主观意识的影响,潜在因素对于路网布局具有不确定性,仍需要一定的改进。

运输通道布局的影响因素众多,若采用单一的布局方法必定会存在局限性,近年来,相关研究通常结合实际情况,采用多种方法整合在一起的综合布局方法。

8.3.5 我国"十三五"综合交通运输通道规划方案

1. 重点任务

《综合运输服务"十三五"发展规划》(简称《规划》)提出,要适应国家综合运输大通道建设要求,优化通道内各种运输方式服务结构,推动各种运输方式运量的合理分担。

1) 优化通道内运输组织网络

加强综合运输大通道内铁路、水运能力建设,优化道路运输网络的层级匹配;有序推进各种运输方式节点体系和重点枢纽场站建设,完善集疏运体系。

2) 创新通道运输组织模式

依托综合运输通道,发展旅客联程运输、货物多式联运等集约高效的运输组织模式;支持发展"空铁通""空巴通"、铁路货物快运班列等服务模式;引导民航企业和邮政快递企业发展全货机、支线航空货运,稳步推广货物空空中转、航空快件中转集拼等业务。

3) 构建通道联运服务系统

依托阿拉山口、霍尔果斯等陆路口岸,广泛开展对中亚、欧洲等地的公铁、铁水集装箱多式联运;依托长江黄金水道,鼓励发展集装箱、大宗散货、汽车滚装及江海中转等多式联运;依托京津冀、长三角等城市群航空货运枢纽及铁路集装箱中心站,完善邮政快递分拨中心布局,大力发展空陆联运,探索发展铁路驮背运输。

4) 推进通道运行协同管控

推动建立跨方式、跨部门、跨区域的通道运输服务协调联动机制;建立通道内各运输方式间信息开放共享与互联互通机制,推进运输一体化统筹调度;完善通道内交通应急处置工作机制,统筹不同运输方式应急联动响应,提高协同保畅能力。

2. 通道布局方案

构建横贯东西、纵贯南北、内畅外通的"十纵十横"综合运输大通道,加快实施重点通道连通工程和延伸工程,强化中西部和东北地区通道建设。贯通上海至瑞丽等运输通道,向东向西延伸西北北部等运输通道,将沿江运输通道由成都西延至日喀则。推进北京至昆明、北京至港澳台、烟台至重庆、二连浩特至湛江、额济纳至广州等纵向新通道建设,沟通华北、西北至西南、华南等地区;推进福州至银川、厦门至喀什、汕头至昆明、绥芬河至满洲里等横向新通道建设,沟通西北、西南至华东地区,强化进出疆、出入藏通道建设。做好国内综合运输通道对外衔接。规划建设环绕我国陆域的沿边通道。

1) 纵向综合运输通道

(1) 沿海运输通道:起自同江,经佳木斯、哈尔滨、长春、沈阳、大连、秦皇岛、天津、烟台、青岛、连云港、南通、上海、宁波、福州、厦门、汕头、广州、湛江、海口,至防城港、至三亚。

(2) 北京至上海运输通道：起自北京，经天津、济南、蚌埠、南京，至上海、至杭州。

(3) 北京至港澳台运输通道：起自北京，经衡水、菏泽、商丘、阜阳、黄冈、九江、南昌、赣州、深圳，至香港（澳门）；支线经合肥、黄山、福州，至台北。

(4) 黑河至港澳运输通道：起自黑河，经齐齐哈尔、通辽、沈阳、北京、石家庄、郑州、武汉、长沙、广州，至香港（澳门）。

(5) 二连浩特至湛江运输通道：起自二连浩特，经集宁、大同、太原、洛阳、襄阳、宜昌、怀化，至湛江。

(6) 包头至防城港运输通道：起自包头（满都拉），经延安、西安、重庆、贵阳、南宁，至防城港。

(7) 临河至磨憨运输通道：起自临河（甘其毛都），经银川、平凉、宝鸡、重庆、昆明，至磨憨、至河口。

(8) 北京至昆明运输通道：起自北京，经太原、西安、成都（重庆），至昆明。

(9) 额济纳至广州运输通道：起自额济纳（策克），经酒泉（嘉峪关）、西宁（兰州）、成都、泸州（宜宾）、贵阳、桂林，至广州。

(10) 烟台至重庆运输通道：起自烟台，经潍坊、济南、郑州、南阳、襄阳，至重庆。

2) 横向综合运输通道

(1) 绥芬河至满洲里运输通道：起自绥芬河，经牡丹江、哈尔滨、齐齐哈尔，至满洲里。

(2) 珲春至二连浩特运输通道：起自珲春，经长春、通辽、锡林浩特，至二连浩特。

(3) 西北北部运输通道：起自天津（唐山、秦皇岛），经北京、呼和浩特、临河、哈密、吐鲁番、库尔勒、喀什，至吐尔尕特、至伊尔克什坦、至红其拉甫；西端支线自哈密，经将军庙，至阿勒泰（吉木乃）。

(4) 青岛至拉萨运输通道：起自青岛，经济南、德州、石家庄、太原、银川、兰州、西宁、格尔木，至拉萨。

(5) 陆桥运输通道：起自连云港，经徐州、郑州、西安、兰州、乌鲁木齐、精河，至阿拉山口、至霍尔果斯。

(6) 沿江运输通道：起自上海，经南京、芜湖、九江、武汉、岳阳、重庆、成都、林芝、拉萨、日喀则，至亚东、至樟木。

(7) 上海至瑞丽运输通道：起自上海（宁波），经杭州、南昌、长沙、贵阳、昆明，至瑞丽。

(8) 汕头至昆明运输通道：起自汕头，经广州、梧州、南宁、百色，至昆明。

(9) 福州至银川运输通道：起自福州，经南昌、九江、武汉、襄阳、西安、庆阳，至银川。

(10) 厦门至喀什运输通道：起自厦门，经赣州、长沙、重庆、成都、格尔木、若羌，至喀什。

8.4 综合交通运输枢纽规划

8.4.1 综合交通运输枢纽的内涵及特征

不同的运输方式对枢纽的认识不同，例如我国对铁路运输枢纽的定义为：在铁路干、支线的交汇点或终端地区，由各种铁路线路、专业车站以及其他为运输服务的有关设备组成的综合体。公路运输枢纽的定义为：公路运输枢纽是进行道路客货运作业和服务的场所，表现为多个道路客货运站场和(或)物流中心等，发挥公路干线运输与城市交通、公路与其他交通方式的中转接驳作用。从交通网络角度来看，无论铁路还是公路枢纽，其实质都是交通运输的集散地，表现为不同运输方式在运输网络中的节点，从其功能和作用发挥的内部实体形式看，各种方式的枢纽都是进行客、货运输组织和作业的场所。其中，服务于一种交通运输方式的交通枢纽称单式交通枢纽，例如铁路枢纽、水运枢纽、公路枢纽、航空枢纽等；服务于两种或两种以上交通运输方式的枢纽称为综合交通枢纽。

国内外学制对综合交通枢纽的内涵也有不同的定义。普拉金夫认为：综合交通枢纽自成体系，处于两条或几条干线交通方式的交叉点上，是交通过程和为实现运输所拥有的设备之综合体。张务栋教授则这样定义综合交通枢纽：在两种或两种以上干线运输方式衔接地区办理长途，短途及城市客货运输的各种技术设备的综合体，是交通运输网的重要组成部分。斯卡洛夫将综合交通枢纽定义为：综合交通枢纽是国家统一运输体系的组成部分，它决定着路网相邻径路的运输特点，是由若干种运输(其中包括不少于两种干线运输)所连接的固定设备和活动设备组成的一个整体，共同完成着货物及旅客运输的中转与地方作业。

综上所述，本书认为综合交通运输枢纽是多种运输方式(至少两种以上)交通干线的交汇与衔接处，共同为办理旅客与货物的发送、中转、到达所需的多种运输设施及辅助服务功能的有机综合体。综合交通运输枢纽是国家或区域综合运输系统的重要组成部分，是不同交通运输方式的交通运输网络相邻路径的交汇点，是拥有融铁路、公路、水运、航空及城市交通等多种交通运输方式所连接的固定设备和活动设备为一体的综合运输空间结构，对所在区域的综合交通运输网络高效运转具有重要作用。同时，综合交通运输枢纽对其所依托城市的形成与发展有着很大的带动作用，是城市对外交通的桥梁和纽带，并与城市交通运输系统有着密切联系。

具体来说,综合交通运输枢纽具有三个特征:

(1) 在地理位置上,综合交通运输枢纽地处两种及以上的交通运输方式衔接地区或客货流重要集散地。

(2) 在交通运输网络上,综合交通运输枢纽式是运输网络上多条交通运输干线通过或连接的交会点,是交通运输网络的重要组成部分,连接不同方向上的客货流,对运输网络的畅通起着重要作用。

(3) 在交通运输组织上,综合交通运输枢纽承担着各种交通运输方式的客货到发,同种交通运输方式的客货中转及不同交通运输方式的客货联运等运输作业。

与单一交通运输方式相比,在社会经济需求下,交通运输生产力发展到一定程度而产生的综合交通运输系统,能合理、优化地使用交通运输资源,有效降低交通运输成本,提高交通运输效益。多种交通运输方式的有机衔接和协作,能有效提高交通运输成本,并有利于交通运输结构的调整,形成强大的拉动和辐射效应。

8.4.2　综合交通运输枢纽的功能

1. 总体功能

综合交通枢纽作为交通运输的生产组织基地和交通运输网络中客货集散、转运及过境的场所,具有运输组织与管理、中转换乘及换装、物流功能、多式联运、信息流通和辅助服务六大功能。

1) 运输组织与管理功能

(1) 运输生产组织。对于客运系统,包括为组织旅客上下车而提供的各种管理服务工作、为参营车辆安排运营班次、制定发车时刻。对于货运系统,包括货物运输的发送、中转到达等作业;组织联合运输;组织货物的装卸、分发、换装作业;制定货物运输计划,进行货物运输全过程的质量监督与管理等工作。

(2) 客货流组织。 i. 客运系统:收集客流信息和客流变化规律资料,根据客流特征合理安排营运线路,以良好的服务和公关活动吸引新客源。 ii. 货运系统:货源信息和货流变化规律资料,掌握货源特征实现货物的合理运输。

(3) 运力组织。运输枢纽场站通过向公众提供客货源、客货流信息,组织营运车辆进行客货物运输,开辟新班线、班次和运力,运用市场机制协调客货源与运力之间的匹配关系,使运力与运量保持相对平衡,为社会运力提供配载服务等。

(4) 运行组织。包括办理参营车辆到发手续,组织客车按班次时刻准点正班发车。根据货流特点确定货运车辆行驶的最佳线路和运行方式,制定运行作业计划,使货运车辆有序运转。掌握营运线路通阻情况,向司乘人员提供线路通阻信息,会同有关部门处理行车事故、组织救援等。

2) 中转换乘及换装功能

综合交通枢纽场站为旅客的中转换乘提供方便,为货物中转和因储运需要而进行的换装提供方便,配备相应的场站服务设施,在时间、要求、物耗等方面为中转旅客、货主提供服务,确保旅客安全、迅速、方便地完成换乘作业,保证中转货物安全可靠地完成换装作业,及时地达到目的地。

3）物流功能（货运站场具备的功能）

枢纽场站面向社会开放提供物流服务,为货主提供仓储、保管、包装服务,代理货主销售、运输所仓储的货物,在此基础上进行功能延伸开展流通加工、物流咨询、设计等综合物流业务。

4）多式联运功能

枢纽场站可承担运输代理,为旅客、货主和车主提供双向服务,选择最佳运输线路,合理组织多式联运,实行"一次承运,全程服务"。

5）信息流通功能

通过计算机及通信设备,使全国综合交通枢纽形成网络,使公路运输枢纽与水运枢纽、铁路场站和航空港有机联系,相互衔接,并使各种营运信息得以迅速、及时、准确地传递和交换;面向社会提供货源、运力信息和配载及通信服务。

6）辅助服务功能

为旅客、货主、司助人员提供食、宿、娱乐、购物一条龙服务,代货主办理、报关、报检、保险等业务,提供商情等信息服务。为营运车辆提供停放、加油、检测和维修服务。

2. 系统整体显现功能

综合交通枢纽除具备运输组织、中转换乘换装、物流、联运代理、信息流通和辅助服务功能外还从系统整体上显现以下功能。

1）系统优化功能

在综合交通枢纽内部,场站不再是单独运作的个体,它作为一个要素同其他运输方式的场站及同种运输方式的场站共同构成综合交通枢纽场站系统即综合交通枢纽的重要组成部分。根据系统科学原理,系统实现的功能必然大于各要素功能之和。综合交通枢纽在全局角度规划协调不同位置、规模、功能的场站,通过宏观管理来协调场站间的整体运作,有利于实现资本规模收益,将场站间竞争关系变为协作关系,有效实现社会效益和企业效益的双重最大化。

2）"网"上运输衔接功能

衔接功能是指综合交通枢纽从整体上作为一个衔接点,根据综合运输的需求,把不同线路、不同运输方式的运输活动连接成整体。具体说：第一是枢纽和所服务区域内的大量需求点连接,实现客货从需求点到枢纽中心的汇集和从枢纽中心到目标点的分散;第二是综合交通枢纽之间的连接,组织跨区域的城间长途客货运输、实现网络的输送功能,这也是建设综合交通枢纽的初衷和主要作用;第三是城市内外交通的衔接,有效改善内外交通由于运输组织方式差异造成的"瓶颈"现象。

3)"面"上客货集散功能

综合交通枢纽可以利用各枢纽场站系统及其连线,将业务覆盖所有服务的区域,实现由"点"到"面"的扩张。综合交通枢纽的集散主要是针对运输对象而言,综合交通枢纽利用枢纽内部场站、线路的吸引性,以扩大吸引面为指向,为综合交通干线运输提供客货源和疏散客货流,实现向干线运输的汇集和向支线运输的渗透。

4)疏导城市交通功能

综合交通枢纽通过有效组织城市内外交通,区分城市过境交通和市内交通,充分发挥枢纽的"截流"作用;通过枢纽内场站的合理布局,使进出货物"化整为零"和"集零为整",并通过公共客运和共同配送货物减少市区的车流,从而达到缓解城市交通压力、减少城市污染的目的。由于枢纽客货站场的客、货流集散特性,这些地方往往是造成交通拥挤的根本所在,综合交通枢纽通过系统组织客、货流在枢纽内的合理流动,来减少场站周围的交通压力,也改善了城市的交通状况。

8.4.3　综合交通运输枢纽的分类

1. 按综合交通运输枢纽中承担客货运量的主要交通运输方式划分

按综合交通运输枢纽中承担客货货运量的主要交通运输方式可分为四种: i.港口型综合交通运输枢纽; ii.机场型综合交通运输枢纽; iii.公路场站型综合交通运输枢纽; iv.铁路车站型综合枢纽。

各类型的综合交通运输枢纽中,主要交通运输方式承担的大多为长距离或大运量的客货运,集疏运方式包括公路、轨道交通(含铁路)、内河航运和支线航空等。由于公路交通运输具有门到门机动灵活的优势,因此,各种类型的综合交通运输枢纽都以公路作为其重要的集疏运方式。

2. 按综合交通运输枢纽的功能和服务对象划分

按照综合交通运输枢纽的功能和服务对象可分为两种:

(1)网络综合交通运输枢纽。网络综合交通运输枢纽是综合交通运输网上的节点,它的作用是保证综合交通运输网络的顺畅连通,实现各种交通运输方式的综合利用,发挥整个交通运输网的运输效率和经济效益,通过网络综合交通运输枢纽实现不同方式间各方向旅客和货运的转运;它的服务对象主要是城市外部各方向间的客货转运及城市外部主要干线与城市交通运输间的换装(换乘)。

(2)城市综合交通运输枢纽。城市综合交通运输枢纽的作用是保证城市内部各地区间客货换乘换装的便捷、顺畅以及满足城市与周边地区客货转运的需求,通过城市综合交通运输枢纽实现城市道路运输、城市轻轨交通运输、城市地铁及短途城际轨道与道路交通运输之间的客货转运,它的服务对象主要是城市内部客货转运,城区、市郊及短途城际间的客货换乘和换乘。

8.4.4 综合交通运输枢纽布局规划

8.4.4.1 综合交通运输枢纽布局规划的地位及内容

综合交通枢纽布局规划属于长期发展规划;它对综合交通枢纽的建设、营运、管理起宏观指导作用。布局必须服从社会经济发展的战略目标,符合规划地域的总体规划和生产力分布格局,满足社会经济发展产生的运输需求。布局必须充分适应综合运输发展的需要,考虑各种运输方式之间,特别是公路运输与水运、铁路、航空运输之间的衔接,实现信息互通、能力匹配,使多式联运保持连续、高效,提高综合运输效益。由于综合交通枢纽必须依托于所在区域的综合交通网络,所以综合交通枢纽规划是在区域社会经济发展规划、城镇体系规划、城市总体规划以及土地利用规划等上级规划基础上进行的专门规划。综合交通枢纽的建设,会影响其所在区域的综合交通网络,改变其原有的最优平衡状态;同时还与城市交通系统互相影响。因此,综合交通枢纽规划在城市综合交通规划中具有重要的地位。

综合交通枢纽的布局规划的主要内容包括:社会、经济与交通运输的调查与分析、发展预测、综合交通枢纽场站布局优化、枢纽系统设计、社会经济评价等工作等。

1. 社会、经济与交通运输调查

调查的内容主要包括社会经济、交通运输量、运输网与场站设施、载运工具等方面。现状分析着重于现有运输场站服务系统对需求的适应程度,并做出客观的评价,这在很大程度上取决于布局规划是扩展现有的运输枢纽系统,还是建立全新的系统。场站对需求的适应程度可以用场站负荷率来评价,场站负荷率定义为在数值上等于场站实际承担的发送量或吞吐量与其设计能力之比。当负荷率小于0.8 时,可以认为场站能力适应需求;当负荷率在0.8~1.0 之间时,基本适应;负荷率超过1.0,则为不适应;负荷率超过1.2 时,为极不适应。场站服务水平可以用旅客(货物)在站逗留时间、货损货差、服务的方便性等定量或定性指标来评价。

2. 发展预测

发展预测是在分析经济增长、社会发展同交通运输的相关关系的基础上,对规划地域的社会经济、交通运输的发展趋势进行研究,并预测有关的社会经济指标和运量的期望值。其中各种运输方式的客货量预测应该尽量参考规划地域的综合计划部门和铁路、公路、水运、民航的行业规划,综合平衡确定。

3. 综合交通运输枢纽场站布局优化

布局优化是指根据规划地域的客货流的流量流向、各分区的功能以及对外交通的特点,确定场站的空间分布、规模和服务范围。

首先按规划期预测的客货运量测算枢纽的总规模。其次考虑规划地域未来的功能分区和对外交通状况,客货运量的构成,不同类型站场的合理生产规模等因素,确定场站设置数量。然后按铁路站场、港口、机场的位置,主要公路干线格局以及大宗客货源的分布,初步确定各场站的位置。

4. 枢纽系统设计

系统设计是指为保证完成枢纽组织、中转和装卸储运、中介代理、通信信息和辅助服务等基本功能以及枢纽的高效率运作,提出生产服务系统的设施以及满足作业要求所需要的设备;提出组织管理系统的组织结构和机制;提出通信信息系统规划设计的目标与原则,以及系统的网络结构;提出为旅客、司机、托运方和受托运方人员提供服务所必要的设施和建设内容的过程。

5. 社会经济评价

社会经济评价应采用定性分析与定量分析相结合的方法进行。这是因为运输枢纽不单单是一个运输生产的经济实体,要求产生一定的经济效益,更重要的,它是带有公益性的基础设施,要求给全社会带来社会和经济效益。所以评价应从发展综合运输、加强行业管理与宏观调控,提高运输效率和效益,有利于环境保护等方面进行综合评价。

根据这些内容的领域和具体操作方式,可以把综合交通枢纽的布局规划分为三个层次。

第一层次:分析规划区域中各种交通方式的相互衔接关系,确定综合交通枢纽的主要功能、性质和不同方式交通枢纽在综合交通枢纽内部的相互关系。

第二层次:在综合交通枢纽运转的系统效益最优的前提下,对每一种交通枢纽的场站综合布局进行优化,包括场站的数量、位置和规模三个主要参数。同时,对综合交通枢纽中不同子系统的构成、运营组织管理进行初步规划和设计。

第三层次:在确定综合交通枢纽的场站布局方案后,对综合交通枢纽建设的实施步骤进行规划,以保证综合交通枢纽的建设适当超前于交通需求的发展,又避免因枢纽建设过于缓慢或超前带来的经济损失。

8.4.4.2　综合交通运输枢纽布局规划原则

综合交通运输枢纽是分布在综合交通运输网络中的重要节点,必须依托于一个城市及其所在区域的综合交通运输网络。根据枢纽规划的一般要求以及综合交通运输的实际情况,综合交通运输枢纽布局规划应该做到以下几个方面:

1. 要充分重视和考虑各枢纽点在全国综合交通运输网中的地位

交通枢纽的规划与建设不仅应从满足当地社会经济发展和交通运输需求出发,还应满足全国经济发展、产业布局和对外开放等对全国综合交通运输网的需要。同时,各交通枢纽点的规划与建设还应充分体现所在地区经济发展的特点,并促进经济向规模化、集约化等方向发展。

2. 适度超前,合理有效,引导需求

从交通经济学的角度看,交通基础设施投资可分为"追随型投资"和"开发型投资"。若交通基础设施建设滞后于经济发展,则会阻碍经济的进一步持续稳定发展;反之,若过分超前,则会降低投资效益,造成投资机会成本的损失。因此,综合交通枢纽规划应适度超前交通需求,并应有适当的开发型投资,合理有效引导需求,形成合理的交通枢纽结构,使整个交通系统向综合交通运输体系方向发展,以促进我国经济持续快速发展。

3. 强调各种交通运输方式的综合协调

充分考虑综合交通枢纽之间的相互协调、相互依托,从而保证整个运输过程的连续性,提高运输效率。通过路网优化确定规划区内最优的综合交通网络布局和公路、水运、铁路和航空在综合交通运输系统中的分担比率,通过枢纽场站的布局使各种交通方式有机衔接,从而实现各神交通方式相互协调的规划目标。同时,还要确定建设项目的优先顺序及实施时间序列,做到有步骤、有计划地实施规划。

4. 规划建设与管理运用并重

综合交通枢纽在规划建设中既要重视发展"硬件",建设必要的运输服务设施,又要认真研究"软件"的开发设计,建立科学合理的组织管理系统,使综合交通枢纽内的硬、软件系统结合为一个有机整体,真正实现融管理于服务之中这一科学有效的运行机制。

5. 满足城市总体规划及其他相关规划的原则

综合交通枢纽规划从总体上看应符合城市的总体发展规划及其他相关规划的原则,在土地利用方面与城市用地功能应保持一致,并留有发展余地,做到"新旧兼容,节省投资",并注意减少污染,保护环境。但当全国性综合交通枢纽规划基本确定后,城市的进一步发展和建设也应考虑综合交通枢纽的建设规划要求。

6. 尽可能利用原有交通枢纽进行合理改造

对于地区或集散性综合交通枢纽规划应尽量考虑利用原有运输设备,从布局现状出发,并根据生产需要进行改造。在改造时应与城市总体规划相结合,同时在统一规划下做到全面安排,结合生产发展需要,逐步投入生产。

8.4.4.3 综合交通运输枢纽布局规划方法

通枢纽的总体布局是根据对经济社会和交通需求的预测结果,利用交通规划理论对所规划的交通枢纽站场的数量、大小和位置进行优化,同时调整枢纽内部结构,实现整个交通枢纽系统的运输效率最大化。

交通枢纽站场的布局,通常采用定量计算与定性分析相结合的方法。定性方法可研究城市规模形态与站场的布局关系,定性分析站场的数量及等级。定量分析根据选址设施的数量,将选址方法分为以下两大类:一元枢纽布局方法和多元枢纽布局方法。

1. 综合交通运输枢纽布局模式的定性分析

综合交通枢纽站场的布局是城市形态、功能、土地使用、客货流集散、交通方式构成、城市道路网、经济等因素综合作用的结果。其中城市规模形态和客货流集散特点是影响站场布局的两个重要方面,城市规模形态影响站场的分布,客货流集散决定了站场的数量及等级。

　　站场选址一般遵从以下原则: 货运站场应具有良好的交通条件,尽量靠近货源集中处,适当离开城市闹市区,合理考虑集中布局或均匀布局。站场应靠近城市干道、公路干线或城市主要出入口,具备良好的进出通道条件。客运站场尽可能与大型轨道交通站点(包括地铁)、公交终端或转换站的紧密衔接,实现旅客的快速集散。为便于旅客的出行或换乘,客运站应尽量位于客源相对集中的地区,靠近铁路客运站、港口码头、航空港等。客运站应尽量避开城市繁华地带,大型综合性客运站最好布设在城市的外围,最大限度地减少对城市交通的干扰和对城市环境所带来的污染;但对于中小城市,尤其是乡(镇),客运站不宜距城镇中心区或集市太远,以方便城乡居民的出行。总之,站场布局应根据城市规模、城市形态、运输需求特点研究选择集中布局或均匀布局的方式。规模较大且地域发展均衡的中心城市,为了方便旅客的出行或货物的运送,尽可能地缩短货源点到站场的距离,减少旅客集散过程中的换乘次数。

　　站场有一定服务范围,一般来说城市站场的服务范围应该覆盖整个城市,不同规模的城市站场的服务范围有不同标准。目前,大城市居民出行一般采用“一小时效应”,也就是从出发地到目的地人们可接受的时间在 1 h 之内;即在城市内的任何一个地方,根据城市交通条件到达最近的场站所花费的时间在 1 h 之内。对于中小城市,这个时间(也就是距离)就应更短。由此,可以大致推算出城市所需站场的数量以及站场的服务范围。根据此范围内覆盖的人口数量和集散情况,从而大致确定站场的等级。

　　2. 综合交通运输枢纽布局规划的定量方法

　　1) 一元枢纽布局方法

　　一元综合交通运输枢纽场站布局是指在规划的枢纽服务范围内只设置一个站点的布局形式。在实际的综合交通运输枢纽中,这种问题并不多,因为一个枢纽通常需要一系列的场站协调工作才能运行。但由于多元枢纽场站布局变量多、约束多,有时为了简化模型,减少计算量,可以把它变换成一元枢纽场站布局问题求解。

　　(1) 重心法。重心法是一种模拟方法,它将综合交通运输系统中的交通发生点和吸引点看成分布在某一平面范围内的物体系统,各点的交通发生、吸引量分别看成该点的重量,物体系统的重心就是枢纽场站设置的最佳点,用求几何重心的方法来确定综合交通运输枢纽场站的最佳位置。其数学模型如下。

　　设规划区域内有 n 个交通发生点和吸引点,各点的发生量和吸引量为 W_j,坐标为 $(x_j, y_j)(j=1, 2, \cdots, n)$。需设置枢纽场站的坐标为 (x, y),枢纽系统的运输费用为 C_j。根据平面物体求重心的方法,枢纽场站最佳位置的计算公式为

$$x = \sum_{j=1}^{n} C_j W_j x_j \Big/ \sum_{j=1}^{n} C_j W_j \qquad (8-1)$$

$$x = \sum_{j=1}^{n} C_j W_j y_j \Big/ \sum_{j=1}^{n} C_j W_j \qquad (8-2)$$

重心法的特点是简单,但它将纵向和横向坐标视为独立变量,与实际综合交通运输系统的情况相差甚远,求出的解往往不精确,只能作为枢纽场站布局的初步参考。

(2) 微分法。微分法是为了克服重心法的缺点而提出的,它的前提条件与重心法相同,但系统的总费用为

$$F = \sum_{j=1}^{j} C_j W_j \left[(x - x_j)^2 + (y - y_j)^2 \right]^{1/2} \qquad (8-3)$$

通过对总运费 F 取极小值,即分别令 F 对 x 和 y 的偏微分为零,得到新的极值点。求解公式为

$$x = \frac{\displaystyle\sum_{j=1}^{n} C_j W_j x_j \left[(x - x_j)^2 + (y - y_j)^2 \right]^{1/2}}{\displaystyle\sum_{j=1}^{n} C_j W_j \left[(x - x_j)^2 + (y - y_j)^2 \right]^{1/2}} \qquad (8-4)$$

$$y = \frac{\displaystyle\sum_{j=1}^{n} C_j W_j y_j \left[(x - x_j)^2 + (y - y_j)^2 \right]^{1/2}}{\displaystyle\sum_{j=1}^{n} C_j W_j \left[(x - x_j)^2 + (y - y_j)^2 \right]^{1/2}} \qquad (8-5)$$

微分法需要以重心法的结果为初始解,不断迭代,直到前后两次迭代的解误差不超过设定范围,从而得到最佳结果。虽然它从数学上可以给出交通枢纽站场的具体位置,但这个结果仅仅是数学解,还需要放到实际的交通系统中进行进一步的调整。

(3) 成本分析法。成本分析法是在已经具有一个站场位置的选择集的前提下,以枢纽系统的总成本最小为目标,通过简单的财务计算,比较选择最佳的位置。该方法假设有 n 个交通发生点,分别具有发生量 W_1,W_2,$\cdots$,W_n,而且用一定准则已经得到 m 个待选站场位置 P_1,P_2,$\cdots$,P_m,每个站场的建设、运营成本为 R_1,R_2,$\cdots$,R_m。假设单位吨·千米(t·km)运费相同且为 f,其余运输条件相同,各交通发生点到站场的距离用矩阵 $\boldsymbol{D} = \left[d_{ij} \right]_{n \times m}$ 表示. 则每个待选站场的总费用为

$$C_i = \sum_{j=1}^{n} d_{ij} f, \ i = 1, 2, \cdots, m \qquad (8-6)$$

计算出每个枢纽站场的总费用,从中选择出运输成本最小的点作为最佳的站场选址。上述方法简单易行,在研究枢纽站场选址的早期得到广泛应用,但由于其

用简化和抽象的数学模型模拟枢纽运行机制,在实际运用中具有下述缺点:ⅰ. 在求解过程中都以静态的总费用最小为选优目标,运输费率为固定值,既没有考虑实际的路网结构,也没有考虑客货流在道路上的互相交织混杂对交通流在路网上分配结果的影响。实际上每个道路的流量不同,其通行时间、运输费用也不同,单一的费率无法反映枢纽运转的实际情况。ⅱ. 重心法和微分法为纯粹的数学解析方法,它求解采用的距离是平面上的几何距离,而实际的交通网络并非如此,往往导致求出的数学解没有实际意义,只能作为下一步分析的最粗略的初始解。ⅲ. 成本分析法实际上只是一种简单的站场选址成本比较法,除了具有上述费用计算的不足外,由于它必须先得到一个待选站场集合,又面临如何合理划分枢纽所在区域的客货流通服务区,如何得到待选站点初始解等问题。

2) 多元枢纽布局方法

在交通枢纽的规划实践中,在服务范围内只设置一个站点的情况不多,往往需要设置多个站点。在交通枢纽的货运系统中,存在货种的差别,不同货种在枢纽内部流动的费用不同。在客运系统中,不同旅客对枢纽环境和站场布置的要求也不同。但从区域整体的角度看,综合交通运输枢纽的布局,可以从货流整体的角度进行规划,得到多元枢纽场站布局的模型。

(1) 混合整数规划法。设在一个供需平衡的系统中有 m 个发生点 $A_i(i=1, 2, \cdots, m)$,各点的发生量为 a_i;有 n 个吸引点 $B_j(j=1, 2, \cdots, n)$,各点的需求量为 b_j;有 q 个可能设置的备选场站地址 $D_k(k=1, 2, \cdots, q)$。发生点发生的交通量可以从设置的场站中中转,也可以直接到达吸引点。假定各备选地址设置枢纽站的基建投资,中转费用和运输费率均为已知,以总成本最低为目标确定枢纽场站布局的最佳方案。多元枢纽场站布局的数学模型为

$$\min F = \sum_{i=1}^{m} \sum_{k=1}^{q} C_{ik} X_{ik} + \sum_{k=1}^{q} \sum_{j=1}^{n} C_{kj} Y_{kj} + \sum_{i=1}^{m} \sum_{j=1}^{n} C_{ij} Z_{ij} + \sum_{k=1}^{q} (F_k W_k + C_k \sum_{i=1}^{m} X_{ik})$$

$$(8-7)$$

约束条件为

$$\text{s. t} \begin{cases} \sum_{k=1}^{q} X_{ik} + \sum_{j=1}^{n} Z_{ij} \leqslant a_i, \ i=1, 2, \cdots, m \\ \sum_{k=1}^{q} Y_{kj} + \sum_{i=1}^{m} Z_{ij} \geqslant b_j, \ j=1, 2, \cdots, n \\ \sum_{i=1}^{m} X_{ik} = \sum_{j=1}^{n} Y_{kj}, \ k=1, 2, \cdots, q \\ \sum_{i=1}^{m} X_{ik} - M W_k \leqslant 0, \ W_k = (0, 1) \\ X_{ik}, Y_{kj}, Z_{ij} \geqslant 0 \end{cases} \quad (8-8)$$

式中：X_{ik} 为从发生点 A_i 到备选枢纽站 D_k 的交通量；Y_{kj} 为从备选枢纽站 D_k 到吸引点 B_j 的交通量；Z_{ij} 为直接从发生点 A_i 到吸引点 B_j 的交通量；W_k 为备选枢纽场站 D_k 是否被选中的决策变量，为 1 是表示 k 被选中，为 0 则表示未被选中 k；C_{ik} 为从发生点 A_i 到备选枢纽站 D_k 的单位费用；C_{kj} 为从备选枢纽场站 D_k 到吸引点 B_j 的单位费用；C_{ij} 为直接从发生点 A_i 到吸引点 B_j 的单位费用；F_k 为备选枢纽场站 D_k 选中后的基建投资；C_k 为备选枢纽场站 D_k 中单位交通量的中转费用；M 为任意大的正数。

这是一个混合整数规划模型，可以用"分支定界法"求解 X_{ik}、Y_{kj}、Z_{ij} 和 W_k 的值。X_{ik} 表示枢纽场站与发生点的关系，$\sum_{i=1}^{m} X_{ik}$ 决定了该枢纽场站的规模；Y_{kj} 表示枢纽场站与吸引点的关系；$\sum_{k=1}^{q} W_k$ 为区域内应布置枢纽场站的数目。

混合整数模型仍然是对实际问题的大大简化，没有考虑枢纽站点规模的限制、建设成本、运营费用等非线性影响因素。由于考虑了枢纽站场基本建设投资，出现 0—1 型整数变量，模型的建立和求解都很复杂，因此只能用于比较简单的综合交通运输网络中。

（2）运输规划模型。多元枢纽场站布局模型因为考虑了枢纽场站的基建投资，从而出现了 0—1 变量，导致必须采用比较复杂的混合整数规划法求解。但如果从一个较长的时间段来考虑，这部分建设投资对整个选址过程的经济效益影响并不大，可以不在目标函数中考虑，这样混合整数规划模型就简化成如下线性规划模型：

$$\min F = \sum_{i=1}^{m}\sum_{k=1}^{q}(C_{ik}+C_k)X_{ik} + \sum_{k=1}^{q}\sum_{j=1}^{n}C_{kj}Y_{kj} + \sum_{i=1}^{m}\sum_{j=1}^{n}C_{ij}Z_{ij} \quad (8-9)$$

约束条件为

$$\text{s. t}\begin{cases} \sum_{k=1}^{q} X_{ik} + \sum_{j=1}^{n} Z_{ij} = a_i, \ i=1,2,\cdots,m \\ \sum_{k=1}^{q} Y_{kj} + \sum_{i=1}^{m} Z_{ij} = b_j, \ j=1,2,\cdots,n \\ \sum_{i=1}^{m} X_{ik} + X_k = d_k, \ k=1,2,\cdots,q \\ \sum_{i=1}^{m} Y_{kj} + X_k = d_k, \ k=1,2,\cdots,q \\ X_{ik}, Y_{kj}, Z_{ij} \geqslant 0 \end{cases} \quad (8-10)$$

式中：d_k 为备选枢纽场站 D_k 最大可能设置的规模；X_k 为备选枢纽场站 D_k 的闲置能力；其余符合意义同前。

　　这是线性规划中典型的交通运输问题，模型求解方法比较成熟。该模型的目标函数表示客货运场站在集疏运及中转时的运营总费用最小，采用表上作业法，可得决策变量 X_{ik}、Y_{kj} 的值。X_{ik} 表示枢纽场站 D_k 与发生点 A_i 的关系，$\sum_{i=1}^{m} X_{ik}$ 决定了该枢纽场站的规模；若 $\sum_{i=1}^{m} X_{ik} = 0$，说明备选节点 D_k 处不应设置枢纽场站，即 D_k 点被淘汰。Y_{kj} 表示枢纽场站 D_k 与吸引点 B_j 的关系。

　　该方法需要事先确定备选站点集合的数量和位置以及节点之间的运输价格。由于不同区域、不同交通运输方式、不同货物的运输价格差异较大，使得运输价格的确定具有相当的难度，模型中通常取一个宏观的统计值来统一表征运输价格。这样做的缺点时无法对运输价格的变化产生相应的反映，同时也无法衡量枢纽所处交通运输网络变化对枢纽规划的影响。

　　以上传统的场站布局规划方法过多地习惯于用严密的数学逻辑方法分解、简化问题，并没有区分不同的交通运输方式，也不能同时计算不同交通运输方式的枢纽布局，这种局部而非整体的布局方法容易导致整个运输"系统"的不协调发展。但由于各种运输方式在运输特性、发展历程、适应范围等方面都有各自的特点，相互之间既有牵制又有补充，很多因素难于量化，使得综合运输体系各个层次上的规划（交通网络、枢纽、线路等）具有很大的不确定性和复杂性。特别是铁路、水运和航空的运输线路和枢纽布置受地理条件的限制较大，交通枢纽的总体布局还要受所在城市的自然条件、城市性质和格局的约束，要把几种交通枢纽的规划完全放在一个模型中进行，在实际操作中还有很大困难。因此需要加强规划过程中系统分析的"整体性思维"，把枢纽场站布局规划融入整个区域的综合交通运输系统中综合考虑，即把更多的工作重点放在定性分析的基础上，并在此基础上结合一定的定量分析方法来进行方案的设计，不盲目追求用数学分析方法得到精确的结果，在规划的过程中充分发挥人与社会的能动作用；充分考虑以综合运输为体系的交通业的发展，最大限度地协调各种运输方式场站布局，来引导交通需求者和运营者的微观行为，使之符合综合运输系统社会效益最大化的宏观目标。

8.4.5　我国"十三五"综合交通运输枢纽规划方案

1. 重点任务

　　围绕实现客运"零距离换乘"、货运"无缝化衔接"目标，"十三五"期，综合运输服务将推动建立标准统一、功能融合、运营规范、服务高效的综合运输枢纽体系。

（1）提高综合运输枢纽规范化服务能力。建立综合运输枢纽统一规划、一体设计、同步建设、同期运营、协同管理的联动工作机制，规范运输方式间的交通标志指引、标识管理，推动铁路、公路、民航、邮政、城市交通等服务标准在枢纽内相衔接。

（2）拓展综合客运枢纽多元化服务功能。优化枢纽接驳服务，推动各种运输方式互设自助售票取票设备，探索开展旅客"行李直挂"和跨方式行李联程托运等业务。

（3）提升综合货运枢纽集约化发展水平。优化货运枢纽（物流园区）规划布局，推进铁路集装箱中心站建设，鼓励铁路货运站场向综合货运枢纽和物流服务中心转型升级，支持货运枢纽（物流园区）与区域内产业互动。

2. 枢纽布局方案

结合全国城镇体系布局，着力打造北京、上海、广州等国际性综合交通枢纽，加快建设全国性综合交通枢纽，积极建设区域性综合交通枢纽，优化完善综合交通枢纽布局，完善集疏运条件，提升枢纽一体化服务功能。

1）国际性综合交通枢纽

重点打造北京—天津、上海、广州—深圳、成都—重庆国际性综合交通枢纽，建设昆明、乌鲁木齐、哈尔滨、西安、郑州、武汉、大连、厦门等国际性综合交通枢纽，强化国际人员往来、物流集散、中转服务等综合服务功能，打造通达全球、衔接高效、功能完善的交通中枢。

2）全国性综合交通枢纽

全面提升长春、沈阳、石家庄、青岛、济南、南京、合肥、杭州、宁波、福州、海口、太原、长沙、南昌—九江、贵阳、南宁、兰州、呼和浩特、银川、西宁、拉萨、秦皇岛—唐山、连云港、徐州、湛江、大同等综合交通枢纽功能，提升部分重要枢纽的国际服务功能。推进烟台、潍坊、齐齐哈尔、吉林、营口、邯郸、包头、通辽、榆林、宝鸡、泉州、喀什、库尔勒、赣州、上饶、蚌埠、芜湖、洛阳、商丘、无锡、温州、金华—义乌、宜昌、襄阳、岳阳、怀化、泸州—宜宾、攀枝花、酒泉—嘉峪关、格尔木、大理、曲靖、遵义、桂林、柳州、汕头、三亚等综合交通枢纽建设，优化中转设施和集疏运网络，促进各种运输方式协调高效，扩大辐射范围。

3）区域性综合交通枢纽及口岸枢纽

推进一批区域性综合交通枢纽建设，提升对周边的辐射带动能力，加强对综合运输大通道和全国性综合交通枢纽的支撑。

推进丹东、珲春、绥芬河、黑河、满洲里、二连浩特、甘其毛都、策克、巴克图、吉木乃、阿拉山口、霍尔果斯、吐尔尕特、红其拉甫、樟木、亚东、瑞丽、磨憨、河口、龙邦、凭祥、东兴等沿边重要口岸枢纽建设。

8.5　综合交通运输运营

8.5.1　运输市场营销

1. 运输业生产经营的特点

交通运输业是由五种运输方式组成的,由于各种运输方式的技术经济特征不同,形成了各自不同的经营范围和特点。例如,铁路运输具有载重量大、运输成本低、受自然条件影响小、安全性能好等特点。但是从运输生产经营活动的内容和性质上讲,各种运输方式具有共同的生产经营特点。

1) 运输企业生产经营活动的服务性

表现在为国民经济其他部门和社会各单元提高运输服务,为货主、旅客提高运输服务。因此,在经营思想上就首先要树立"服务第一、信誉至上"的观念,在服务项目、服务方式、服务态度、服务手段等方面提高水平,全心全意为社会服务。

2) 运输企业生产经营活动的波动性

表现在随工业生产的周期性波动,随农业生产的季节性波动,随人们社会生活的习俗趋向性波动和其他运输需求的偶然性波动等。因此,在经营方式、运输生产组织、信息资料收集与处理等方面,寻求规律性,不断提高运输效率。

3) 运输企业产品的无形性与异质性

运输产品不具有实物形态,是一种运输劳务,只改变运输对象的地理位置,即运输对象的"位移"。同时这种位移有不同的运输需求,提供不同的运输需求,提供不同的运输劳务,在运输生产结构、服务范围、内容上形成自己独特的风格,如快速货物运输、特种货物运输、集装箱货物联运等。

4) 运输企业销售活动的超前性

与工业企业相比,运输企业的销售活动在生产之前,先有货源、客流,再组织运输生产,实现其"位移"。因此,企业的销售活动是运输生产的前提,企业应根据客货源分布情况,在货物组织网点、货物组织方式、货物组织手段上采取各种积极的促销策略,保证企业生产活动的顺利进行。

5) 运输企业生产活动的开放性

运输生产点多面广、流动分散的特点决定了企业生产活动不可能局限在某一地点,一辆车(或船、机)就是一个独立的生产单位,一次运输任务就是一个完整的运输生产过程。因此,对运输生产活动的跟踪控制、对运输沿线客货源的组织以及提供单车(机、船)运输和每次运输生产效率等方面的工作,形成与工业企业不同的管理要求。企业应根据这些特点,在车辆承包经营、租赁经营,或统一调度运行等经营方式中,更进一步深化改革,完善制度,优化结构,提高运输效率。

2. 运输市场的含义及特点

1) 运输市场含义

在市场经济条件下,运输劳务同样作为一种商品而存在。对运输市场概念的解释主要有以下三种。

(1) 运输市场是运输劳务交换的场所。从狭义角度,运输市场可以理解为实现旅客和货物空间位移的场所和领域。运输活动过程既是运输产品的供给过程,也是消费过程,所以运输产品的生产地点、消费地点与运输市场概念中所指的场所相重叠。另外,运输市场又表现为一种内部纵横交错、分布密集的市场领域。这是由于运输服务的优质化以及客货源的非集中性等因素,使运输交易活动很难集中于某一固定的地点。

(2) 运输市场是现实的和潜在的运输需求的总和。这是以运输需求为研究对象,将运输市场定义在运输需求方及其购买行为趋向上。该定义下的运输市场规模取决于三个因素,即运输需求单位(个人)数、运输劳务的购买力和需求趋向。

(3) 运输市场是运输劳务交换关系的总和。这是运输市场的广义概念。运输市场既是指进行运输劳务交易活动的有形场所,也包含了交易双方及与其联系密切的有关单位和组织之间的经济联系。运输交易活动过程中所反映出来的经济活动现象,从运输市场营销角度来分析,如运输市场调查与预测、货源客源的组织等,都是与运输劳务交换过程同时发生的。运输市场经济活动现象是运输劳务交换的必然反映。经济越发达,经济活动现象就越复杂,运输市场扩容速度就越快,对运输市场管理的要求也就越高。

2) 运输市场特点

运输市场是整个市场体系的一个重要组成部分。由于运输产品生产过程、运输需求过程以及运输产品的特殊性,运输市场除具有一般市场共性外,也具有区别于其他产品市场的特殊性。运输市场的特点具体如下:

(1) 运输产品的生产、交换、消费的同步性。运输市场中的商品经营者同时也是商品生产者,运输生产过程同时又是消费过程。运输产品交换过程中所包括的信息收集、组织客流货源、安排运力、进行运费结算及运输服务等过程,是运输生产和产品交换过程的组成部分。

(2) 运输市场的非固定性。运输交换过程不可能在某一固定场所全部实现。运输活动在开始提供时只是一种"承诺",即以客票、货票或运输合同等作为契约保证,随着运输生产过程的开始进行,通过一定时间和空间的延伸,在运输生产过程结束时,才将客、货位移的实现所带来的运输劳务全部提供给运输需求者。整个市场交换行为,并不局限于一时一地,而是具有较强的广泛性、连续性和区域性。

(3) 运输需求的多样性与运输供给的分散性。运输企业以运输劳务的形式服务于社会,由于运输需求者的经济条件、需求习惯、需求指向等多方面存在差异,必然会对运输劳务或运输活动过程提出各种不同的要求,从而使运输需求呈现出多样性特点。同时运输产品具有较强的可替代性,消费者的选择余地很大,各种运输方式间竞争激烈,形成运力分配的不均衡。为促进各种运输方式协调发展,需要由国家对运输业进行宏观调控和系统规划,以便优化资源配置,发展综合运输。

(4) 运输供求的不均衡。运输市场是一种特殊的市场。由于运输需求的多样性、运输供给的分散性、运输业的"超前发展"决定了运输市场在供求上的不均衡性。造成这种情况的原因主要是货流和客流的分布不均衡性和波动性所引起的。

(5) 运输产品价值的特殊构成。一般产品的价值由转移价值(物化劳动的消耗价值)和新创造的价值(活劳动消耗的价值)两大部分组成。运输产品的转移价值中不包括劳动对象的消耗,只包括劳动工具和燃料等运行材料的消耗,运输成本的构成和资金运动具有独特的结构和形式。

(6) 运输市场容易形成垄断。运输市场容易形成垄断的特征表现在两个方面:ⅰ. 运输业的发展阶段,某种运输方式往往会在运输市场上形成较强的垄断势力,这主要是因为自然条件和一定生产力水平下某一运输方式具有技术上的明显优势等原因造成的。ⅱ. 运输业具有自然垄断的特性,这使得运输市场容易形成垄断。通常把因历史原因、政策原因和需要巨大初期投资原因等使其他竞争不易进入市场,而容易形成垄断的行业称为具有自然垄断特征的行业。运输市场上出现的市场垄断力量使运输市场偏离完全竞争市场要求,因此各国政府都对运输市场加强了监督。

3. 运输市场营销的含义及特点

运输企业市场营销是指在运输市场上通过运输劳务的交换,满足运输需求者现实或潜在需要的综合营销活动过程。

由运输产品的特点可知,运输市场营销存在区别于其他有形产品营销的特征。

1) 非实体产品的营销困难

由于运输产品的非实体性,例如产品陈列、展示,产品性能测试、产品质量宣传等营销手段难以实施。

2) 顾客对生产过程的参与

由于顾客直接参与运输生产过程,如何管理顾客使得运输服务有效地进行成为运输市场营销管理的一个重要内容。

3) 时间因素的重要性

在运输市场上,生产和消费过程是由顾客同服务提高者面对面进行的,运输服务的提高必须及时、快捷,以缩短顾客等候时间。而等候时间过长会引起顾客的厌烦,使其对企业的服务质量及形象产生怀疑。

4) 重视全员营销、内部营销、关系营销

运输市场营销是供需直接见面的,这也决定了运输业的营销活动在很大程度上成为企业的全员营销,每一个人的行为和活动都会对企业产生直接影响。以铁路为例,旅客购票要与售票员接触,候车要与候车厅工作人员接触,上车要与检票人员接触,上车后要与列车员接触等,所有这些人都不是铁路的营销人员,但却与营销工作直接关联。

内部营销源于这样一种理念,即企业职工是企业重要的内部市场,如果内部目标群体不能很好地市场化,那么企业针对外部市场顾客的营销也不可能成果。基于这一点,企业内部管理的核心是发展职工的顾客意识,以提高其服务水平。

关系营销是一个动态的过程,其目的是培养和强化连续不断的、持久的顾客关系,它是一种长期的营销战略,重点在对关系的维系上。也就是说虽然获得新顾客很重要,但企业更多的应该注重现有顾客。

5) 代理制是主要销售形式

运输产品是非实体性和不可储存性,使它的分销成为一个难题。如果越来越多的顾客集中于铁路车站去购票的话,势必给双方带来不少问题。对于顾客来说,不仅增加排队时间,加大了购票的繁琐程度,而且加剧了心里紧张程度。在这种情况下,顾客可能会重新选择,寻找购票和相关服务质量最便捷的运输方式。上述情况,从营销学的角度来说就是产品分销渠道单一和狭窄。为提高运输产品的分销效率,运输企业开始越来越多地采用代理制,民航运输是最突出的典型。美国民航在城市和农村设有为数众多的代理销售点,即使在农村或偏远地区,也能非常方便地购到机票。中国民航在全国各地有代理销售点,代理销售对运输产品的有效分销、增加产品的市场渗透力发挥重要作用。

4. 运输市场营销的观念

运输企业是现代企业的一种类型,是专门从事旅客或货物运输生产经营活动的经济组织。在社会主义市场经济条件下,运输企业是社会生产领域和消费领域的中介和桥梁,运输生产的社会特点决定了企业市场营销并非简单的企业行为,应以国民经济的宏观要求和社会效益为首要任务。因此,运输企业的市场营销观念应体现以下主要指导思想。

1) 以合理满足运输需求,增进社会福利为中心

市场营销观念要求经营者重视旅客和货主的需求,把了解他们的需要、欲望和行为作为营销活动的起点,发展能满足社会需要的运输产品,并力求组织合理运输,谋求运输效率的提高和运输服务的改善。

2) 以等价交换、自愿让渡、互需互利为原则

市场营销的中心是达成交易,在市场经济条件下,交换仍旧必须遵循商品经济的基本的客观经济规律——价值规律的要求,才可能既使消费者满意,又使生产经营者愿意努力满足消费者的需要。

3）以整体市场营销为手段

市场是实现潜在交换的竞争场所，欲达成交易，不仅要提供物美价廉的优质产品，而且需要一定的营销技巧。现代市场营销活动已经不能再沿袭早期市场销售所采取的简单方式，它要求企业针对不同目标市场的需求与愿望，设计本企业所能提供的产品，采用合理、有效的定价、分销和促销策略，开拓市场并服务于市场。

8.5.2　企业运输行为选择

8.5.2.1　运输行为的本质

从外在表现形式看，运输活动是人们借助运输工具将人或物实施空间位移的过程。要考察运输活动的本质，首先应明确运输活动的主体，即运输需求主体，其必然是人或与人的利益直接相关的组织。运输活动是人与物的被动位移过程，被位移的人大部分都是运输需求主体本身，运输活动解决其去何处、何时去、采用何种运输方式去等问题，从运输需求产生的关联性上看，人与物是运输活动直接的主体。货物运输需求主体是货主，只有货主决定将货物运向何处，何时运，以什么方式运，什么条件下运等行为要求。

人何以出行，货主何以将货物运往他处，这是运输行为的本质要回答的问题。运输需求主体为实现其现实的利益目标而从事运输行为，基于人或物的位移实现资源优化配置，这是运输行为的本质。

8.5.2.2　运输方式的选择

在各种运输方式中，选择适当的运输方式是物流合理化的重要问题。企业可以选择一种运输方式，也可以选择使用联运的方式。

运输方式的选择，需要根据运输环境、运输服务的目标要求，采取定性分析和定量分析的方法进行考虑。

1. 运输方式选择的定性分析法

定性分析法主要是依据完成运输任务可用的各种运输方式的运营特点及主要功能、货物的特性，以及货主的要求等因素对运输方式进行直观选择的方法。

1）单一运输方式的选择

单一运输方式的选择，就是选择一种运输方式提高运输服务。公路、铁路、水路、航空和管道五种基本运输方式各有自身的优点与不足，可以根据五种基本运输方式的优势、特点，结合运输需求进行恰当的选择。

2）多式联运的选择

多式联运的选择，就是选择两种以上的运输方式联合起来提供运输服务。在实际运输中，一般只有铁路与公路联运、公路或铁路与水路联运、航空与公路联运得到较为广泛的应用。

2. 运输方式选择的定量分析法

运输方式选择的定量分析法有综合评价法、成本比较法、考虑竞争因素的方法等多种分析方法,应用时可根据实际情况选择其中的一种。但由于运输问题的影响因素较为复杂,很难用一种计算结果来决定一切,因此计算结果仅作为决策的重要参考依据。

1) 综合评价法

运输方式的选择应满足运输的基本要求,即经济性、迅速性、安全性和便利性。由于运输对象、运输距离和货主对运输时限的要求不一样,对经济性、迅速性、安全性和便利性的要求程度也不同,因此可以采取综合评价的方法来确定运输方式。可以从以下四个方面来评价一种运输方式。

设评价运输方式的重要度为

(1) F_1 经济性:主要表现为费用(运输费、装卸费、包装费、管理费等)的节省;在运输过程中,总费用支出越少,则经济性越好。其重要度,即权重系数为 b_1。

(2) F_2 迅速性:主要指货物从发货地到收货地所需要的时间,即货物的在途时间,时间越少,迅速性越好。其权重系数为 b_2。

(3) F_3 安全性:通常指货物的完整程度,以货物的破损率表示,破损率越小,安全性越好。其权重系数为 b_3。

(4) F_4 便利性:各种运输方式便利性的定量计算比较困难,实际因素有很多,如换装次数、办理手续的方便程度和时间等。为便于计算,在一般情况下,可以用发货人所在地至装车(船、飞机)地之间的距离来表示,距离越近,便利性越好。其权重系数为 b_4。

由此,各运输方式的综合重要度为

$$F = b_1 F_1 + b_2 F_2 + b_3 F_3 + b_4 F_4 \tag{8-11}$$

假设铁路以 T 表示,公路以 G 表示,水路以 S 表示,航空以 H 表示,则它们的重要度分别为 $F(T)$、$F(G)$、$F(S)$、$F(H)$,即

$$F(T) = b_1 F_1(T) + b_2 F_2(T) + b_3 F_3(T) + b_4 F_4(T) \tag{8-12}$$

$$F(T) = b_1 F_1(G) + b_2 F_2(G) + b_3 F_3(G) + b_4 F_4(G) \tag{8-13}$$

$$F(S) = b_1 F_1(S) + b_2 F_2(S) + b_3 F_3(S) + b_4 F_4(S) \tag{8-14}$$

$$F(T) = b_1 F_1(H) + b_2 F_2(H) + b_3 F_3(H) + b_4 F_4(H) \tag{8-15}$$

比较其数值,数值最大值为应选的运输方式。

由于 F_1、F_2、F_3、F_4 的数值难以确定,所以先分别计算出经济性、迅速性、安全性、便利性在各种运输方式中的平均值,再以某种运输方式的值和平均值比较,

得到其相对值。

① 经济性。各种运输方式的平均费用为

$$C = \frac{C(\mathrm{T}) + C(\mathrm{G}) + C(\mathrm{S}) + C(\mathrm{H})}{4} \tag{8-16}$$

式中：C 为 4 种运输方式费用支出的平均值；$C(\mathrm{T})$ 为铁路运输费用的支出；$C(\mathrm{G})$ 为公路运输费用的支出；$C(\mathrm{S})$ 为水路运输费用的支出；$C(\mathrm{H})$ 为航空运输费用的支出。

各种运输方式的经济性，可用相对值表示为

$$\begin{aligned}
F_1(\mathrm{T}) &= \frac{C(\mathrm{T})}{C} \\
F_1(\mathrm{G}) &= \frac{C(\mathrm{G})}{C} \\
F_1(\mathrm{S}) &= \frac{C(\mathrm{S})}{C} \\
F_1(\mathrm{H}) &= \frac{C(\mathrm{H})}{C}
\end{aligned} \tag{8-17}$$

依此类推，可以求出四种运输方式的迅速性、安全性、便利性评价指标及相对值。

② 迅速性。运输方式的迅速性是用从发货地所需时间（天数）来表示的。所需时间越多，则迅速性越低，这是不利因素。运输时间的平均值为

$$G = \frac{G(\mathrm{T}) + G(\mathrm{G}) + G(\mathrm{S}) + G(\mathrm{H})}{4} \tag{8-18}$$

式中：D 为四种运输方式费用支出的平均值；$D(\mathrm{T})$、$D(\mathrm{G})$、$D(\mathrm{S})$、$D(\mathrm{H})$ 为铁路、公路、水路、航空运输所需的时间。

各种运输方式迅速性，可用相对值表示为

$$\begin{aligned}
F_2(\mathrm{T}) &= \frac{D(\mathrm{T})}{D} \\
F_2(\mathrm{T}) &= \frac{D(\mathrm{G})}{D} \\
F_2(\mathrm{T}) &= \frac{D(\mathrm{S})}{D} \\
F_2(\mathrm{T}) &= \frac{D(\mathrm{H})}{D}
\end{aligned} \tag{8-19}$$

③ 安全性。运输方式的安全性可以通过历史上一段时间货物的破损率来表示,破损率越高,安全性越低。货物破损率的平均值为

$$E = \frac{E(\mathrm{T}) + E(\mathrm{G}) + E(\mathrm{S}) + E(\mathrm{H})}{4} \tag{8-20}$$

式中:E 为四种运输方式货物破损率的平均值;$E(\mathrm{T})$、$E(\mathrm{G})$、$E(\mathrm{S})$、$E(\mathrm{H})$ 为铁路、公路、水路、航空运输货物破损率。

各种运输方式安全性,可用相对值表示为

$$F_3(\mathrm{T}) = \frac{E(\mathrm{T})}{E}$$

$$F_3(\mathrm{T}) = \frac{E(\mathrm{G})}{E}$$

$$F_3(\mathrm{T}) = \frac{E(\mathrm{S})}{E} \tag{8-21}$$

$$F_3(\mathrm{T}) = \frac{E(\mathrm{H})}{E}$$

④ 便利性。运输方式的便利性可采用发(到)货地至装(卸)载地的距离来表示,距离越短,表明便利性越高。距离平均值为

$$L = \frac{L(\mathrm{T}) + L(\mathrm{G}) + L(\mathrm{S}) + L(\mathrm{H})}{4} \tag{8-22}$$

式中:L 为四种运输方式发(到)货地至装(卸)载地的距离的平均值;$L(\mathrm{T})$、$L(\mathrm{G})$、$L(\mathrm{S})$、$L(\mathrm{H})$ 为铁路、公路、水路、航空运输发(到)货地至装(卸)载地的距离。

各种运输方式便利性,可用相对值表示为

$$F_4(\mathrm{T}) = \frac{L(\mathrm{T})}{L}$$

$$F_4(\mathrm{T}) = \frac{L(\mathrm{G})}{L}$$

$$F_4(\mathrm{T}) = \frac{L(\mathrm{S})}{L} \tag{8-23}$$

$$F_4(\mathrm{T}) = \frac{L(\mathrm{H})}{L}$$

将以上计算结果代入式(8-12)至式(8-15),可以得到 $F(\mathrm{T})$、$F(\mathrm{G})$、$F(\mathrm{S})$、

$F(H)$ 的数值,其数值最大者为最优。

2) 成本比较法

如果不将运输服务作为竞争手段,那么能使该运输服务的成本和该运输服务水平导致的相关间接库存成本之间达到平衡的运输服务就是最佳的服务方案。这样,就需要考虑库存持有成本可能升高,而抵消运输服务成本降低的情况。因此,方案中最为合理的应该是既能满足顾客需求,又能使总成本最低的服务。

8.5.2.3　自营与外包选择

企业一旦选择海运或空运或铁路来运输自己的原材料和制成品时,绝大部分企业除了外包之外,没有别的选择。现代社会中,制造类或流通类企业拥有自己的船队或机群或铁路机车的情况比较少见。有自营或外包选择的只有公路运输这一种方式。

在运输原材料和制成品时,自建车队还是全部或是部分外包给第三方物流企业的决策问题主要有两点需要考虑:一是运输成本;二是运输交易成本。

运输外包时,运输成本很容易界定,就是企业外付的运输费用,没有固定成本,全部属于与运量和里程有关的变动成本。企业自营运输时,运输成本应该包括:载重车的折旧费、车辆保险、养路费、汽车维修费、司机工资等固定成本,以及燃油费、路桥费等变动成本。运输交易成本借用制度经济学中的术语,应该包括运输服务的搜寻成本、谈判成本、履约成本和监督成本。履约成本包括运输商信用、车辆装货的准时性、到货的准时性、货物数量和性态的完好等运输服务质量内容。

8.5.2.4　承运人选择

企业生产和销售的持久性决定了运输一旦外包则是一个长期和重复的事情,企业有必要投入必要的人力对承运商做出合理的选择。好的承运商应该具有以下特征:

(1) 具有满足要求的运输能力:是指承运商能够满足企业的运量需求和地点需求,这需要承运商具有足够的运载工具,并且具有足够广密的物流网络。

(2) 具有满足要求的运输质量:是指承运商在商业信用、运输准时性、保证货物完好方面能够让企业放心和满意。

(3) 报出可接受的运输价格:满足上述两种要求的承运商,一般是规模大、网络完善且内部管理比较好的企业,其人员素质高,支付的工资高,管理的投入多,承运商索要较高的运输价格应该是可以理解的,但是这种高不是漫天要价,应该是可接受的合理的。

(4) 具备顺畅的信息沟通机制:信息沟通机制一方面表现在人上,承运商能够分派专门的员工,负责货主服务事宜,有相当的耐心和权力解决货主企业遇到的诸多问题。另一方面表现在通信技术上,承运商应该有不低于时代潮流的通信技术,满足货主和承运商之间信息交流和共享的适时性,比如有便捷的物流信息网站可用、可以提高全球定位服务等。

（5）具有综合物流服务能力：运输过程往往与物流的其他活动紧密地联结在一起，能够提高综合物流服务的承运商应该更能帮助企业实践现代物流理念。

由于真正的承运人主要负责一种运输方式的大规模运输，而货主企业的运输可能涉及多种运输方式以及不同运输方式的连接。一般大的、货种单一的货主企业才会直接对承运人做出选择和谈判，中小货主企业或运输要求比较复杂的企业往往选择的是运输服务商，如物流服务商、多式联运经营人、货物代理或船务代理作为自己的第三方物流服务商。

8.5.3　国家运输管制

1. 运输管制的考虑因素

运输管制是为促进资源的有效配置和整体社会福利的提高，由政府通过立法或其他行政手段对运输行业（特别是运输行业中的企业）的某些特定的生产及经营行为进行的直接干预。由于运输市场不完善，因此需要政府进行管制。虽然学术界对运输管制存在各种争议，但运输管制主要出于多方面考虑。

1）遏制垄断权力

运输常涉及大规模、一体性和专业化的交通基础设施，因此运输企业常垄断基础设施的供给以实现规模经济的最大化。由于各种运输方式的技术进步，至少在发达国家，这种纯垄断剥削有所减少。但人们仍然担心运输服务供给者联合组成卡特尔限制产出，以此阻止新企业进入运输市场。

2）控制过度竞争

无序竞争可能会降低运输服务质量，并导致运输业达不到可持续的均衡。其实问题并非竞争本身，而是竞争所带来的外部效应，有些社会部门也因此得不到满意的服务。垄断竞争的发展也可能会导致过度供给问题，如货运业或城市间的旅客运输业便存在这种问题。

3）管理外部性

由于市场机制的不完善，私有部门在制定决策时不会考虑运输产生的额外成本，如污染成本和拥挤成本。

4）提供公共物品

公路等交通基础设施具有公共物品特性（非排他性，由此使用不受控制；非竞争性，由此不会出现拥挤），因此如果没有政府干涉，会导致供给严重短缺。由于供给者无法向使用者收费，再加上交通基础设施的使用具有非排他性，使得对交通基础设施定价相对困难。

5）提供高成本的交通基础设施

交通基础设施建设所需成本高、投资回收期长，其复杂性与风险性也相对较高,因而政府需要进行某种形式的干涉,否则即便经济合理也无法建设,高成本的运输工程研究也是如此。

6) 满足运输"需要"

有效需求由于现场收入分配体制有缺陷等多种原因,无法引导运输资源进行合理分配。因此,需要通过管制实现对运输资源的合理分配。

7) 避免高额交易成本

从理论上讲,自由市场可以实现最优产出,但这可能会产生高额交易成本。如驾驶人在路上相遇时,可以商量谁有权先行,但若直接规定右侧先行,便会更为高效。类似问题也出现在交通基础设施建设权的取得上。

8) 整合运输与宏观经济政策

运输与土地使用之间有着密切联系,如果在运输或土地市场中存在缺陷,人们就会意识到应进行某种程度的协调。在更广泛的政府宏观经济(如价格管制或投资计划)或产业政策中,对运输部门的干涉也成为宏观政策的一部分。

9) 反映运输的真实资源成本

对于矿物燃料等非可再生资源而言,市场机制可能无法反映整个社会的时间偏好,因此需要政府进行干涉,以保证决策者知晓真实的长期影子价格。

10) 提高运输协调性

市场中存在大量的运输服务供给者,若他们独立决策,可能会造成低效供给;若缺乏某种程度的集中调控,也可能会导致运输设施的重复配置,造成资源浪费。

2. 运输管制的工具

运输管制通常可分为两类:美国学者认为,一类是经济管制,另一类是社会管制;英国学者认为,一类是数量管制,另一类是质量管制。经济管制意在控制运输市场的供给数量,确定消费者支付的价格。社会管制意在控制相关运输的服务质量,如车辆设计、最大排放量、驾驶时间和员工培训等。实际上,上述分类均会有所重叠,如限制市场准入可以抑制运输造成的环境污染,而严格的质量控制也会抑制竞争。

1) 税收和补贴

政府可以运营财政手段通过多种形式来改变运输服务的总成本,如提供补贴来促进人们使用运输服务,或收取燃油税来为道路建设筹措资金。有时政府会以纯限制性税收的方式,从消费者价格敏感度较低的资源中获取高收益,这涉及高收入群体使用运输服务的税收问题。

2) 价格控制

垄断的运输服务供给者会利用其垄断权力,将价格定于边际成本之上,为此政府出台一系列价格政策加以管制,这些价格管制政策以多种形式展现,从收益率管制(允许从制定价格中获得一定利润)到最高限价(允许以平均价格规律增长,但增长率要低于总成本水平),每种方法都有各自的优势与缺陷。

3) 直接提供供给

地方政府和中央政府通过设立市政企业及国有企业的方式,成为多种运输服务的直接供给者。它们负责供给大量的交通基础设施,特别是公路和警察部门等相关辅助服务。

4) 法律和规章

政府可以按法律来管制运输部门,实际上,政府已经出台了大量法律来指导和调控运输供需双方的活动。例如,运用一般法调控财政、劳方及其他相关市场,进而影响运输市场的运转方式。

5) 竞争政策和消费者保护立法

对于一般的产业立法和消费者保护立法,两者通常都适用于运输,但前者调控限制性商业惯例和企业并购等事务,后者调控广告等各种形式的经济活动。此外,许多国家都专门制定了详细的运输政策,用来维护使用者的利益。

6) 许可证

政府可以给经营者、车辆和各种服务颁发许可证,以此管理运输供给的质量和数量。对汽车和货车实施的驾驶许可证制度也会影响私人交通的需求。在特许经营中,存在这样一种特殊牌照,私有部门凭此可在一定时期内获得某公共设施的运营权。实际上,国际运输中早已存在这种运输政策,利用发牌体系来限制运输服务的供给或约束贸易中的货运商。

7) 购买运输服务

政府在许多活动中都需要使用运输服务,例如需要运输来转移部队人员、提供医疗服务等。因此,作为一个庞大的消费者,政府会给予运输供给者一定程度的补偿激励。这种现象在地方管理部门表现更为显著,地方政府会向运输供给者租借运力。此外,政府也可以通过购买某种运输服务来影响更大的市场,例如购买军用运输装备不仅可以形成产出的规模经济,也会降低相关民用产品的成本。

8) 道义劝告

常规劝告方法是对安全性等问题进行教育或提出忠告,但许多情况下,这种劝告效果不佳。但人们不接受忠告时,政府可行使其他更为有效的权力(例如拒绝颁发执照或取消补贴)。

9) 研究和发展

政府可以通过项目研究影响运输的长期发展。这些研究有的由政府的自有机构承担,有的以合约形式外包给专门的研究机构。

10) 提供信息

政府通过多种机构为运输使用者提供技术支持,并提供综合信息以提高运输业的决策水平。许多信息直接服务于运输部门,如针对海运和空运的气象服务;部分信息间接服务于运输部门,如与海外贸易相关的信息。许多国家考虑到安全与社会稳定,会对其他国家的重大危险提高警告性信息。

11) 与运输业投入相关政策

运输会消耗大量能源,尤其是石油,还有其他原材料和中间产品。因此,政府针对能源和其他部门的政策会间接影响运输,例如,许多国家规定出售的燃油必须为无铅汽油。

3. 我国的运输管制

在我国由于各种运输方式由不同部门主管,没有形成综合管理体制,对运输业的管制是通过法律和行政命令方式,由各级行政主管机关执行。目前,我国运输管制的内容主要包括加入和退出管制、费率管制、服务水准管制、补贴等。

1) 加入和退出管制

加入和退出管制的内容涵盖了运输企业从设立到退出行业的全过程。

例如,我国对公路客运企业实行许可证制度,《中华人民共和国道路运输条例》第十条规定:申请从事客运经营的,应当依法向工商行政管理机关办理有关登记手续后,按照下列规定提出申请并提交符合本条例第八条规定条件的相关材料。

(1) 从事县级行政区域内客运经营的,向县级道路运输管理机构提出申请。

(2) 从事省、自治区、直辖市行政区域内跨 2 个县级以上行政区域客运经营的,向其共同的上一级道路运输管理机构提出申请。

(3) 从事跨省、自治区、直辖市行政区域客运经营的,向所在地的省、自治区、直辖市道路运输管理机构提出申请。依照前款规定收到申请的道路运输管理机构,应当自受理申请之日起 20 日内审查完毕,作出许可或者不予许可的决定。予以许可的,向申请人颁发道路运输经营许可证,并向申请人投入运输的车辆配发车辆营运证;不予许可的,应当书面通知申请人并说明理由。对从事跨省、自治区、直辖市行政区域客运经营的申请,有关省、自治区、直辖市道路运输管理机构依照本条第二款规定颁发道路运输经营许可证前,应当与运输线路目的地的省、自治区、直辖市道路运输管理机构协商;协商不成的,应当报国务院交通主管部门决定。

又如,《中华人民共和国水路运输管理条例》第十三条规定:交通主管部门对批准设立的水路运输企业和其他从事营业性运输的单位、个人,发给运输许可证;对批准设立的水路运输服务企业,发给运输服务许可证。第十四条规定:取得运输许可证和运输服务许可证的单位和个人,凭证向当地工商行政管理机关申请营业登记,经核准领取营业执照后,方可开业。第十五条规定:水路运输企业、水路运输服务企业和其他从事营业性运输的单位、个人停业,应当向交通主管部门和工商行政管理机关办理停业手续。

2) 费率管制

我国对运输业的费率实行严格管制,各种运输方式的费率均有明确的运价表予以规定,运输企业被要求严格按照运价表收取运输费,并由铁道部、交通部、民航总局等行政部门及其下属机构负责监督执行。除非特别批准,运输企业不得变更运价。

例如,《中华人民共和国铁路法》第二十五条规定:铁路的旅客票价率和货物、行李的运价率实行政府指导价或者政府定价,竞争性领域实行市场调节价。政府指导价、政府定价的定价权限和具体适用范围以中央政府和地方政府的定价目录为依据。铁路旅客、货物运输杂费的收费项目和收费标准,以及铁路包裹运价率由铁路运输企业自主制定。第二十六条规定:铁路的旅客票价,货物、包裹、行李的运价,旅客和货物运输杂费的收费项目和收费标准,必须公告;未公告的不得实施。

又如,《中华人民共和国民用航空法》第九十七条规定:公共航空运输企业的营业收费项目,由国务院民用航空主管部门确定。国内航空运输的运价管理办法,由国务院民用航空主管部门会同国务院物价主管部门制定,报国务院批准后执行。国际航空运输运价的制定按照中华人民共和国政府与外国政府签订的协定、协议的规定执行;没有协定、协议的,参照国际航空运输市场价格确定。

《中华人民共和国水路运输管理条例》第十九条规定:水路运输企业和其他从事营业性运输的单位、个人,必须按国家有关规定计收运杂费用,并使用交通部规定的运输票据。

3)服务水准的管制

服务水准管制的内容涵盖运输业经营的技术和服务标准。《中华人民共和国铁路法》《铁路货物运输规程》《铁路旅客及行李包裹运输规程》《中华人民共和国道路运输条例》《汽车旅客运输规则》《汽车货物运输规则》《水路运输管理条例》《水路旅客运输规则》《水路货物运输规则》《中华人民共和国民用航空法》《国内旅客行李航空运输规则》《国内航空货物运输规则》等法规对运输设备的提供、班次、时刻表、票据、运营线路等有比较明确的规定。

例如,《中华人民共和国铁路法》第十三条中规定:铁路运输企业应当采取有效措施做好旅客运输服务工作,做到文明礼貌、热情周到,保持车站和车厢内的清洁卫生,提供饮用开水,做好列车上的饮食供应工作。铁路运输企业应当采取措施,防止对铁路沿线环境的污染。

又如,《中华人民共和国民用航空法》第九十五条中规定:公共航空运输企业应当以保证飞行安全和航班正常,提供良好服务为准则,采取有效措施,提高运输服务质量。公共航空运输企业应当教育和要求本企业职工严格履行职责,以文明礼貌、热情周到的服务态度,认真做好旅客和货物运输的各项服务工作。旅客运输航班延误的,应当在机场内及时通告有关情况。

交通安全有诸多交通安全规则加以规范。在我国目前的服务水准管制的规定中,有关安全、运输工具、运输业从业技术人员的考核以及运输合同条款方面的规定较多也较为详细；而对于服务的水平、次数等规定比较笼统。

4）运输补贴

我国运输补贴分为中央财政补贴和地方财政补贴两级。中央财政补贴主要用于铁路和管道，补贴方式主要是差额式补贴，即由中央财政拨款弥补运输企业运营亏损。地方财政补贴主要用于补贴城市公共交通，对城市公共交通运输企业包括地铁、公共汽车等进行补贴，补贴方式主要是差额式补贴。

第9章
多式联运

9.1 多式联运概述

9.1.1 国际多式联运的定义

国际集装箱运输是一种先进的现代化运输方式。与传统的杂货运输相比,具有运输效率高、经济效益好及服务质量优等特点。尤其是经过近几十年的发展,随着集装箱运输技术的日臻完善,到20世纪80年代集装箱运输已经进入国际多式联运时代。

国际多式联运(International Multimodal Transport)通常以集装箱为运输单元,将不同的运输方式有机地组合起来,构成一种连续的综合性一体化货物运输。因此国际多式联运通常也被称为国际集装箱多式联运。多式联运有几种表达方式:Inter Modal Transport,Multi modal Transport 和 Combined Transport,它们的含义都是相同的。Inter Modal Transport 被普遍地认为是指包括一种以上运输方式的运输,无论运输是在一个国家内还是在两国之间进行。《联合国多式联运公约》中使用了 Multimodal Transport 一词,指在两个国家之间进行的多式联运运输。《多式联运单证统一规则》是由国际商会(ICC)在没有已生效的可适用的国际公约的情况下制定的,这一规则中使用了 Combined Transport 一词,与《联合国多式联运公约》中使用的 Multimodal Transport 一词含义相同。根据《多式联运公约》第二期会议一致通过的《联合国国际多式联运公约》(United Nations Convention on International Multimodal Transport of Goods)的定义:"国际多式联运是指按照多式联运合同,以至少两种不同的运输方式,由多式联运经营人将货物从一国境内接管货物的地点运至另一国境内指定交付货物的地点。为履行单一方式运输合同而进行的该合同所规定的货物接送业务,不应视为国际多式联运。"

由此可见,国际多式联运通过一次托运、一次计费、一张单证、一次保险,由各运输区段的承运人共同完成货物的全程运输,即将全程运输作为一个完整的单一运输过程来安排。根据《多式联运公约》的定义和现行的多式联运业务特点来看,多式联运必须具备以下基本条件:

(1) 发货人与多式联运经营人必须签订一份多式联运合同。货物在全程运输过程中无论使用多少种运输方式,作为负责全程运输的多式联运经营人必须与发货人订立多式联运合同。该运输合同是多式联运经营人与发货人之间权利、义务、责任、合同关系和运输性质的确定,也是区别多式联运与一般货物运输方式的主要依据。

(2) 多式联运是使用两种或两种以上不同运输方式的运输。根据国际多式联运的定义,多式联运必须涉及至少两种以上的不同运输方式,可以是海陆、陆空、海空等,与一般的海海、陆路、空空联运有着本质区别。同时,多式联运必须是不同运输方式下的连续运输。

(3) 多式联运经营人必须对全程运输负责。多式联运经营人不仅仅是订立多式联运合同的当事人,也是多式联运单证的签发人。因此,在多式联运经营人履行多式联运合同所规定的运输责任的同时,可将全部或部分运输委托他人(分运承运人)来完成,并订立分运合同,但分运合同的承运人与发货人之间不存在任何合同关系。

(4) 多式联运开展的是国际间货物的运输,这不仅有别于国内货物运输,主要还涉及国际运输法规的适用问题。

(5) 货物全程运输由多式联运经营人签发一张多式联运单证,且应满足不同运输方式的需要,并计收全程运费。

综上,凡是根据多式联运合同所开展的国际多式联运必须具备以上基本条件。

9.1.2　国际多式联运与一般联运的区别

国际多式联运经营人作为订立多式联运合同的一方,以至少两种运输方式组织运输并履行合同责任。但事实上,国际多式联运下的多式联运合同并非是独一无二的。因为,除了多式联运经营人承担或不承担部分运输外,更多的运输由他人来完成并与多式联运经营人订立分运合同。此外,现行的国际货运公约对联运的条件做了不同的规定。

(1) 凡符合下列条件属《汉堡规则》下的货物联运:ⅰ.两种运输方式之间,其中之一必须是海运;ⅱ.所订立的合同是国际间的货物运输。

(2) 凡符合下列条件属《公路货运公约》的货物联运:ⅰ.运输合同中规定的接管、交付货物的地点位于两个不同的国家;ⅱ.货物由载荷车辆运输。

(3) 凡符合下列条件属《华沙公约》下的货物联运。

根据订立的运输合同,不论运输过程中有无中断或转运,其出发地和目的地是两个缔约国或非缔约国的主权、宗主权、委托统治权,或权利管辖下的领土内有一个约定的经停地点的任何运输。作为订立多式联运合同的多式联运经营人既要满足单一货运公约下的货物联运条件,又要符合多式联运公约的要求,除非这两个公约所规定的责任、义务相同,否则公约之间的抵触是难以避免的。

因此,国际多式联运与一般联运的区别主要表现在两个方面:

(1) 涉及的运输方式不同。国际多式联运是两国之间使用的两种以上不同运输方式的联运,而一般联运是指同一种运输工具经过两程或两程以上的运输衔接,例如铁铁联运、海海联运等,可见,全程运输仅使用一种运输方式。而多式联运采用了两种或两种以上不同的运输方式,例如海陆联运、陆空联运、海陆空联运,这种运输组织形式综合利用各种运输方式的优点,充分体现了国际化运输的特点。

(2) 经营人承担的责任不同。国际多式联运经营人承担全程运输责任,需要组织国际间多种运输工具来完成货物运输。因此,多式联运经营人也称为总承运人。同时,多式联运经营人接管和交付货物的地点可以在港口、货运站或者在某个内陆地点的仓库工厂,其承运责任也由传统的"钩到钩"或"站到站"延伸到"从货物被多式联运经营人接管时起至在指定地点交货时止"的全程运输责任。而单一运输方式的联运仅是作为接收多式联运经营人的委托的承运人,根据委托对象对多式联运经营人负责,并不与原货主发生直接的承托关系。

9.1.3 多式联运的构成要素

(1) 多式联运经营人。多式联运经营人是指与托运人签订多式联运合同并对运输过程承担全部责任的合同主体。国际多式联运活动中,只有多式联运经营人才有权签发多式联运提单,并且负责赔偿在整个联合运输过程中任何地方所发生的货物灭失或者损坏。

由于国内运输并没有"多式联运提单"的概念,因此内贸多式联运并不需要严格意义上的多式联运经营人。多式联运经营人主要集中在外贸多式联运领域,并且主要是国际集装箱多式联运。

(2) 多式联运承运人。多式联运承运人是指以运送货物或者组织货物或承诺运送货物为主营业务并收取运费的人。

多式联运承运人又可以分为实际承运人和缔约承运人:实际承运人是指实际从事货物运输或者部分运输的承运人;缔约承运人是指以明示或者默示方式承担运输责任的承运人,如无船承运人、无车承运人。

(3) 多式联运规则。多式联运规则是关于多式联运中的货物运输组织与管理、参与人的权利和义务、经营人的赔偿责任及期间、定价机制和违约处理、运输单证的内容和法律效力等方面的协议、标准或规范。

多式联运规则是多式联运运作的核心。

(4) 多式联运合同。多式联运合同一般是指货物托运人(旅客)与多式联运经营人就运输对象全程联运达成的协议。

(5) 多式联运单据(票据)。在国际多式联运中,多式联运单据是指"证明多式联运合同,以及证明多式联运经营人接受货物并按合同条款交付货物的单证"。一般称为多式联运提单。

（6）发货人、收货人。发货人一般是指本人或以其名义或其代表与多式联运经营人订立多式联运合同的任何人，或指本人或以其名义或其代表按多式联运合同将货物交给多式联运经营人的任何人。

收货人一般指有权提取货物的人。在国际多式联运中一般是指多式联运提单持有人。在国内多式联运中一般是指合同票据中记名的收货人。

（7）货物。根据货物运输方式的不同，货物的定义也会有些区别，如表 9-1 所示。

表 9-1 货物的定义

序号	运输方式	货 物 的 定 义
1	国际多式联运	货物主要是指集装箱（均指国际标准箱）货物，以集装箱为基本运输单元，有时也包括工程货物（大多是项目工程的成套设备等）
2	国内多式联运	货物可以是各种类别，分别可以按整车、零担或集装箱方式组织运输。在可能使用的不同运输方式中对整车或零担货各有不同的要求
3	铁路	一批货物的重量、体积和形状需要以一辆 30 t 以上货车运输的按整车货运输，不够该条件按零担货物托运。每批零担货物不得超过 300 件，每件体积不得小于 0.02 m^3
4	公路	一次托运 3 t 以上为整车运输，不足 3 t 为零担或拼装运输。零担货每件质量以小于 40 kg 为宜，以不超过 250 kg 为限，超过 250 kg 为大件货物
5	水路	一票托运 5 t 以上为整批运输，不足 5 t 为零担货物。凡货物每件质量超过 1 t 或长度超过 7 m 为超重或超长货物

（8）多式联运站场。多式联运站场是货物在各种运输方式之间转运的实际发生地。多式联运站场既可以是铁路集装箱中心站、港口码头、公路货运站，也可以依托堆场或者仓库等设施。

（9）标准化运载单元。主要指国际标准集装箱、可脱卸箱体（swap-body）、厢式半挂车（semi-trailer），也包括物流台车（笼车）、集装袋等。

（10）多式联运专用载运机具。主要包括铁路集装箱平车、厢式半挂车平车；整车货车或半挂车专用滚装船舶；铁路商品车运输专用车辆；公铁两用半挂车及其转换架等。

（11）转运设施装备。多式联运转运设施和装备是实现多式联运运作机械化的重要条件，实现高效的多式联运所必需的转运设施装备包括但不限于：龙门吊、桥吊、集装箱堆高机、叉车、托盘等。

（12）多式联运信息系统。跨运输方式的信息交换共享和互联互通是多式联运运作的重要基础条件。通过多式联运信息系统,可以实现货物跨运输方式、全程的实时追踪和在线查询。

9.1.4 国际多式联运优越性

国际多式联运是今后国际运输发展的方向,这是因为国际多式联运具有多重优越性。

(1)手续简便。国际多式联运能够把海、陆、空、公、内河等多种运输方式结合起来,使多段复杂的运输手续大大简化。不论运输线路多远,运输环节多少,沿途手续多么复杂,货主只需办理一次委托,支付一笔运费,取得一张联运提单即可把货物从起点运到终点,一旦发生商务事故,只需找总承运人即多式联运经营人交涉即可解决问题。对于货主而言,只需在始发站填制统一的运单,一次性托运就可去银行结汇。因为实现了"门到门"运输,取代了"港到港"运输,从而能适应现代化运输的要求。

(2)提早收汇。货物装上第一程运输工具后即可取得联运单据,凭此向银行办理收汇手续。较之过去联运货物,从内地发货,要比在到达港口装船后才可取得单据收汇要早。因此,出口方就可以提早收回货款。出口货物在联运车站,一经装入车皮后,内地外运公司即可凭口岸外运公司发来的电报或电传,签发全程多式联运提单,交用户到银行结汇。

(3)节省费用。在努力降低开支,降低换汇成本,提高经济效益的今天,国际多式联运显得更为重要。采用国际多式联运,在价格条款不变的情况下,比海运节省运费约 20%左右。

货物使用集装箱装载,外包装可以大大简化,发货人可以节省很大一笔包装费用。收货人也可得到费用减少而货价降低的好处。既可省下一笔包装费,又可缩小货物的体积与重量,减少运费支出。

(4)安全正确性高。多式联运由于采用了集装箱,虽然经过多段运输和多次装卸,均无需搬动箱中货物,故可较好地保证货物安全,比不同托运单的散件杂货同装在一个船舱内要清楚得多,因此即使是拼箱货,货物分属不同货主,在拆箱交接中也更为准确。可以减少货损货差,也不易被盗。

(5)合理运输。多式联运经营人开展多式联运服务,为提高服务质量,增加收入,有必要也有条件积累经验,建立合理经济的联运路线。货主向多式联运经营人托运,即可利用他们经过选择和多次试验建立起来的联运路线,组织合理运输,缩短运输里程和运送时间,降低运输成本,增强货物在国际市场上的竞争能力。

9.1.5 国际多式联运形式

1. 美国多式联运主要组合形式

迄今为止,美国发展了多种形式的箱驳运输[以集装箱为标准运载单元,包括国际标准箱和 53 ft(1 ft=0.304 8 m)国内标准箱]、驮背运输(主要以 53 ft 厢式半挂车为运载单元)、滚装运输。最典型也是应用最广泛的是箱驮运输 COFC(Container on Flatcar)和驮背运输 TOFC(Trailer on Flatcar)两大多式联运体系。

1) 箱驮运输(COFC)和驮背运输(TOFC)

美国 BTS 将 COFC/TOFC 解释:把集装箱或半挂车放在铁路平板车上的多式联运服务(见图 9-1)。值得注意的是,为了尽可能提高运输效率,美国普遍发展起了铁路双层集装箱运输,进一步增强了 COFC 的联运效率优势。

图 9-1 美国的 COFC/TOFC 多式联运体系

(a) COFC-铁路双层集装箱运输;(b) TOFC-铁路厢式半挂车运输

2) 滚装运输(Roll On/Roll Off)

美国对滚装运输的定义:载运工具不通过吊装而是靠轮式驱动或拖带上/下船(火车)的运输方式,包括小汽车、卡车(整车)、挂车、火车等水陆联运、商品车公铁联运(见图 9-2)。值得注意的是,除了传统集装箱船舶运输,美国内河和近海发展起了以厢式半挂车为标准运载单元的公水滚装运输,且大型化、专业化特点比欧洲更突出(见图 9-3)。

图 9-2 美国商品车铁路运输专用车辆

图 9‑3　美国厢式半挂车专用滚装驳船

3) 双式联运(Bimodal Transportation)

美国的双式联运原意是指限于两种运输方式之间的联运,后来逐渐特指通过"公铁两用挂车"(Roadrailer)实现的联运——即将公路挂车加装铁路专用铰接式托架后,直接拖上铁轨经由铁路运输。由于对公铁两用挂车自重要求高,限制了货物装载量,因而此种方式只在特定区域和范围内有所发展(见图 9‑4)。

图 9‑4　美国的 Roadrailer 公铁联运

2. 欧洲多式联运主要组合形式

与美国多式联运标准运载单元限于集装箱和厢式半挂车有所不同,欧洲多式联运使用三种基本的标准化运载单元,即除集装箱和厢式半挂车外,还有可脱卸箱体(swap-body)(见图 9‑5)。且欧洲的集装箱仅限于国际标准箱,半挂车主要以40 ft 为主。

与美国一样,欧洲的多式联运主要也是箱驮运输、驮背运输和滚装运输。不过与美国不同,欧洲没有发展公铁两用挂车,但发展了独特的公铁滚装运输(特指卡车整车直接开上铁路并通过铁路长途运输)(见图 9‑6、图 9‑7)。

图 9‑5 欧洲标准化运载单元及其转运吊装形式

（a）集装箱吊装；（b）可脱卸箱体吊装；（c）厢式半挂车吊装

图 9‑6 欧洲厢式半挂车驮背运输

欧洲公铁滚装运输　　　　　　　　欧洲半挂车公水滚装运输

图 9‑7 欧洲公铁、公水滚装运输

3. 我国多式联运发展形式

与欧美国家相比，中国现阶段多式联运主要集中在集装箱多式联运、整车滚装运输，铁路商品车（主要是轻型车）运输、半挂车水路滚装运输在局部地区有所发展但范围较小，而半挂车铁路驮背运输、卡车整车铁路滚装运输、公铁两用挂车运输等形式，目前还处于"零"的状态。

9.2 多式联运组织

9.2.1 货物多式联运的业务程序

（1）货主（发货人）提出发货委托书（通过电话委托或通过邮件书面委托）或亲自登门办理货物托运手续。

（2）联运服务公司根据货主委托书，在规定的时间、地点派车取货或由货主亲自送货，货物在联运服务公司仓库集结。

（3）联运服务公司办理货物票据手续及核收运杂费。

（4）根据货主规定的发货日期或对到货日期的要求向运输企业托运，组织货物始发装运，运输工具的选择和运输线路的安排由联运服务公司负责。

（5）在不同运输工具的衔接点办理货物中转业务。

（6）办理货物到达票据手续和到达杂费结算。

（7）联运服务公司根据货主（收货人）指定的时间、地点派车送货或由货主亲自取货。

9.2.2 多式联运业务网络

在货物运输过程中，联运服务公司为货物在不同运输工具衔接点办理的业务，称为联运货物中转交接业务。联运服务公司都在一定地区范围内设有一定的相关业务机构，并通过这些机构处理货物的承运、中转和交付业务，以实现"一票到底"的货物运输全过程。

1. 协作式多式联运组织体制

协作式多式联运的组织者是在各级政府主管部门协调下，由参加多式联运的各种方式运输企业和中转港站共同组成的联运体系或系统，并设综合协调管理办公室。货物全程运输计划由该办公室制定，这种联运组织下的货物运输过程如图9-8所示。

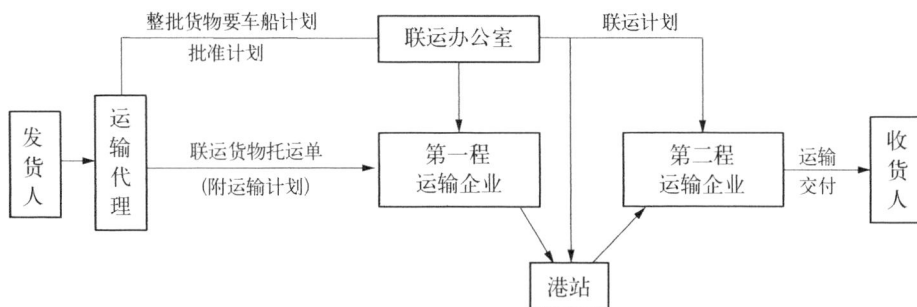

图9-8 协作式多式联运过程

对这种多式联运的组织体制,是国内过去和当前多式联运(特别是大宗稳定重要物资运输)中主要采用的体制。

2. 衔接式多式联运的组织方法

衔接式多式联运的全程运输组织业务是由多式联运经营人(多式联运企业 Multi-model Transportation Operator,MTO)完成的,这种联运组织下的货物运输过程如下(见图9-9)。

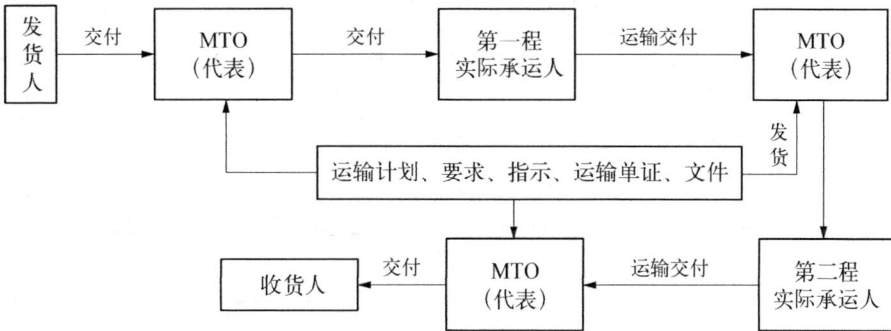

图9-9 衔接式多式联运的组织方法

9.3 多式联运费用

运输价格就是运输产品货币价值形态的实际表现,运输费用是按照价格政策具体制定的各种货物的运价水平。多式联运费用核收办法的主要内容有:核收费用项目、费用核收的方式、费用的计费办法。

9.3.1 多式联运费用项目

多式联运费用主要包括:运费、杂费、中转费和服务费,如表9-2所示。

表9-2 多式联运费用

运费项目	项 目 细 分
运费	发运地区(城市)内的短途运输运费(接取费)
	由发运联运服务公司至到达联运服务公司之间的全程运费
	到达地区(城市)内的短途运输运费(送达费)
杂费	多式联运杂费的种类: 装卸费、换装包干费、货物港务费、货物保管费

运费项目	项　目　细　分
杂费	联运杂费的计算公式： 铁路(水路)装卸费＝货物质量×适用的装卸费率 换装包干费＝货物质量×适用的换装包干费率 港务费＝货物质量×港务费率 货物保管费＝货物质量(车数)×天数×适用的保管费率 公路装卸费＝车吨(货物质量)×适用的装卸费率
中转费	中转费的构成主要包括装卸费、仓储费、接驳费(市内汽车短途转运费)、包装整理费等
	计算方式：分实付实收和定额包干两种方式
服务费	服务费是指联运企业在集中办理运输业务时支付的劳务费用。一般采取定额包干的形式。按不同运输方式和不同的取送货主规定不同费率
	服务费的组成一般包括业务费和管理费

9.3.2　多式联运费用核收方式

由发运联运服务公司至到达联运服务公司之间的全程运费是联运货物运输费用的主要组成部分,联运服务公司向货主核收这部分运费的计费办法主要有两种：

(1) 按运输合同规定的运输线路及有关运输工具的运费标准,分别计算单项运输阶段运费,全程运费等于各单项运费之和。

(2) 按联运服务公司自行规定的运费标准计算全程运费。

采用第一种方法计算运费时,联运服务公司是以货主运输代理人的身份,为货主代办联运货物的全程运输。

采用第二种计算运费方法时,联运服务公司是以货物联运经营人的身份,向货主承包联运货物的全程运输。

9.4　国际多式联运组织

由于国际多式联运具有其他运输组织形式无可比拟的优越性,因而这种国际运输新技术已在世界各主要国家和地区得到广泛的推广和应用。国际多式联运线路主要以集装箱海运线路以及陆路上的铁路和公路线路为主体,相互衔接所构成的集装箱运输线路。集装箱多式联运采用两种或两种以上不同的运输方式进行联运的运输组织形式,综合利用各种运输方式的优点,以实现"门到门"的运输服务。

目前,国际多式联运的组织方式主要是海陆联运和海空联运,同时基于两种的不同的组织方式,多式联运的运营线路分布也是各有不同。

9.4.1 海陆联运(海铁联运)

海陆联运是国际多式联运的主要组织形式,也是远东/欧洲多式联运的主要组织形式之一。目前组织和经营远东/欧洲海陆联运业务的主要有班轮公会的三联集团、北荷、冠航和丹麦的马士基等国际航运公司,以及非班轮公会的中国远洋运输公司、台湾长荣航运公司和德国那亚航运公司等。这种组织形式以航运公司为主体,签发联运提单,与航线两端的内陆运输部门开展联运业务,与大陆桥运输展开竞争。

当前世界上规模最大的三条主要集装箱航线是:远东—北美航线(太平洋航线);远东—欧洲,地中海航线;北美—欧洲,地中海(大西洋航线)。

9.4.2 陆桥运输

在国际多式联运中,陆桥运输(Land Bridge Service)起着非常重要的作用。所谓陆桥运输是指采用集装箱专用列车或卡车,把横贯大陆的铁路或公路作为中间"桥梁",使大陆两端的集装箱海运航线与专用列车或卡车连接起来的一种连贯运输方式。严格他讲,陆桥运输也是一种海陆联运形式。世界上主要的陆桥类型有,连接大陆两端沿海港口利用整条陆桥线的进行海—陆—海联运的大陆桥、利用整条陆桥运输线进行海陆联运的小陆桥和利用部分陆桥进行海陆联运的微桥。

1. 大陆桥运输线

1) 西伯利亚大陆桥

西伯利亚大陆桥是将集装箱货物由远东海运到俄罗斯东部港口,经跨越欧亚大陆的西伯利亚铁路运至波罗的海沿岸港口,然后再采用铁路、公路或海运运到欧洲各地的国际多式联运的运输线路。

该大陆桥自 1967 年开始试运营,1971 年正式运营,全长 11 896 km,包括海—铁—铁、海—铁—海、海—铁—公和海—公—空四种运输方式,由俄罗斯的过境运输总公司担当总经营人,它拥有签发货物过境许可证的权利,并签发统一的全程联运提单,承担全程运输责任。参加联运的各运输区段,采用互为托/承运的接力方式完成全程联运任务。其运输形式如图 9 - 10～图 9 - 12 所示。

2) 亚欧第二大陆桥

亚欧第二大陆桥也称新亚欧大陆桥,东起中国连云港,西至荷兰鹿特丹港,全长 10 837 km,在中国境内 4 143 km,途径中国、哈萨克斯坦、俄罗斯、白俄罗斯、波兰、德国和荷兰 7 个国家,可辐射到 30 多个国家和地区。1990 年 9 月,中国铁路与

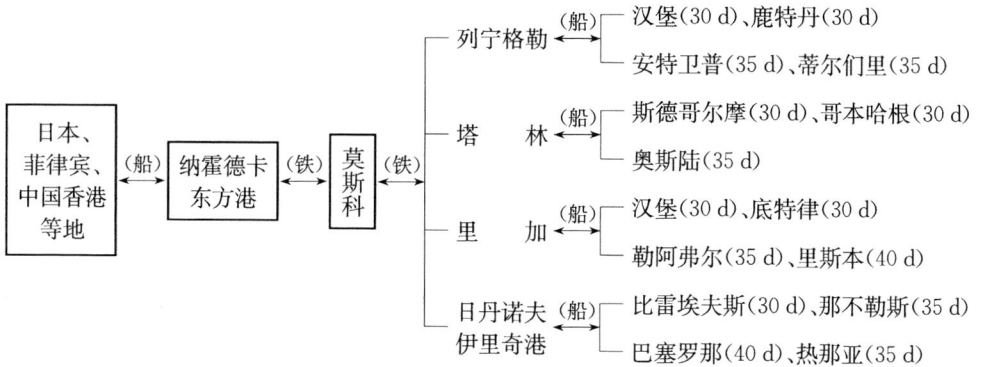

图 9-10　海路—铁路—海路多式联运链

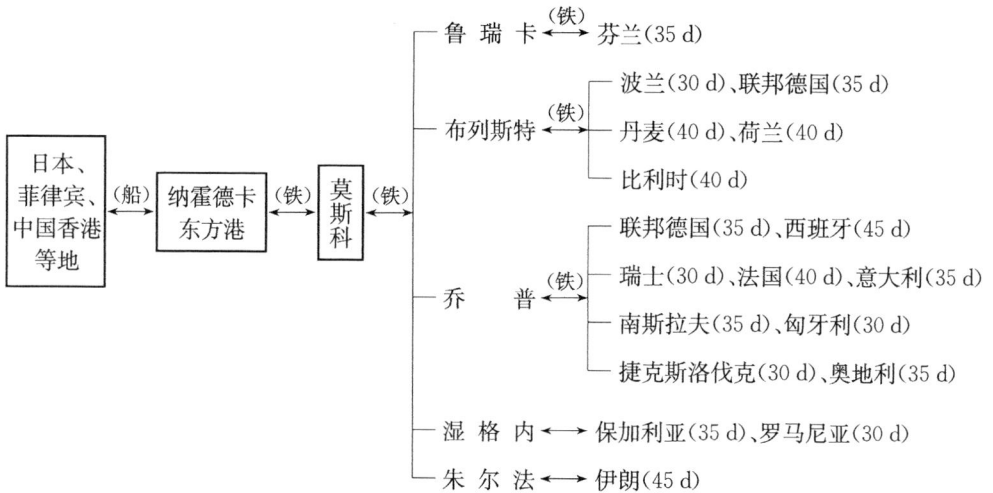

图 9-11　海路—铁路—铁路多式联运链

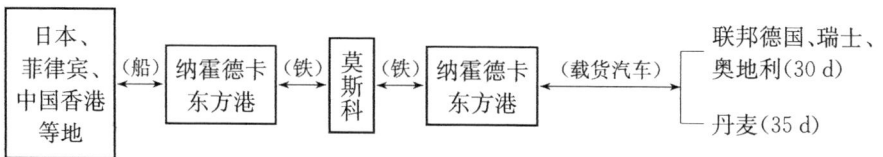

图 9-12　海路—铁路—公路多式联运链

哈萨克铁路在德鲁日巴站正式接轨,标志该大陆桥的贯通。1991 年 7 月 20 日开办了新疆—哈萨克斯坦的临时边贸货物运输。1992 年 12 月 1 日由连云港发出首列国际集装箱联运东方特别快车,经陇海、兰新铁路,西出边境站阿拉山口,分别运送至阿拉木图、莫斯科、圣彼得堡等地,标志着该大陆桥运输的正式开办。近年来,该大陆桥运量逐年增长,具有巨大的发展潜力。

3）北美大陆桥

北美大陆桥是指利用北美的大铁路从远东到欧洲的海—陆—海联运,包括美国大陆桥和加拿大大陆桥。美国大陆桥有两条运输线:一条是从西部太平洋沿岸至东部大西洋沿岸的铁路和公路运输线;另一条是从西部太平洋沿岸至东南部墨西哥湾沿岸的铁路和公路运输线。加拿大大陆桥与美国大陆桥相似,由船公司把货物海运至加拿大西南部的温哥华,经大陆桥(铁路)运到蒙特利尔或哈利法克斯,再与大西洋海运相接。目前,比较繁荣的陆桥运输线还是美国大陆桥,一部分原因再与其经济贸易的发展;另一方面也和其航运业发展的历史有一定关系。

2. 小陆桥运输线路

小陆桥运输前身为大陆桥运输,这是一种海运与陆运联合运输与联合收费的运输方式,比大陆桥运输缩短一段海上运输,成为海—陆或陆—海的形式。世界上最典型的小陆桥运输线路即北美小陆桥,主要运送从日本经北美太平洋沿岸到大西洋沿岸和墨西哥湾地区港口的集装箱货物。也承运从欧洲到美国西部及海湾地区各港口的大西洋航线的转运货物。北美小陆桥在缩短运输距离、节省运输时间上效果是显著的。目前,小陆桥运输的主要路线有四条。

(1)远东到美国西海岸转内地运输,即使用海上运输方式将货物先运至日本港口,再转运至美国西海岸港口,卸船后经由铁路运至美国东海岸,或墨西哥港口区域。货物运量,在四条线路中最长。

(2)澳大利亚至美国西海岸转内地运输。

(3)欧洲至美国东海岸转内地运输。

(4)欧洲到美国及墨西哥湾地区转内地运输。

这种小陆桥运输具有享受铁路集装箱专用列车优惠价,降低了运输成本;避免绕道巴拿马运河,省去了船舶过运河的费用,还缩短了运输时间,使到货时间提前;货物可以直接运到市区卸货,乃至直接送货上门等优势,特别是通往美国墨西哥湾口岸的利益更大,以致目前从远东到美国墨西哥湾地区的货运已占 70% 以上采用这种方式运输。

3. 微桥运输线路

微桥运输又称为内陆公共点多式联运,它是比小陆桥更缩短一段的海陆联运,只利用部分陆桥,没有通过整条陆桥,故又称为半路桥运输,实际上为海陆联运。如北美微桥,其经北美东、西海岸及墨西哥湾沿岸港口到美国、加拿大内陆地区的联运服务;如往来于日本和美东内陆城市匹兹堡的集装箱货,可从日本海运至美国西海岸港口,如奥克兰,然后通过铁路直接联运至匹兹堡,这样可完全避免进入美国东部的费城港,从而节省了在该港的港口费支出。近些年来,这种运输发展异常迅速。海陆承运人只需办理一张远洋提单,决定内陆运输路线,并支付一切港口费用和内陆运输费用。

9.4.3 美国陆桥多式联运业务

美国幅员辽阔,内陆城市众多。目前,从远东运往美国中部、东部,以及美国湾各个港口的集装箱货物,一般都经美国内陆运输。美国内陆运输的方式大致分公路、铁路两种。运送距离也较远,其原因是美国以芝加哥、底特律等为中心的中西部经济圈距太平洋约 2 000 km,离大西洋约 1 000 km,这一经济周占美国经济的 1/3,对外贸易也有 1/3。所以,与远东间的贸易,大部分要经过约 2 000 km 的内陆运输,其中铁路运输比重较大。因此,远东—美国太平洋沿岸的集装箱运输,实际上已发展到可以经由美国太平洋沿岸,将集装箱货物运送至美国内地,特别是到美国中西部去的货物所采用的联合运输,也就是船公司可利用美铁(美国铁路)运输体系代替原来由收、发货人安排的货物由港口向铁路中转到内陆的运输。这种运输方式不仅可节省运输时间,方便货主安排内陆中转,而且发货量集中,有时可使货主享受铁路低运价的好处。

目前,在出口货运中,美国和加拿大一些商人开来的信用证中,有时会出现 OCP 一词,什么是 OCP? 怎样使用 OCP? OCP 与美国小陆桥、微桥运输有何关系? 这是需要了解的。

1. 内陆公共点运输

1) OCP 运输的概念

OCP 的英文全称为"OVERLAND COMMON POINTS",即"内陆公共点",也有称之"陆上公共点",其含义是可享有优惠费率通过陆上运输可抵达的区域。从美国的北达科他州(NORTH DAKOTA)、南达科他州(SOUTH DAKOTA)、内布拉斯加州(NEBRASKA)、科罗拉多州(COLORADO)、新墨西哥州(NEW MEXICO)起以东的地区均属 OCP 地区,所有经美国西海岸转运往这些地区(或反向)的货物称 OCP 地区货物,并享有 OCP 运输的优惠费率。所谓 OCP 费率是太平洋航运公会为争取运往美国内陆地区的货物,途经美国西海岸转运而制订的一个较直达美国东海岸为低的费率。加拿大毗邻美国,贸易和运输与美国有密切关系,所以,也有一个 OCP 地区,自西向东的陆上运输实行与美国同样的优惠方法。

从远东地区向美国 OCP 地区运送的货物,可供选择的海运方式有两种,一种是以美国东海岸港口为卸货港,船舶过巴拿马运河由加勒比海通向美国大西洋港口。另一种是以美国西海岸港口为卸货港,然后通过陆上运输至 OCP 地区。后一种运输方式虽然通过海陆两种运输方式,但在正常情况下,运输时间较前一种为短。

(1) 通过西海岸转运,航程较直达东岸为短。如上海到纽约经巴拿马运河,海运全程为 10 580 nmile,而上海至美国西海岸的西雅图港口,海运全程为 5 100 nmile,两者相差 5 480 n mile,相当于 10 150 km。从西雅图至纽约的陆运里程只有 4 800 km,

两者相比较,海陆联运到纽约要比直达至纽约少 5 300 km。又如加拿大,加拿大东海岸主要港口蒙特利尔,海运从纽约向北还要延伸 1 400 nmile,如货物从西海岸港口温哥华或美国西海岸港口西雅图。波特兰陆运到蒙特利尔港,与海运直达相比较,缩短运程 8 000 km 以上,再者蒙特利尔每年有 3～4 个月的封冻期,在此期间,船舶只能停靠大西洋岸的哈利法克斯、圣约翰等港,再经陆运到蒙特利尔港。

(2) 由于集装箱运输具有联合运输和机械化程度高等特点,使装卸时间和运输时间大为缩短。据有关资料统计,从波特兰港运至美国五大湖区的芝加哥陆运只需 3 天,到东部纽约只需 7 天,到南部的休斯敦只需 8 天。而且,在集装箱运输的条件下,货物受损、偷窃的可能性较少,加之陆上承运人提供的优惠费率,这多为 OCP 运输提供了有利条件。

由于 OCP 运输的便捷,使原来的海陆直达至美国东海岸各港的货物被吸引到美国西海岸港口,因此,经营该航线的船公司越来越多。现在,OCP 一词不仅是一个地理上的区域名称,而且意味着货物的陆上运输,成为当今国际贸易和国际运输的一个专用名词了。

2) OCP 的具体做法

(1) 在成交订约方面。按 OCP 运输条件成交的货物,是指发货人将货运至收货人指定的西海岸港口后,发货人便完成了联运提单中的责任。货物在抵达西海岸港口后,由收货人委托中转商(负责内陆运输的人)持正本提单向船公司提货,通过内陆运输运至收货人指定的地点。因此,OCP 运输条件对发货人来说,实际上是卖断西海岸港口,而不承担其他任何责任和风险。例如,原来成交价是 CIF 或 C&F 纽约,在了解到收货人的收货最终目的地是在 OCP 区域的,可改做 CIF 或 C&F 美国西海岸指定港口(US WEST COASTNAMED PORTS)。如在贸易合同中明确货物的运输方式是从中国口岸到美国、加拿大西海岸港口转运至 OCP 最后目的地的,则可写明 SHIPMENT FROM CHINA TO××港 WEST COAST OCP NEW YORK,对加拿大则可写成 SHIPMENT FROM CHINA TO VAN-COUVER OCP MONTREAL。

(2) 运输单证方面。在货物的运输标志内,把卸货港和 OCP 的最后目的地同时列明,如西雅图转纽约可定明 SEATTLE OCP NEW YORK。在提单卸货港一栏内应注明 OCP 字样。例如:以西雅图为卸货港可列明 SEATTLE OCP,同时,在提单正面的货物内容一栏内注明转至纽约 IN TRANSIT OF NEW YORK 字样。

(3) 贸易合同和信用证方面。OCP 运输条件,在贸易合同和信用证目的港一栏内应加注 OCP 字样。如洛杉矶"LOS ANGELES OCP"。对于转运往 OCP 地区的货物,在签发提单时,应符合贸易合同及信用证的要求,以便结汇,最好在备注栏内注明哪一个城市,如 OCP CHICAGO,或把 OCP CHICAGO 加在货物标志唛头上,以便区别。

(4) 保税运输申请手续方面。在美国,由集装箱海运至港口的货物,收货人在收到货物舱单后 10 天,必须申请进口,或要求保税运输,将货物运至最终目的地,如不按时申请,货物就会转到保税仓库,从而产生转仓作业费、保税仓库费、转运费等不必要的费用。为了避免这些不必要的费用,可将船公司签发的内陆公共提单、OCP 提单的副本提前送交铁路公司,请铁路公司代办运送 OCP 地区的"保税运输申请手续"。铁路公司在太平洋各港接受了运往内陆公共点地区的货物后,向海关提出申请,获得保税运输许可后,即可将货物运往内地,收货人凭 OCP 提单正本在当地申请报关,经海关验收后,凭正本提单向铁路公司提货,在到付运费情况下,支付清到付运费。

3) 使用 OCP 运输时应注意的问题

(1) 若船公司美国航线专用提单格内只有"卸货港"和"最终目的港"两栏,OCP 货物在国内装船港签发提单时,目的港一栏内统一注明,如 LOS ANGELES OCP。

(2) 为防止在西海岸销售和使用的货物假借 OCP 名义,享受优惠条件,所以,应明确规定:凡运往 OCP 地区的货物应在进口船卸货完毕后一定时间内(一般为30~45 天),提供有关证明,如陆上运输单证、转运单、海关转口申报单等。在这些单证上应注明:进口船名、航次、提单号、启运港、货名、件数、重量、尺码、转运目的地、承运人名称、实际转运期等。如货主和其代理人不在规定期限内提供上述证明,船公司则要按本地运费率调整运费。

2. MLB 运输(小陆桥运输)

MLB 一词的英文全称为"MINI LAND BRIDGE",其运输方式是使用海、陆运输方式将集装箱货物先运至日本港口,再转运至美国西海岸港口,卸船后交由铁路运抵美国东港口或加勒比海港口区域。我国出运到美国的集装箱货物,在使用小陆桥运输时可先将货物运日本港口,再转运美国西海岸卸船后,交铁路运抵美国东部海岸或加勒比海区域。使用 MLB 运输,对我国出口商、运输经营人来说,应注意五个问题。

(1) 小陆桥运输是完整的多式联运,由运输经营人签发全程联运提单,并收取全程运费,对全程运输承担责任。

(2) 小陆桥运输下的集装箱货物,其提单制作应分别注明:卸船港:××港;交货地:××交货地。

(3) 小陆桥运输下成交的货物,卖方(发货人)承担的责任、费用终止于最终交货地。

(4) 小陆桥运输下的集装箱货物,运费计收应根据运输经营人在美注册的运价本收运费,原则上无任何形式的运费回扣,除非运输经营人与货主之间订有服务合同,即在一定时间内提供一定货运量后,货主可享有一个较低运价。

(5) 在按服务合同收运费,而货物托运人是无船承运人时,小陆桥运输的集装箱货物应出具两套提单,一套是无船承运人签发给货主的 HOUSE—B/L,另一套则是船公司签发给无船承运人的 MEMO—B/L,前者给货主用于结汇,后者供无船承运人在美国的代理凭其向船公司提货。

3. IPI 运输(内陆公共点多式联运)

IPI 运输一词的英文全称为"INTER POINT INTERMODAL"运输,与 MLB 运输相比较,小陆桥运输下的集装箱货物,其抵达区域是美国东海岸和加勒比海区域,而 IPI 运输方式则将集装箱货物运抵内陆主要城市。两者的运输方式、运输途径、运输经营人责任和风险则完全相同。但与 OCP 运输相比较,IPI 是完整的多式联运,而 OCP 运输则不是完整的多式联运。使用 IPI 集装箱多式联运方式时应注意的问题:

(1) 在 IPI 运输方式下,其提单缮制时应写明:卸船港:××港;交货地:××交货地。

(2) 运输经营人对货物承担的责任从接收货物时起至交付货物时止,即对全程运输负责。

(3) IPI 运输方式下的集装箱货物,在到岸价的情况下,卖方(发货人)承担的责任、费用终止最终交货地。

(4) IPI 运输尽管使用两种不同运输方式,但使用同一张货运提单,并收取全程运费。

为使我国出口商对美国航线集装箱货物的运输方式有所了解,并有利于具体业务操作,OCP、MLB、IPI 三种运输方式如表 9-3 所示。

表 9-3 OCP、MLB、IPI 三种运输方式比较

	OCP	MLB	IPI
货物成交价	卖方承担的责任、费用终止美国西海岸港口	卖方承担责任、费用终止最终交货地	与 MLB 相同
提单签发	仅适用海上区段货物运输	适用全程运输区段	与 MLB 相同
运费计收	海、陆运输区段分另计收运费	收取全程运费	与 MLB 相同
保险区段	海、陆运输区段分别投保	可全程投保	可全程投保
货物运抵区域	内陆公共点	美国东海岸和美国湾	内陆公共点
多式联运方式	不具备完整的多式联运	具备完整的多式联运	具备完整有多式联运

	OCP	MLB	IPI
空箱回运	船公司	收货人	收货人
运单使用	陆上用	不用	不用

9.4.4 海空联运

海空联运又被称为空桥运输(Airbridge Service)。在运输组织方式上,空桥运输与陆桥运输有所不同:陆桥运输在整个货运过程中使用的是同一个集装箱,不用换装,而空桥运输的货物通常要在航空港换入航空集装箱。不过,两者的目标是一致的,即以低费率提供快捷、可靠的运输服务。

海空联运方式始于20世纪60年代,但到80年代才得以较大的发展。采用这种运输方式,运输时间比全程海运少,运输费用比全程空运便宜,20世纪60年代,将远东船运至美国西海岸的货物,再通过航空运至美国内陆地区或美国东海岸,从而出现了海空联运。当然,这种联运组织形式是以海运为主,只是最终交货运输区段由空运承担,1960年底,原苏联航空公司开辟了经由西伯利亚至欧洲航空线,1968年,加拿大航空公司参加了国际多式联运,20世纪80年代,出现了经由中国香港、新加坡、泰国等至欧洲航空线。目前,国际海空联运线主要有:

(1)远东—欧洲:目前,远东与欧洲间的航线有以温哥华、西雅图、洛杉矶为中转地,也有以中国香港、曼谷、海参崴为中转地。此外还有以旧金山、新加坡为中转地。

(2)远东—中南美:近年来,远东至中南美的海空联运发展较快,因为此处港口和内陆运输不稳定,所以对海空运输的需求很大。该联运线以迈阿密、洛杉矶、温哥华为中转地。

(3)远东—中近东、非洲、澳洲:这是以中国香港、曼谷为中转地至中近东、非洲的运输服务。在特殊情况下,还有经马赛至非洲、经曼谷至印度、经中国香港至澳洲等联运线,但这些线路货运量较小。

总的来讲,运输距离越远,采用海空联运的优越性就越大,因为同完全采用海运相比,其运输时间更短。同直接采用空运相比,其费率更低。因此,从远东出发将欧洲、中南美以及非洲作为海空联运的主要市场是合适的。

9.4.5 集装箱水水转运

1. 定义

集装箱货物需要经过二程或二程以上,以船舶运输完成整个航程的运输方式,并且途中须换船中转的,称之为水水转运。

2. 特性

(1) 全程提单,承运人责任。

(2) 时效要求,时间成本的比较。

(3) 运输成本较低。

(4) 转运方式便捷环保。

3. 上海港水水转运形态

以上海港的水水中转为例,主要有国际中转、沿海中转、长江内支线中转三种类型。

1) 国际中转

国际中转是指由境外起运,经中转港换船后,继续运往境外第三国港口。国际中转流程中,一程船是指将该箱从起运港载运至中转港的船舶;二程船是指将该箱从中转港载运至目的港的船舶。

上海港国际中转流程有两种,如图 9-13 所示。

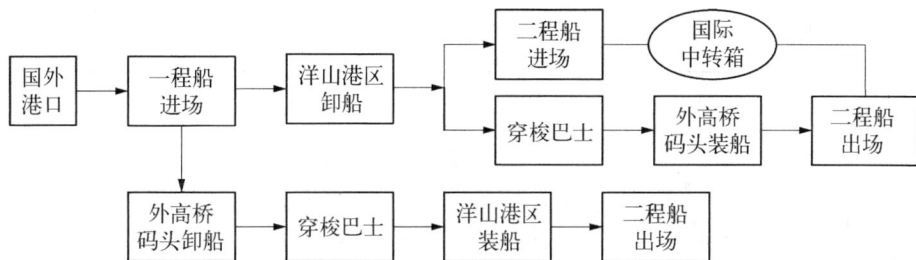

图 9-13　上海港国际中转流程

① 一程船挂靠港口完成卸船,再由下一航次的二程船将该箱装运后离港出境;

② 一程船挂靠港口完成卸船,港口通过"水上穿梭巴士"将中转箱驳运至其他港区,在二程船上完成装船后出场离境。

2) 沿海中转

沿海中转主要是指洋山港与我国沿海港口之间的集装箱中转。水水中转中的沿海中转箱的集疏运流程分为进口和出口,如图 9-14 所示,其中进口流程为:从国外港口始发的一程船进入洋山港区,经过一关三检,完成中转箱的卸船作业后驶离港区,由驶往我国沿海港口的二程船将中转箱运抵其目的港;出口流程是:自我国沿海港口始发的一程船进入洋山港区,经过一关三检,完成中转箱的卸船作业后驶离港区,由驶往货物目的港的国际班轮作为二程船将中转箱运抵其国外目的港。

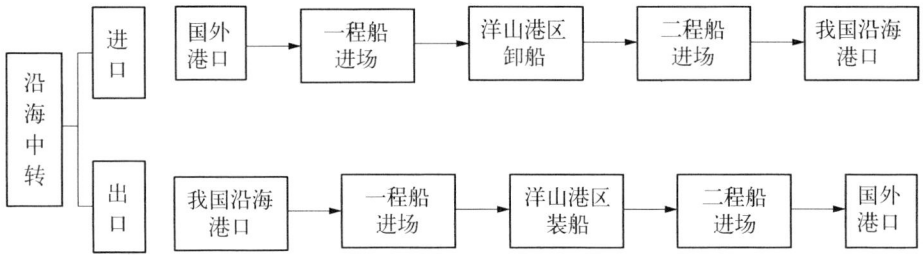

图 9‑14　水水中转中沿海中转的运行流程

3）长江内支线中转

长江内支线中转是水水中转中比重最大的中转方式。如图 9‑15 所示，进口流程：国际船舶进入港区完成卸船后，由往返于港区和外高桥二、四期之间的"穿梭巴士"将中转箱运至外高桥码头，再由停泊在专门装卸区域的江船完成货物从外高桥码头到沿江港口目的地的运输任务。出口环节与进口环节相同，流程方向相反。

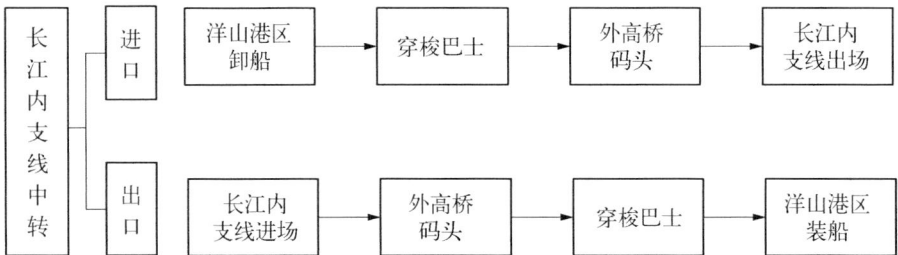

图 9‑15　水水中转中长江内支线中转的运行流程

9.4.6　集装箱海铁联运

1. 定义

海铁联运是进出口货物由铁路运到沿海海港直接由船舶运出，或是货物由船舶运输到达沿海海港之后由铁路运出的只需"一次申报、一次查验、一次放行"就可完成整个运输过程的一种运输方式。

2. 各国现状分析

1）美国

（1）政策导向。美国政府高度重视多式联运系统建设，把它提到"巩固美国国家经济基础"和"提升国家经济发展效率"的战略高度，其政策指向清晰，顶层谋划长远。

1991 年美国颁布了鼓励发展多式联运的《多式联运效率法》（Intermodal Surface Transportation Efficiency Act，ISTEA）。

（2）市场化程度较高。美国多式联运市场十分成熟，形成一批适应并推动多式联运发展的市场主体。

美国铁路货运形成了东西各 2 家和南北 1 家的五大铁路货运企业格局;公路运输历经淘汰重组,形成了数家拥有数万辆车辆资产的大型企业;物流和快递业形成了 UPS 和 Fedex 等国际著名大企业。

美国总统轮船还发明了双层集装箱列车。

美国最大的铁路公司之一 BNSF 公司与全球 12 家航运公司合作,开展海铁联运业务,同时又与以公路运输为主业的 JBHunt 公司联合,开展公铁海联运业务。

(3) 有效的管理。美国铁路公司特别做了努力和调整: i. 投入巨资完善信息系统;ii. 铁路实行定班列运行,严格遵循时刻表;iii. 把提高服务质量作为可靠供应链的组成部分;iv. 通过外包铁路货运场站管理减少成本和资本的投入;v. 努力提高资金使用效率和资产收益率等。

(4) 运输费用: i. 美国铁路平均运价全球最低;ii. 美国公路通行费很少;iii. 美国燃油价格相对较低;iv. 美国物流园区的土地使用成本较低。

2) 中国

在国家"一带一路"战略、"桥头堡"建设的深入推进以及"中欧班列"的密集开通情况下,近年来,我国铁路集装箱多式联运发展迅速,集装箱多式联运业务量快速增长。集装箱铁水联运作为我国多式联运的一种运输组织形式,受政策环境以及市场需求的影响,表现最为抢眼。据统计,2016—2017 年,我国集装箱铁水联运量增幅均在 18% 左右;至 2018 年,全国主要港口集装箱铁水联运量同比增长29.4%,达到 450.36 万 TEU,其中沿海主要港口铁水联运量 430.14 万 TEU,增长30.5%。短短三年时间,集装箱铁水联运量增长达到近 80%,其市场发展可谓火爆。但从市场份额来看,我国集装箱铁水联运市场份额严重不足。2018 年,全国港口集装箱吞吐量 24 982.43 万 TEU,而铁水联运比例仅占 1.72%,远远落后于欧美国家的 10%～30%。

2018 年我国部分港口的相关数据如表 9-4 所示。

表 9-4 2018 年我国主要港口集装箱铁水联运情况

排名	港 口	铁运联运集装箱运量/TEU	占港口集装箱吞吐量比重/%	增 速
1	青岛港	1 153 714	5.97	48.6%
2	营口港	762 662	11.76	5.6%
3	宁波舟山港	601 676	2.28	50.2%
4	天津港	492 375	3.08	41.3%

排名	港 口	铁运联运集装箱运量/TEU	占港口集装箱吞吐量比重/%	增 速
5	大连港	393 400	4.03	−4.6%
6	连云港港	302 842	6.4	18%
7	唐山港	226 972	7.67	126.5%
8	深圳港	110 484	0.43	−11.5%
9	重庆	78 381	6.7	−21.8%
10	广州港	64 672	0.3	−21.2%

3. 影响因素

1) 船舶公司方面

(1) 适航问题。

(2) 内陆运输条件差,集装箱周转时间长、成本高。

2) 港口方面

目前,集装箱吞吐能力及后方堆场普遍不足,港口及后方陆域规模及集疏运系统滞后于经济的发展,运输市场分散无序,资源与功能未能有效整合。

3) 铁路方面

(1) 主要是由于我国铁路供需矛盾突出所致。

(2) 同时,海铁联运发展中还存在软件方面的问题。

① 商务规则问题:我国目前现有规则与国际规则还不能衔接,铁路的运价、运价体系和补偿体系与国际集装箱海运体系不一致。

② 班期问题:目前铁路班期须达到一定货量之后才能发送,而船公司有固定班期,这是制约海铁联运发展的一个"瓶颈"。

③ 数据共享问题:目前,港口、船舶公司、查验单位不能实现数据信息共享,造成了各环节上的信息传递滞后。

4) 运输代理方面

目前,运输代理业务滞后也是影响海铁联运业务拓展的主要原因。目前绝大多数船务公司和多式联运经营人在内陆没有代理机构,而内陆的很多公司又没有国际货运代理权限。由于缺乏合适的中介机构,多式联运经营人很难报出"一口价",因此也很难进行各方面的衔接。

5) 政府方面

发展海铁联运业务涉及铁路、港口、海关等多个部门,只要哪个部门不协调,海铁联运方式就不可能高效、便利地运作下去。只有政府有关部门积极倡导与支持,才有可能大规模地推进海铁联运业务的拓展。

9.5　国际铁路联运

9.5.1　国际铁路联运概述

1. 定义

国际铁路联运的定义：国家与国家之间铁路相连接后，依据彼此间签署的协议，并以连带责任开展的客货运输。

2. 范围

(1) 相邻两国间。我国绝大多数国际铁路客货联运，是在相邻国铁路间开展。

(2) 区域相互间。其次是在东北亚、中俄蒙三国间以及中国西部地区和中亚之间开展。

(3) 跨洲间。主要指亚欧大陆桥运送和中欧班列，但运量占比少。

3. 发展状况

(1) 铁路运输所占比重有所下降，但基础地位仍未动摇。

(2) 铁路运输向高速化、电气化方向发展。

(3) 铁路货物运输向重载、快捷、集装化及物流化方向发展。

(4) 铁路在城市轨道交通中发挥骨干作用。

(5) 铁路网分布不均衡。

4. 作用

国际铁路联运是为国与国之间开展的人文、科技、军事交流、促进国际旅游、经贸等服务，是促进铁路间现代化建设和发展的重要路径，是贯彻地缘政治的重要内容。

我国开展的国际铁路联运，是目前"一带一路"国家战略的核心。"五通三同"（政策沟通、设施联通、贸易畅通、资金融通、民心相通，建立利益共同体、命运共同体和责任共同体）设施联通的重要内容，是建设"一带一路"的重要抓手。

9.5.2　世界铁路主要干线

1. 西伯利亚大铁路

西伯利亚大铁路位于俄罗斯境内，该铁路有两条。

(1) 东起俄罗斯的纳霍德卡或东方港—符拉迪沃斯托克（海参崴）—伊尔库茨克—新西伯利亚—鄂木斯克—古比雪夫—莫斯科。全长 9 300 公里以上。

(2) （贝阿铁路）东起苏维埃港—共青城—乌斯季库特—叶赛尼斯特—苏尔古特—秋明—新西伯利亚，再与第一条汇合，全长 6 500 公里。

2. 北美铁路干线

北美地区穿越大陆东西的铁路干线有多条，在美国境内主要有 4 条。

(1) 西雅图—俾斯麦—圣保罗—芝加哥—底特律。

(2) 奥克兰—奥马哈—芝加哥—匹兹堡—费城—纽约。

(3) 洛杉矶—堪萨斯城—圣路易斯—辛辛那提—华盛顿—巴尔的摩。

(4) 洛杉矶—图森—帕索—休斯敦—新奥尔良。

在加拿大境内的主要有两条。

(1) 鲁珀特王子港—埃德蒙顿—温尼伯—魁北克。

(2) 温哥华—卡尔加里—温尼伯—蒙特利尔—圣约翰—哈利法克斯。

3. 欧洲铁路干线

欧洲主要铁路线有 3 条。

(1) 巴黎(法国)—慕尼黑(德国)—维也纳(奥地利)—布达佩斯(匈牙利)—贝尔格莱德(塞黑)—索菲亚(保加利亚)—伊斯坦布尔(土耳其)—巴格达(伊拉克)。

(2) 巴黎(法国)—科隆(德国)—柏林(德国)—华沙(波兰)—莫斯科(俄罗斯)—与西伯利亚大铁路相接。

(3) 里斯本(葡萄牙)—马德里(西班牙)—巴黎(法国)—科隆(德国)—柏林(德国)—华沙(波兰)—圣彼得堡(俄罗斯)—赫尔辛基(芬兰)。

4. 拉丁美洲的铁路线

(1) 穿越墨西哥境内的铁路干线。该铁路沟通了太平洋和大西洋的墨西哥湾。马萨特兰—瓜达拉哈拉—墨西哥城—韦拉克鲁斯。

(2) 横穿南美的主要铁路线。布宜诺斯艾利斯(阿根廷)—圣地亚哥(智利)—瓦尔帕莱索(智利)。该铁路形成了南美大陆桥,沟通南美大陆东西两岸联系,特别是对邻国的贸易起着重要作用,也为开展集装箱水路联运创造了良好条件。

5. 非洲的铁路干线

非洲的铁路主要分布在东南部,纵贯东南非的铁路线:

达累斯萨拉姆(坦桑尼亚)—卢萨卡(赞比亚)—布拉瓦约(津巴布韦)—哈博罗内(博茨瓦纳)—开普敦(南非)。

该铁路穿越 5 个国家和地区,沿线矿产丰富,一旦大量开采,运输将会十分繁忙。

6. 亚洲主要铁路干线

(1) 巴士拉(伊拉克)—巴格达(伊拉克)—科尼亚(土耳其)—伊斯坦布尔(土耳其)—巴尔干地区。该线全长 3 100 多公里,向西经索菲亚、贝尔格莱德、布达佩斯、维也纳等,与其他中、西欧铁路相连,是中东地区连接欧洲最重要的铁路线。

(2) 横穿印度的加尔各答—孟买的铁路。该铁路在陆上连接了孟加拉湾和阿拉伯海,形成了南亚大陆桥。

(3) 中国的主要铁路干线。中国的铁路是亚洲最多的,北方的铁路都可以通过欧亚陆桥与中亚及欧洲相连,南方铁路与东南亚相连。

9.5.3　我国通往国外的国际铁路

1. 通往朝鲜铁路

（1）沈丹线：从京哈线上的沈阳到辽宁的丹东，跨过鸭绿江与朝鲜的新义州接轨，是中国辽宁省及关内地区、内蒙、俄罗斯通往朝鲜的主要铁路干线。

（2）长图线：从京哈线上的长春到图们市，过图们江后与朝鲜罗津铁路相接。

（3）梅集线：从吉林的梅河口到中朝边界的集安市过鸭绿江与朝鲜铁路连接。

2. 通往俄罗斯铁路

（1）滨洲线：从京哈线上的哈尔滨到边境城市满洲里市，与俄罗斯外贝加尔西伯利亚铁路连接。

（2）滨绥线：从京哈线上的哈尔滨到中俄边境的绥芬河市，与俄罗斯远东铁路接轨。

（3）北黑线：从北安到达黑河，黑龙江对岸是俄罗斯的布拉戈维申斯克（海兰泡）。

（4）图珲线：由吉林省图们市至珲春市，与俄罗斯铁路接轨，这是吉林省通往俄罗斯的主要铁路干线。

3. 通往蒙古铁路

集二线：自京包铁路的集宁北行，到达中蒙边境城市二连浩特市，与蒙古的铁路接轨，通过蒙古首都乌兰巴托到俄罗斯的乌兰乌德连接西伯利亚铁路。

4. 通往越南铁路

（1）昆河线：从昆明到河口口岸。

（2）湘桂线：从湖南衡阳到友谊关口岸。

5. 通往哈萨克斯坦铁路

新亚欧大陆桥：包括陇海线和兰新线，到阿拉山口口岸。

此外，在建、筹建、拟建的出境国际铁路，主要有中吉乌铁路、中缅铁路、中老泰国际铁路、中印铁路。

9.5.4　国际铁路联运运输法和协商机制

1. 多边协定

为开展国际客货联运，我国铁路参加的国际铁路合作组织于 1953 年 7 月制定并签署了《国际铁路旅客联运协定》和《国际铁路货物联运协定》，附属于这两个协定的规章还有《国际客协办事细则》《国际铁路客运运价规程》（国际客价）《国际联运车辆使用规则》（车规）《国际旅客联运和铁路货物联运清算规则》（清算规则）；《国际货协办事细则》《国际旅客联运和铁路货物联运清算规则》（清算规则）《国际铁路货物联运统一过境运价规程》(统一货价)《国际联运车辆使用规则》(车规)等,有些附件现在已经成为独立的规章。

2. 双边协定

邻国之间还签订了中俄、中越、中朝、中蒙、中哈双边国境铁路协定,根据国境铁路协定,和周边邻国开展年度的国境铁路联合委员会会议,并签订议定书。

与相邻各国铁路之间商定货物运量,每年还要举行一次由中、俄、蒙、朝、越、哈等国铁路和外贸货主参加的货物运量计划会议。

为了与各邻国开展铁路运输,每年还要召开国际联运时刻表会议,会议中就各次国际旅客列车、直通客车运行时刻表的制定、列车的编组、席位预留、运行技术条件、旅客服务改善等与各邻国铁路进行商定。

3. 我国国际联运通道的发展

随着"一带一路"政策的发展政策贯彻及实施,铁路编制了到 2030 年的中长期发展规划,对俄、对蒙、对哈,要在原有的口岸基础上增设新的口岸。尤其是随着青藏铁路的西延工程的建设,将要和尼泊尔,印度形成新的铁路通道,以及中巴经济走廊的建设,也要形成新的到达瓜达尔港的铁路通道。形成铁路贯彻"一带一路"战略,建设铁路通道,国际联通范围更加扩大,国际联运通道更加发展。

9.6　多式联运系统结合部概述

9.6.1　多式联运系统结合部的内涵

对于多式联运系统结合部,可从以下几个角度进行描述。

1. 用管理语言来描述

"结合"就是相关要素间的有机联系,"部"是指环节或部位等。结合部是由两个或两个以上的部门或单位,为完成特定功能而形成的相互联系、相互制约的环节或部位。它存在于运输生产和经营管理的过程中,存在于特定的时间、空间范围内,也存在于一定的环境中。

2. 用集合论观点来描述

结合部是平行子集完成特定功能所形成的功能块。它由隶属于不同系统的子集组成的新系统,因此,它是子集的"并";它由各子集所具备的功能组合起来,发挥整体功能,因此,它也是子集功能的"交"。

与一般系统相比,结合部具有两个特点: i. 结合部要素隶属于不同系统,且主要是在同一层次上发生联系; ii. 要素功能制约整体功能的发挥。

在整个多式联运系统中,结合部的问题集中、内耗突出、空费严重、事故率高,是影响最大的薄弱环节。如果对结合部管理协调得好,就能消除交叉点上的隔离层、绝缘层,产生共生效应,发挥整体功能,就能保证交通安全,提高质量。

3. 结合部中蕴含着运输能力

运输能力的有效发挥程度,决定于结合部中各部门、各工种在统一计划和指挥下紧密衔接、协调配合的水平。如果各部门只考虑或片面强调自己的利益,必然造成内耗,能力空费。如果把结合部中的有关部门通过有效形式,把各方的积极性充分调动起来,形成合力,真正"结合"起来,运输潜力就能充分挖掘。

4. 结合部中蕴含着运输安全

安全是运输管理水平的综合反映,要有效地保证安全离不开运输职工的群体意识,离不开各部门、各工种的联防、联控。如果各部门、各工种不能协调配合,就会破坏正常运行秩序,也就使安全失去了基本条件。如果各专业管理部门仅从本位出发考虑问题,发生事故相互推卸责任,那就不能抓住事故发生的真正原因,采取有效的预防措施,最终失去许多防止事故的机会。因此,结合部管理对交通运输安全的共同防范十分必要。

5. 结合部中蕴含着服务质量

客货运质量是社会关注的问题,服务质量与运输能力密切相关,是运输管理上的问题,也是一个不可忽视的问题。特别是由于结合部的管理失控,造成列车事故、汽车严重超载等,严重影响了客货运质量。如对客货站发车、中途、到达等各个结合部加强过程管理,就一定能使服务质量不断改观。针对列车超员问题,如果始发站、中间站按计划售票,客运计划部门掌握客流规律,合理组织均衡运输,同时,配合其他运输方式搞好合理分工,依靠各级政府加强宏观控制和调节,把结合部中所有各单位的积极性都调动起来,必将提高客运服务水平。

9.6.2　多式联运系统结合部的分类

结合部是一个特定的系统,所以结合部管理属于系统科学范畴。系统科学是以系统为研究对象的,而系统在自然界和人类社会中又是普遍存在的。对于客观世界存在着的各种各样的具体系统,常按着不同原则可将系统划分为各种不同的类型。

1. 按要素的构成与功能的复杂程度划分

(1) 简单结合部。原诸系统的相互关系仅为实现一个共同的功能,则称此结合部为简单结合部,例如,不办理客货业务的区间线路所。

(2) 复杂结合部。原系统的结合部要素多,功能多,则称此结合部为复杂结合部。

(3) 关键结合部。指在各结合部中作用突出,或者对大系统功能发挥起制约作用,此类结合部为关键结合部。

2. 按结合部构成条件和变化规律划分

(1) 静态结合部。构成结合部的要素和互相关系不随时间变化的结合部。

（2）动态结合部。构成要素和互相关系随时间或空间变化而变化的结合部。

（3）固有结合部。由铁路运输系统大联动机的属性所确定的结合部。它是因铁路运输生产是由多工种联合作业，多工序紧密衔接的连续、完整的全过程这一固有特征所产生的。固有结合部仅以它所隶属的系统的实际存在为前提条件。

（4）条件结合部。人为划分的各种系统或子系统中，系统之间又需产生衔接或联系的那部分要素的集合，例如行政区的地理边界。条件结合部的存在需要有一定前提条件，如果前提条件不成立，则此类结合部就不存在。

3. 按实物形态和运输生产特性划分

（1）过程结合部。在运输生产中，由各种部门工种协同完成某一特定功能的作业过程，这是交通运输系统结合部最基本、最普遍的形态。例如，一批货物要走铁路运输，货主一般情况下不可能直接把货物装上火车，而是先要把货物用汽车从仓库运到货运站，在货运站里面还要经过一系列作业过程，然后才能用火车运走，这时，货运站就是道路运输过程和铁路运输过程的过程结合部。

（2）空间结合部。交通运输各部门、各单位既相互衔接、密切联系又共同管理、共同负责的区域。这往往是部门利益的焦点，如铁路与公路之间的平角道口。

（3）时间结合部。在连续生产过程中，各种工种、工序必须在规定时间按要求完成的作业项目和内容，它类似于网络图中的"节点"。时间结合部往往渗透在过程结合部之中，二者密不可分。

（4）设备结合部。对运输设备在维修、管理、使用之间的相互联系。这是交通运输部门带着普遍性的问题。运输生产连续不断地进行，设备必须始终以良好的状态来保证。在国际多式联运快速发展的今天，不同运输方式之间的各种设备能否安全、迅速、便捷地换装、倒装直接影响到设备使用效率，影响到整个交通运输生产。

（5）环境结合部。与运输生产不可分割而又对其发生重要影响的各种外部因素和条件，如运行秩序、治安状况、站车关系等。

9.6.3　多式联运系统结合部系统管理与优化

1. 多式联运系统结合部管理基本内容与原则

现代运输业，特别是多式联运生产规模的不断扩大，使分工不断细化，集约化程度也不断提高，综合管理与协调工作日趋复杂和重要，而综合管理与协调工作又大量集中在运输结合部上。因此，结合部的组织、管理已成为运输企业经营管理的一个突出问题，必须加强对多式联运结合部的理论研究和组织管理，特别是从物流运输生产实际出发，建立多式联运结合部优化模型，提高多式联运结合部特别是运输枢纽的管理决策水平，促进物流运输现代化建设。

1）基本内容

研究结合部系统管理理论方法和实证分析将有助于交通运输以及其他各部门

协调规划建设。应用系统科学和组织管理科学相结合形成系统化管理理论,探索交通运输企业结合部管理模式,其主要内容有:

(1) 多式联运结合部系统的状态和分类。

(2) 多式联运结合部系统的组织构架。

(3) 多式联运结合部系统的信息管理。

(4) 多式联运结合部系统管理的控制。

(5) 多式联运结合部系统管理的评价。

2) 多式联运结合部系统管理原则

(1) 系统与管理结合原则。运用系统理论树立系统优化意识。系统的优化有两种基本形式:一种是在一定投入的条件下,使产出最大;另一种是在一定产出要求下,在投入的条件下使投入量最小。要达到上述目的,必须在管理过程中注重协调整体与部分的关系,既要重视要素或子系统优势的发挥,又要重视整体的配合,这样才能取得管理整体的优化。应用系统管理方法,可以解决传统管理方法中存在的诸如互不协调等问题。实现管理“有序”的层次与递阶层次结构。

(2) 控制与管理结合原则。在受控对象存在着多种发展变化的可能性和目标状态存在有多种可能性时,采用有效的三步控制模式:具有可选择性;施控系统和受控系统在实际运行过程中,把各种情况反馈到控制系统;在不断修正和优化过程中,逐步达到预期效果。

(3) 信息和管理结合原则。信息系统已经成为各运输企业的“神经系统”,是一种不可缺少的“隐性资源”,借助与现代信息技术,强化多式联运结合部的智能化信息管理是促进多式联运结合部朝着管理有序化发展的一个重要内容。

2. 多式联运结合部系统管理研究的意义

(1) 有效发挥整体的能力可减少内耗与失控。发挥系统的潜力,减少扯皮,调动各方面积极性,变内耗系统为集成有机体。

(2) 确保交通运输安全、有序。在不同的环境下,强化多式联运结合部管理带动各组织协调防范,是增强安全的重要途径。

(3) 促进整体功效的发挥。多式联运结合部是多部门交汇的多部门“管理”的地段,只有进行有效的管理才能保证整体功效的发挥。

3. 多式联运结合部优化方法

(1) 硬系统方法。以传统的运筹学、系统分析、系统工程等为代表的运用常规数学模型就能优化解决问题的系统科学方法称为硬系统方法。用以解决多式联运结合部中运输物理作业过程的优化问题。

(2) 软系统方法。如果考虑人的价值观、世界观、伦理观和注重人的因素,以圆满处理包括人的因素在内的软问题的系统科学方法成为软系统方法。在多式联运结合部管理中不仅仅是运输物流作业过程的优化,更多涉及多个运输部门的利益和纵向/横向权限控制等多种人为因素。因此形成领导决策（人）与作业管理的协调关系问题，需要用软系统方法论来解决。

（3）物理-事理-人理（WSR）系统方法。通过定量分析、严密逻辑推理等认识世界的科学理论即为"物理"，基于现实世界的概念、规律所产生的技术科学为"事理"，注重参与认识世界的主体人的心理、行为、价值观、行为动机为"人理"。以"物理""事理"和"人理"全方位的综合集成活动产生最大的综合效益的方法称为物理-事理-人理（WSR）系统方法。在多式联运结合部系统的不同阶段运用物理-事理-人理系统方法分析其整体功能，运营组织体现出东方的系统思想。物理是结合部的客观运输环节的法律规则，事理是结合部的管理和行为理论，人理是结合部管理中所涉及的人们的理性思考、信念和行为规范以及不同层次子系统的反馈和利益协调程度。

（4）广义系统方法论。将还原思维与系统思维相结合，使自然科学和社会科学相汇流，在"天人合一"的基础原则商，重建人与自然的知识联盟，用信息时代的系统综合辩证发展观，研究探索硬软系统方法汇总、自然科学和人文科学结合的广义系统方法论。

9.7 多式联运网络协同优化模型

9.7.1 模型描述

将某一批货物从起始点 O 运往目的点 D，中途经过 n 个中间城市，货物在两个相邻节点间可通过多种运输方式（公、铁、水、空）进行运输，也可以在任意中间城市进行运输方式的转换。为了便于理解模型，构建如图 9-16 所示多式联运平面网络图。

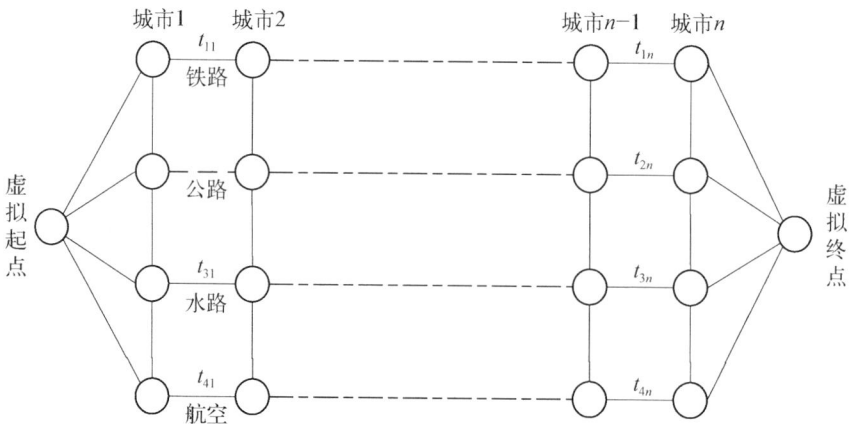

图 9-16 多式联运某路径平面网络图

上述平面网络表示由虚拟起点到虚拟终点的一条运输路径,整个多式联运网络由 k 个(即 k 条可供选择的路径)上述平面网络组成。上述平面网络分为水平边和垂直边。水平边表示在两个城市之间的运输方式,同一水平线运输方式相同,不计转运等时间及成本。若两城市间有此运输方式,则用实线表示,若无此运输方式,则用虚线表示,图 9 - 16 中城市 1 与城市 2 之间仅有铁路、水路、航空三种运输方式,无公路运输方式;水平线线上方表示两城市之间通过各种运输方式运输所需时间,横线下方表示运输方式。垂直边是指垂直层面上各节点之间的连线,它表示在某城市进行运输方式转换,如公转铁、公转水等。城市 1 表示为虚拟起点的所在城市,城市 2 表示为城市 1 的相邻城市,依此类推,城市 n 表示为虚拟终点的所在城市。

在上述平面网络中,不存在跨越式运输,如城市 1 到城市 2 到城市 3 不可表示为城市 1 到城市 3。若城市 1 到城市 2 之间通过公路运输,城市 2 到城市 3 之间仍通过公路运输,则等效为连续运输,不计转运等的时间及成本;若城市 1 到城市 2 之间通过公路运输,城市 2 到城市 3 之间通过铁路运输,则需要计算转运的时间及成本。

举一个简单的例子说明该网络:

城市 1 为虚拟起点的所在城市,城市 3 为虚拟终点的所在城市,城市 2 为城市 1、3 的相邻城市。现假设虚拟起点有一货物需要运至虚拟终点,已知虚拟起点所在城市 1 到城市 2 有四种运输方式,城市 2 到虚拟终点所在城市 3 有三种运输方式(无铁路运输)。

假设 1:虚拟起点由城市 1 经铁路运输方式将货物运至城市 2,此时,由于城市 2 与城市 3 之间无铁路运输方式,所以必须换为其他运输方式,此时需要考虑转运时间及成本。

假设 2:虚拟起点由城市 1 经公路运输方式将货物运至城市 2,此时可再经公路运输运输至城市 3,无需考虑转运时间及成本,相当于城市 1 到城市 3 的直达运输,也可换为其他运输方式,需要考虑转运时间及成本。

9.7.2　模型构建

1. 模型假设

(1)货流具有整体性,货物仅能在中间城市处进行转运,货物在两个运输城市间仅能使用一种运输方式。

(2)每个城市仅在多式联运路径中出现一次。

(3)货物在中间城市的中转次数至多为一次。

(4)同种运输方式的运输速度和单位成本在不同路段均相同。

(5)将中间城市内发生转运情况统一化处理,各节点运输方式转换情况相同时,转运的时间和费用也相同。

2. 参数定义

N_i：与城市 i 相连的节点的集合；

S_{ij}：城市 i 到城市 j 之间的运输方式的集合；

S_i：与城市 i 相连的运输方式的集合；

x_{ij}^s：0—1决策变量，当货物在节点 i 与节点 j 之间选择运输方式 s 进行运输时值为1,否则值为0；

y_i^{sp}：0—1决策变量，当货物在节点 i 由运输方式 s 转换为运输方式 p 时值为1,否则值为0；

c_{ij}^s：货物从节点 i 运输到节点 j 的单位运输成本；

Q：货物运量；

t：货物到达目的点的规定时间；

c_i^{sp}：货物在节点 i 由运输方式 s 转换为运输方式 p 的单位转运成本，若 s 与 p 相同,值为0；

t_{ij}^s：货物在节点 i 与 j 之间使用第 s 种运输方式进行运输所用的时间；

t_i^{sp}：货物在节点 i 由运输方式 s 转换为运输方式 p 所用的转运时间。

3. 目标函数

整个多式联运过程中涉及的费用种类较多,如运费、杂费、服务费等,为了简化计算,本书仅考虑总费用中比例较大且易于优化的基本运费以及中转费作为主要探讨对象。

$$\min C = \sum_{(i,j) \in A} \sum_{s \in S_{ij}} x_{ij}^s \cdot c_{ij}^s \cdot Q + \sum_{i \in M} \sum_{s \in S_i} \sum_{p \in S_i} y_i^{sp} \cdot c_i^{sp} \cdot Q \qquad (9-1)$$

4. 约束条件

(1) 确保节点处货物量的流入的和流出平衡：

$$\sum_{n \in N_i} \sum_{s \in S_{ij}} x_{ni}^s - \sum_{j \in N_i} \sum_{p \in S_{ij}} x_{ij}^p = \begin{cases} 1 & i=d \\ 0 & \forall i \in M \\ -1 & i=o \end{cases} \qquad (9-2)$$

(2) 确保货物在两节点间只能选择一种运输方式运输：

$$\sum_{s \in S_{ij}} x_{ij}^s \leqslant 1 \quad \forall (i,j) \in A \qquad (9-3)$$

(3) 确保货物在节点的中转次数至多为一次：

$$\sum_{s \in S_i} \sum_{p \in S_i} y_i^{sp} \leqslant 1 \quad \forall i \in M \qquad (9-4)$$

（4）确保整个多式联运过程中货流不可拆分，是两个决策变量之间的计算兼容性约束：

$$\sum_{j\in N_i} x_{ij}^p = \sum_{s\in S_i} y_i^{sp} \quad \forall i\in M,\ \forall p\in S_i \qquad (9-5)$$

$$\sum_{n\in N_i} x_{ni}^s = \sum_{p\in S_i} y_i^{sp} \quad \forall i\in M,\ \forall s\in S_i \qquad (9-6)$$

（5）表示货物到达目的地的总共花费的运输时间不超过规定时间：

$$\sum_{(i,\,j)\in A s\in S_{ij}} x_{ij}^s t_{ij}^s + \sum_{i\in M s\in S_i p\in S_i} y_i^{sp} t_i^{sp} \leqslant t \qquad (9-7)$$

（6）表示决策变量是取整数 0 或 1：

$$x_{ij}^s \in \{0,1\} \quad \forall (i,j)\in A,\ \forall k\in K_{ij} \qquad (9-8)$$

$$y_i^{sp} \in \{0,1\} \quad \forall i\in M,\ \forall s,p\in S_i \qquad (9-9)$$

$$y_i^{sp} = 0 \quad \forall i\in \{o,d\},\ \forall s,p\in s_i \qquad (9-10)$$

求解最优路径时，需首先满足时间要求，先筛选出满足时间要求的联运方式；然后计算各种联运方式需要的各类成本，取最小值。依次取遍所有可行路径，即取遍不同城市选用不同联运方式需要的各类成本，取最小值，为最优联运方式。

9.8　多式联运信息化

多式联运的焦点就在于"联"与"运"两个方面，而制约多式联运发展的突出问题主要体现在这两个方面，信息互联互通是其中的关键环节，具体表现在行业缺乏信息交换共享平台，各个实体部门采集数据格式各不相同，无法为行业提供标准统一、安全可靠的信息服务；公共信息服务质量不高，多式联运相关参与主体信息获取成本较高。目前政府掌握的行业基础信息，但未建立权威、可靠、易用的公共信息获取渠道；缺乏多式联运运行数据综合分析与展现，准确性高时效性好、颗粒度细的数据支撑不足；多式联运产业链上的各个节点部门没有建立良好的信任关系，无法开放自有数据库给其他机构组织调用数据。

随着区块链技术的出现，为解决多式联运信息共享问题提出了新的思路，由于其点对点传输、信息传输过程加密、自动执行、可溯源、安全性好等特征，能够有效解决多式联运中信息共享、互联互通等问题，因此，将多式联运信息平台中嵌入区块链技术，将加快推进我国多式联运信息平台的发展，进而对推动我国多式联运整体水平提升也有积极意义。

9.8.1　区块链技术应用于多式联运信息平台的特征

1. 区块链技术分类

区块链系统可分为公有链、联盟链和私有链。公有链是各节点可以自由加入和退出网络，并参加链上数据读写，为扁平的拓扑结构，网络中不存在任何中心化的节点。联盟链是各节点有与之对应的实体机构组织，通过授权后才能加入与退出网络，各机构组织以利益约束构成联盟，共同维护区块链的正常运转。私有链各节点的写入权限收归系统内部控制，可选择性开发读取权限。

与最初的区块链1.0，即仅用于比特币的价值转移和交易的技术相比较，区块链2.0通过引入智能合约等技术，根据预设条件自动执行任务，使区块链技术应用范围更加广泛。

区块链2.0的典型技术如下：

(1) 智能合约(Smart Contract)：是已编码的、可自动运行的业务逻辑。

(2) 分布式应用(Decentralized Application)：主要是用户界面的应用。

(3) 虚拟机(Virtual Machine)：执行智能合约编译后的代码，是图灵完备的。

2. 私有链技术应用于多式联运信息平台的特征

私有链具备区块链多节点运行的通用结构，由于使用范围控制在一定范围内，虽然可以改善可审计性，但不能够完全解决信任问题，所以适用于特定机构的内部数据管理与审计。对于多式联运信息平台，囊括了平台用户以及提供数据库的多主体，是在有限的部门与企业中使用的内部系统，所以，平台中更适宜采用私有链技术。私有链技术适用于多式联运信息平台应用的主要特征体现在以下几个方面：

(1) 信息传输速度快。在私有链上节点数量少，信任度高，信息传输不需要所有网络节点的确认，所以其信息传输速度较公有链和联盟链快。

(2) 隐私保障良好。只有用户提交符合相关要求的调用信息请求才能得到指定信息，而对数据库中的其他信息无法调用，既达到了使用户获取需要信息的功能，又起到了保证被调用信息部门数据库中其他信息不被泄露。

(3) 可溯源。可以追溯到在平台中调用信息任意用户。

(4) 信息传输成本低。信息传输只需要几个高算力节点确认，其交易成本与公有链和联盟链相比极低。

(5) 简化信息平台。与原来的信息平台技术相比，使用私有链技术的信息共享平台不必作为中央服务器对各部门上传的数据作整合划分，仅仅是在各部门自有数据库的基础上搭建一个服务功能性的平台。

(6) 安全性较高。私有链上成员是经过审核授权的，恶意攻击的可能性较小。

9.8.2　基于私有链技术的信息共享机制设计

1. 共享机制的目标

多式联运涉及物流节点众多,现阶段各节点已形成稳定的业务规范流程并针对自身业务特点建立了一个甚至多个管理信息系统,但各系统间的业务构架、作业流程、数据库结构、数据标准存在较大差异,使得各个系统运行操作相互独立,多式联运信息无法共享严重,联运效率低。信息共享机制的建立旨在运用相关信息技术,如 EDI、RFID、GPS、物联网、5G、区块链技术等,在多式联运产业链上的各个节点如港口、铁路、海关、货运代理公司、船务公司等各自搜集物流信息并存储在自有数据库的基础上,搭建多式联运信息共享平台,以建立全程"一次委托""一单到底""一次收取"的服务方式,实现区域多式联运协同服务信息开放共享和互联互通,有力提高区域物流资源一体化组织效率,实现运力和货源的结合增长,打通物流行业的关键痛点,实现多方共赢的格局。

具体来看,该机制应实现如下几个功能目标:

(1)统一数据标准。以国际行业标准为基础,建立统一的多式联运数据标准,是数据采集、筛选、转换和关联的基础。

(2)实时信息采集。充分利用先进的 5G 技术、物联网技术、人工智能等现代信息技术,逐步实现瞬间连接,实现各个节点信息采集的全面化、精准化、自动化,及时掌握各种运输资源闲忙程度,为用户提供面向多式联运全程的货物、运载工具及单证等动态跟踪服务,大力提高多式联运效率。

(3)高效信息交互。以区块链技术链接不同物流节点信息管理系统、数据库等中的信息资源,实现系统建设的点对点信息交互,防止上下游参与方信息传递错误与厌恶,促进各物流节点的作业信息和商业服务无缝连接的实现。

(4)安全数据流动。采用区块链技术,构建能够生成记录时间先后的、不可篡改的、可信任的多式联运信息共享平台。且在信息传递与相互过程中,对其通过密码学进行加密,保证信息传递和交换的安全又可追溯到任何信息进行传递和交换的记录,且可以同时防范来自内部和外部的安全攻击。

2. 机制设计

多式联运信息共享机制主要采用区块链中的私有链技术,围绕构建平台数据标准体系、构建平台信息交换体系、丰富平台公共信息服务内容、推进多式联运信息互联共享应用示范等内容,提供安全、可追溯、不可篡改、自动执行的服务平台,涵盖整个多式联运产业链的相关组织机构,主要有:国家监管部门,如港务局、海关、海事、检验检疫、交通部等;运输相关企业,如铁路、公路、航空、船公司、码头、运输公司、航运公司等;金融服务部门,如银行、保险;货主企业,如制造业企业(托运人)、贸易型企业(收货人)等;货代,如多式联运经营人(或代理人)。各组织机构间相对独立并各自拥有信息系统,是信息共享机制的用户基础。多式联运信息共享机制就是将所有参与的组织机构连成一个整体,实现充分的信息沟通与共享。多式联运产业链相关主体组织机构如图9-17所示。

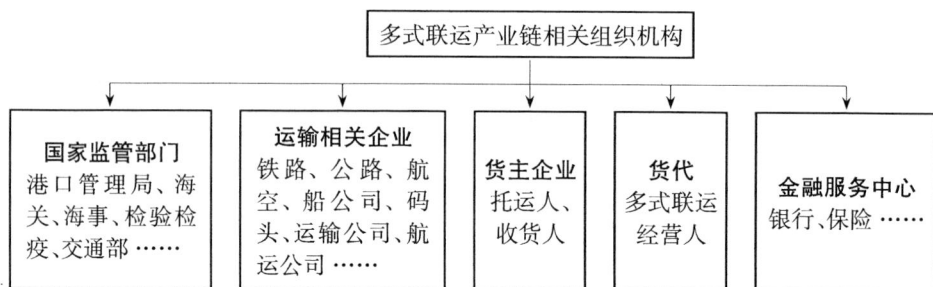

图9-17 多式联运产业链相关组织机构

信息共享机制考虑具体设计以私有链技术为基础的信息调用机制为核心,两条信息链贯穿其中,如图9-18所示。以此为核心的多式联运信息共享平台涵盖多式联运各环节及其参与者并与其各自建立的管理信息系统对接。以私有链技术架构为基础的信息调用机制,任何调用各机构自有数据库中数据信息的过程都经由该调用机制完成。一条信息链是用户通过调用机制调取多式联运产业链中所有相关主体的信息数据;另一条信息链是用户接入多式联运子系统,子系统利用调用机制调用各机构数据库中的信息,再根据各自子系统的功能对数据进行处理、整合、存储以及调用。其中,子系统是由平台通过串联多式联运各业务流程,各个节

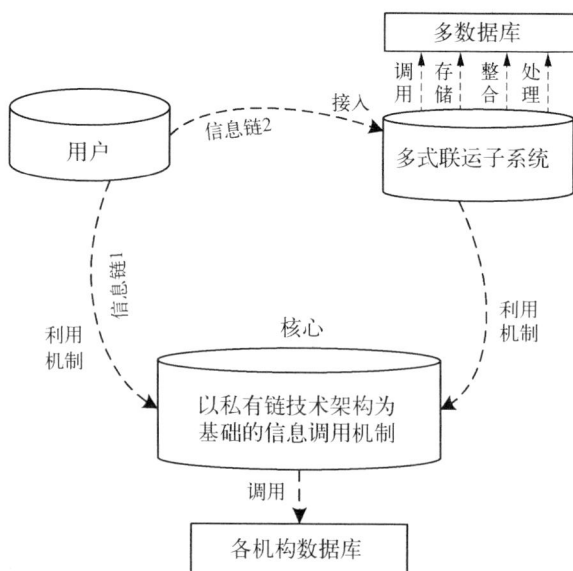

图9-18 多式联运信息共享机制设计

点部门功能,如各流程如业务申报、业务审核、货物装卸、货物起票、货物查验实时跟踪等,从而衍生出相应子系统。多数据库是由多式联运子系统将相关数据进行调用、存储、整合、处理过后的存放子系统相应数据的数据库;各机构数据库是各外部部门与企业的自有数据库。

9.8.3 多式联运信息平台构建

结合信息共享机制设计,多式联运信息共享系统是实现多式联运全程"一次委托""一单到底""一次结算"服务目标的基础性信息系统,该系统将通过全网智能调度、动态运营方案,实现各种运输方式最佳结合,建立起高速多式联运走廊,极大提高运输运营效率,同时也增加了相关企业的供应链柔性和可靠性。该系统信息系统应满足以下基本功能:

(1)实现多式联运作业链上用户点对点调用物流信息实时高效;

(2)实现多式联运信息共享平台上任意信息传递与交换既能保证安全又能对其信息交换过程可进行追溯;

(3)实现多式联运运输过程中所涉的各主体之间的货运流转信息通过无纸化的电子数据形式进行交换;

(4)实现多式联运作业链的过程管理功能;

(5)实现货主和货代对货物运输作业全过程的物理动态信息及作业操作状态的动态追踪与查询功能;

(6)实现多式联运运行数据综合分析与展现,为多式联运参与者提供经营管理决策支持。

根据上述信息系统的要求,多式联运信息系统总体架构设计图,如图 9-19 所示。平台核心是多式联运信息共享系统,包括多式联运信息共享私有链技术构架和多式联运信息共享子系统两个部分。

该平台需要有巨大的数据作为支撑,信息采集与信息传输的水平对平台发展水平起到重要作用。信息采集来源于采用信息感知技术从感知终端获取得到的信息,铁路运输、监管中心、铁路口岸、海关、检验检疫、公路运输以及金融等外部系统将各自所采集信息录入自有信息系统中,建立完备数据库。其中,信息感知是利用 RFID 和 EDI 等电子通信技术实时采集集装箱、列车和汽车等运输实体的实时位置、编号等信息,实现货物在途运输中各类状态信息的感知。信息传输过程采用 EDI 和 RFID 等技术之外,还可应用新兴的 5G 技术,利用 5G 技术所具备的高速度、低功耗性来实现信息传输的实时高效。

1. 多式联运信息共享私有链技术构架

多式联运信息共享私有链技术构架,为用户从各机构自有数据库中调用数据提供技术支持,是多式联运信息共享系统的基础部分。其包括数据层、网络层、共

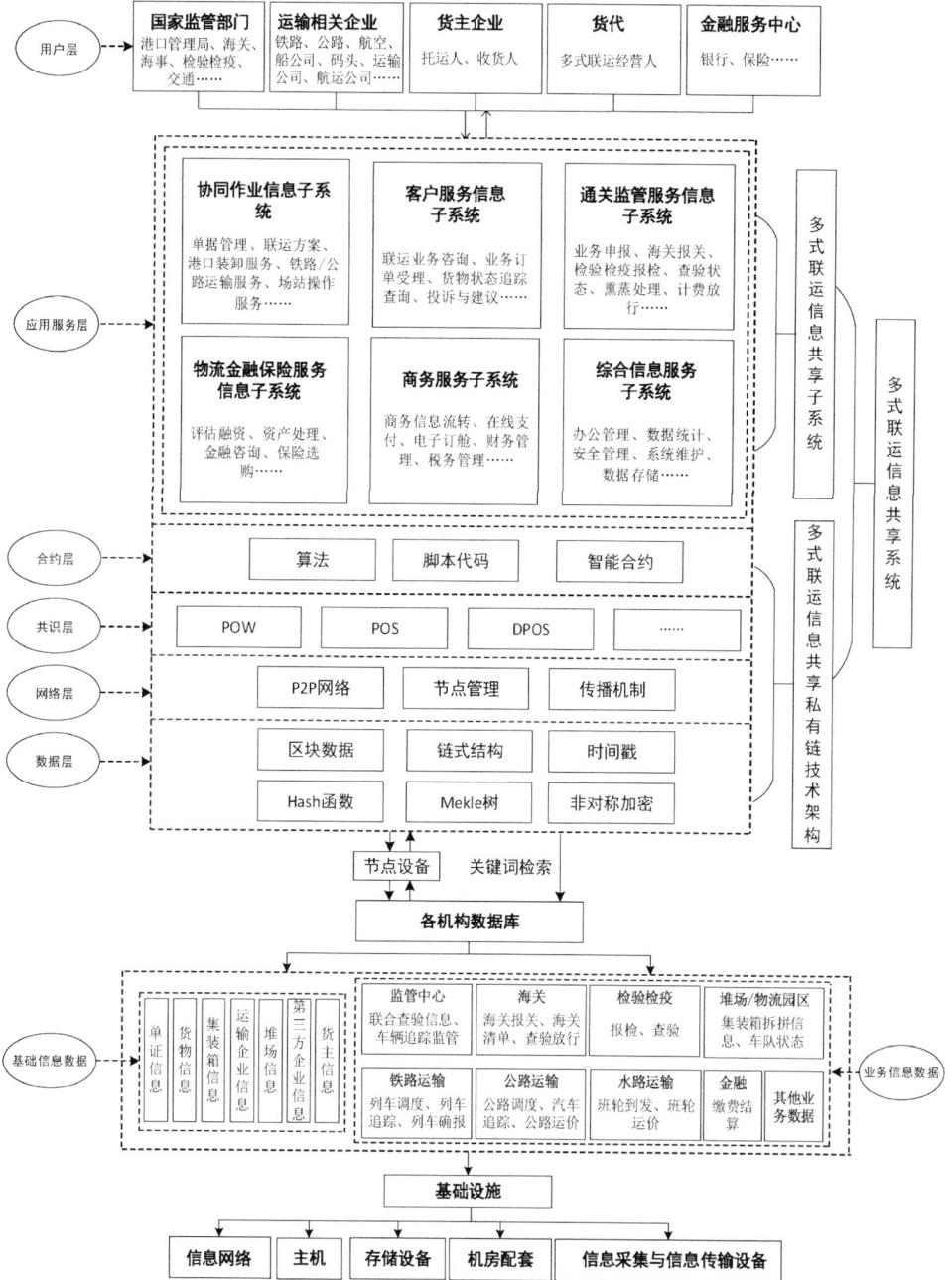

图9-19 多式联运信息共享系统示意图

识层及合约层四个部分。

（1）数据层。数据层是私有链技术架构的底层，封装区块数据、哈希函数、时间戳、非对称加密等。数据层一般是不可篡改、分布式的数据库。

（2）网络层。网络层由 P2P 网络、节点管理及其传播机制构成，实现了私有链网络各节点之间的数据传输与信息交换。

（3）共识层。共识层封装各种共识算法，如工作量证明（Proof of work，POW）、权益证明（proof of stake，POS）、委托权益证明（delegated proof of stake，DPOS）等。共识层是通过代码设计来实现信任，确定区块链的区块构造者，以及维护全网数据一致性。

（4）合约层。合约层封装算法、脚本代码以及智能合约三个部分。其中智能合约是由各类不同的算法以及脚本代码构成。智能合约可视为一段部署在私有链上的去中心化、信息共享、可自动运行合约条款的计算机程序或代码，将协议双方约定的内容进行编码写入区块中，约定内容形成后，系统将自动执行合约。

2. 多式联运信息共享子系统

从多式联运信息共享平台的应用服务层可以看出，多式联运信息共享平台由多个子系统构成，在私有链存储信息调用的基础上，共享信息子系统进行部分信息整合、处理、利用以及提供衍生功能为用户提供多方面的服务，具体如下所述。

1）通关监管服务信息子系统

若出入境货物运输采用纸质化或信息化程度不高的申报流程，就需要业主客户周转于运输部门于管理部门之间办理繁琐手续，增加了企业货物运输的成本，影响对外经贸业务的发展。该子系统为码头、船代、货代、场站及熏蒸公司等客户提供多式联运在线申报、审批、信息查询等联运监管业务服务，该子系统实现海关、检验检疫局、海事局、边检等政府监管机构信息互联互通的同时也提高了监管部门与各作业单位之间的表单交接及信息流通效率。

2）物流金融保险服务信息子系统

多式联运运输过程中，货物流通需要与银行、保险等金融机构开展合作以满足客户金融、保险、结算支付等需求，该信息系统为各联运单位和银行、保险机构提供电子化平台。货主可通过该系统实现向保险企业咨询和选购保险业务，同时在交付保费时，可通过该系统联系银行对所拥有的资产进行评估，并在银行进行担保融资等业务，且银行可通过该系统对未按期交付资金的货主企业进行资产处置。

3）客户服务信息子系统

作为连接各主体的信息系统，客户服务子系统为多式联运的主要功能子系统之一，旨在加强客户服务质量，实现"一站式"客户服务。该子系统为客户建立虚拟工作室，将货代、船公司、船代、班列运营商、场站班列经营人、自备车经营人、集托运人、码头物流、码头等各环节的用户基本信息进行整合，建立起一套完整的大客户数据库并对该数据库进行有效的维护和管理,同时整合运输过程中应用系统信息资源,对货物进行实时追踪、全程监控,实时反馈包括公铁联运、场站装箱、通关、进出码头、装卸船、运抵目的地等物流各环节在内的当前及历史状态信息,形成货物动态数据库。该子系统提供包括联运业务咨询、业务订单受理、货物状态追踪查询、服务投诉与建议等服务。客户服务功能主要通过开通热线服务电话、客户服务专属邮箱、传真及短信等方式实现。故该系统包含了网上在线服务、呼叫中心的人工服务和自助热线服务、短信息服务以及多式联运信息论坛等多种功能。

4) 联运协同作业信息子系统

联运服务子系统是多式联运管理信息系统的必要组成部分,是利用更透彻的感知和度量、更全面的互联互通和更深入的智能化实现智能信息的网络化,进而在各节点实现信息的互联互通和信息共享,并在此基础上经行集约化管理来提高多式联运服务效率、质量和用户满意度,形成良性循环,从而吸引更多的货源。该子系统涵盖了港口装卸、海运中转、陆路运输、场站操作等各个环节的综合物流业务,包括船舶电子申报、港口装卸服务、场站操作服务、空箱资源调配、铁路运输服务、公路运输服务等多式联运协同服务功能,实现多式联运节点作业智能化管理。平台通过数据交换专用引擎,辅以开发多源异构接口对区域多式联运关键物流节点的数据采集、入库、核验、汇总,实现一体化的多式联运协同作业方案。

5) 商务服务子系统

多式联运信息系统不仅具有各业务信息中转功能,还具有资金流转的功能,商务服务子系统负责管理这些资金的流转方式属于本系统的商务服务子系统。商务服务子系统主要为货主、货代等业务服务客户和铁路、海关、口岸等资源合作客户提供了商务信息交流和财务电子化结算的服务功能,包括了商务信息中转、财务管理、资金结算支付管理、客户交税管理、列车订舱电子化管理、客户间合同洽谈和签订以及对客户追踪服务等。此外,针对全程"一次委托"、运单"一单到底"、结算"一次收取"的服务方式,该子系统将商务信息自动分拨推送给各节点作业单位,再通过统一的服务窗口反馈给用户。使多式联运客户或货主在进行联运业务时,只需填写一次委托单据,便可享受到"货运一单制"的全程服务。使多式联运作业流程和各阶段的服务得到协调、调度,提高货物流转作业效率,为客户实现一站式服务功能,以期更好地服务于客户。

6) 综合信息服务子系统

多式联运信息系统为客户提供业务服务的同时,由于自身办公业务繁琐,对实现便利、高效的办公服务,需要对系统内部进行管理。该子系统包含了办公管理、数据统计、安全管理、系统维护、数据存储等功能,其中数据统计是在调用业务信息基础上,借助有效的数据挖掘工具和综合统计分析模型,实现市场预测、运营效能分析、商务支持、业务模型构建、作业流程优化、适箱货源分析、自备车辆利用率统计、联运运能统计、联运吞吐量统计、车辆编组信息、联运整体效率、分货类统计分析、联运大货主分布区域分析、联运监管监控等功能,为决策层制定与业务流程相关的政策、法规提供依据,逐步优化整个运输作业全过程;安全管理是为了保障信息系统自身数据、客户信息以及合作伙伴的数据库免受外部攻击,而对系统进行定期安全防护的管理功能;系统维护是为了保障信息系统能够长时间保持稳定运营,对系统的软硬件各环节进行维护;数据存储是为了实现对多式联运的全过程业务作业数据的临时保存,以及运输业务结束后的记录保留而设置的管理功能。

3. 信息平台的关键技术

将区块链技术中的私有链技术应用于多式联运信息平台,其关键技术体现在以下几个方面:

(1) 去中心化。不同于以往的信息平台数据池,即对数据进行收集、整合并存储到信息平台的中心服务器之中。对于以私有链为依托所构建的信息平台,多式联运信息共享平台仅作为信息通信架构,实现参与方之间的连接的平台,用户通过信息系统调用所需要部门存储于自有数据库之中的信息,实现点对点信息交互。系统通过节点设备将多式联运信息平台与各部门数据库相链接,使其成为多式联运各个组织机构互联互通的重要基石。

(2) 多数据系统。区块链是一个不断增长的分布式数据库。在多式联运信息共享系统中,仅将用户信息和用户调用物流信息存储于私有链数据库中。且在私有链中,存储的数据由全部节点共同维护。多式联运各个子系统整合处理的数据和平台运作产生的数据等,储存在独立于私有链数据库之外的、不使用区块链技术的关系型数据库中。

(3) 共识机制。共识机制是区块链技术的核心之一。该机制是通过代码设计来实现信任,即确定区块链的区块构造者,以及维护全网数据一致性是区块链不可或缺的内容。网络中所有节点如何记账、验证记账结果及维护等问题达成的一致认识,若要修改某个区块内的交易信息,就必须将该区块和后面所有区块的信息进行修改。通过区块链技术的共识机制,可以保证存储于私有链数据库中数据的不可篡改性,是平台通过私有链技术的追溯功能建立各方间信任的技术保障。

(4) 关键词检索。在用户发出调用各部门数据库指令时,仅在用户输入指定关键词时,如货物运输时间节点、种类与运输方式等信息组合,通过智能合约对信息进行调用。通过良好的关键词检索机制设计,实现使用者单个调用数据和批量调用数据的功能,让用户快捷精确地搜寻到所需要的数据,也可为子系统的衍生功能与服务提供便捷的数据检索功能。

(5) 智能合约。智能合约可视为一段部署在私有链上的去中心化、可信息共享、可自动运行合约条款的计算机程序或代码,这段程序将协议双方约定的内容进行数字化编码写入区块中,约定内容一旦发生,系统将自动执行智能合约。在多式联运信息共享私有链技术架构中,设置合适的智能合约,当用户向信息系统提交调用信息指令时,并通过关键词检索,符合智能条约设定系统将相关信息自动从相应数据库中调送至用户。数据库供应方协调建立好完善的智能合约,规定数据库中允许被调用的数据。由于智能合约满足要求自动调取数据的机制,相比于传统审核机制中通过人工审核通过调用请求更快捷高效。

(6) 信息传输过程加密与追溯。将用户调用物流信息的过程用私有链技术进行加密,使得调用信息这一事件既被进行加密又可被追溯。如果产生信息泄露事件,可以通过追溯能力确认指定信息被何用户在何时进行调用。通过追溯能力,可以在使用多式联运信息共享平台的各组织机构之间建立良好的信任关系。

9.8.4　多式联运信息共享系统组织机构设计

多式联运信息共享系统成功建设的关键在于要找准系统发展定位、设计好服务功能、把握好建设节奏、选择好技术路径,采取分步建设,逐步完善的原则,在建设实施过程中可考虑进行如下组织。

1) 政企合力,组建指挥小组统一协调

平台由政府主导设计建设,坚持"统筹规划、重点突破、政策引导、政企协作"的原则。平台的建设应充分利用现有物流公共信息平台建设的经验,瞄准多式联运行业痛点,成立多种运输方式的协调机构,设立"多式联运信息化建设指挥组",成员主要由地区主要港口集团、铁路局、中铁集装箱运输有限公司等企业主要领导组成,负责确定多式联运信息共享系统建设的重大事项,解决跨部门的协调问题,其主要职能有包括:

ⅰ.牵头进行前期准备,包括各部门间的协调,资料准备等;组建信息系统建设专家组,进行总体规划,提出总体建设目标,审定有关业务、技术标准;审定平台建设、运营及使用的相应规章制度;ⅱ.协调建设实施过程中问题;ⅲ.在多式联运信息系统运营期间,由政府召集定期召开协调会议,解决运营期间发生的问题,尽可能挖掘此外,向制造企业和贸易商宣传全新的物流和信息技术理念的,发掘更多的潜在用户。

2) 成立项目开发组

组建项目开发组统一协调。平台应由政府主导设计建设,坚持"统筹规划、重点突破、政策引导、政企协作"的原则。平台的建设应充分利用现有物流公共信息平台建设的经验,瞄准多式联运行业痛点,成立多式联运信息化建设指挥组,负责确定多式联运信息平台建设的重大事项,解决跨部门的协调问题。

3) 各自建设,共享数据

多式联运信息平台主要任务是将各部门现有的独立系统进行互联互通,如铁路部门的铁路 95306 货运系统、货票系统、运输指挥调度系统、集装箱调度系统,公路部门的运价系统、调度系统、汽车追踪系统,港口的电子口岸,货运代理系统等企业自己的 ERP 系统以及相关运输部门的电子商务系统等,并根据信息共享的大框架对自身功能进一步开发优化,对旧的异构系统进行改造,融合与对接,创建新的数据交换的模式,使数据使用者能在更宽更广的层面上共享数据。因此,各部门需对自身独立系统与数据库按照多式联运信息共享平台的要求进行改进和建设,如统一各个数据库内的数据格式、设置相关的节点设备与多式联运信息共享平台进行相互连接等。

9.9　中欧班列概况

中欧班列是指按照固定车次、线路等条件开行,往来于中国与欧洲及“一带一路”沿线各国的集装箱国际铁路联运班列。“一带一路”战略提出后,国内各省纷纷抢抓发展先机,不同起点的中欧班列不断涌现。目前,依托西伯利亚大陆桥和新亚欧大陆桥,已初步形成西中东 3 条中欧班列运输通道。自 2011 年首次开行以来,中欧班列发展势头迅猛,辐射范围快速扩大,货物品类逐步拓展,开行质量大幅提高。

9.9.1　中欧班列概述

1. 中欧班列现状

截至 2018 年 6 月底,中欧班列累计开行量已突破 9 000 列,运送货物近 80 万标箱,国内开行城市 48 个,到达欧洲 14 个国家 42 个城市,运输网络覆盖亚欧大陆的主要区域。2018 年 8 月 26 日,随着 X8044 次中欧班列(汉堡—武汉)到达武汉吴家山铁路集装箱中心站,中欧班列累计开行数量达到 10 000 列。截至目前,中欧班列累计开行超过 11 000 列,运行线路达到 65 条,通达欧洲 15 个国家的 44 个城市,累计运送货物 92 万标箱。

2. 中欧班列三大通道

1) 西通道—对哈通道

(1) 阿拉山口通道。1990 年 9 月 1 日,北疆铁路乌鲁木齐—阿拉山口铁路建成通车。同年 9 月 12 日,和原苏联土西铁路接轨。1991 年 12 月 25 日,苏联解体,哈萨克斯坦共和国成立,替代苏联和中国铁路接通开展联运。这条通道途经白俄罗斯、波兰、德国等,通达欧洲其他各国。

(2) 霍尔果斯通道。2009 年 12 月 18 日,北疆铁路精河—伊宁—霍尔果斯铁路建成通车。2012 年 12 月 22 日和哈萨克斯坦铁路接轨通车。这条通道经哈萨克斯坦、土库曼斯坦、伊朗、土耳其等国,通达欧洲各国;或经哈萨克斯坦跨里海,进入阿塞拜疆、格鲁吉亚、保加利亚等国,通达欧洲各国。

(3) 新亚欧大陆桥。1990 年 9 月 1 日,中国北疆铁路全线通车,9 月 12 日,与前苏联土西铁路接轨。1992 年 12 月 1 日,与哈萨克斯坦铁路经由阿拉山口—德鲁日巴正式开办国际铁路客货联运。除运送中哈两国以及中国和中亚其他国家进出口货物外,还形成亚欧第二条铁路大陆桥,也称之为新亚欧大陆桥,新亚欧铁路大陆桥被国内外誉为"新丝绸之路"或"现代丝绸之路"。

2) 中通道—对蒙通道

二连通道。1956 年 1 月 3 日,集宁—乌兰巴托铁路建成接轨,通车运营。1956年 12 月,中方商俄蒙后,将集宁—二连 1 524 mm 轨距,改为 1 435 mm 轨距。

3) 东通道—对俄罗斯通道

满洲里通道。哈尔滨—满洲里(全长 944.4 km)1899 年 1 月开建,1901 年修通。该通道正式于 1903 年 7 月 14 日宣告通车,史上称之东省铁路。

9.9.2　中欧班列运输组织

1. 货源组织

1) 中欧班列的货源种类

中欧班列货源的基本种类:笔电产品、电子配件、家用电器、汽车零配件、轮胎、纺织服装、粘胶纤维、日用品、箱包文具、装饰材料、建材、钢材、机械设备、PVC、化工品、茶叶、番茄酱、咖啡、木制家具等。

按区域划分:

(1) 西欧班列以笔电产品、电子配件、家用电器、汽车零配件、轮胎为主。

(2) 中东欧班列以家用电器、纺织服装、日用品、箱包文具、装饰材料、建材、木制家具等为主。

(3) 俄罗斯班列以日用品、箱包文具、装饰材料、建材、钢材、机械设备、PVC、化工品、茶叶、番茄酱、咖啡、木制家具等为主。

(4) 中亚班列以家用电器、汽车零配件、轮胎、纺织服装、黏胶纤维、日用品、箱包文具、装饰材料、建材、钢材、机械设备、PVC、化工品、茶叶、番茄酱、咖啡、木制家具等为主。

2) 中欧班列的货运量

中国出口至欧洲货物总量(海、铁、空)约 1 100 万标箱,折合货量约为 1 亿吨,中欧班列运量 2015 年实际完成 820 列,约为 69 000 TEU,折合运量约为 76 万吨。中欧班列占中国对欧出口货物总量不足 1%,中欧班列发展空间很大。

3) 中欧班列的货源组织方式

(1) "渝新欧"产地直发的组织方式。"渝新欧"班列重点服务于落户重庆的世界六大笔电产品生产企业,依据笔电产品对运输时间、运输质量、安全可靠的需求,组织直达班列至德国杜伊斯堡。

(2)"郑欧"货源集聚方式。"郑欧"班列重点培育华中地区物流集结分拨中心——郑州国际内陆港为目标,吸引腹地货源组织开行班列至德国汉堡。

(3)"营满欧"海铁衔接方式。"营满欧"铁海联运班列重点开发东南沿海及日韩等周边地区的货物,利用海运费用偏低和俄铁西伯利亚大铁路运价优势开行营口港—莫斯科、斯洛伐克、白俄罗斯、波兰等地的直达班列。

(4)新疆区域合作与集结方式。新疆班列最大的优势在于新疆距中亚和欧洲距离最近,具有时间和价格的竞争优势,对不能整列直发的有关城市或地区,可以通过区域合作的方式,在新疆集结,组列发往中亚或欧洲。

(5)"连新亚"过境中转方式。"连新亚"班列利用其国家定位为新亚欧大陆桥运输通道起点的优势及过境运输赋予的运价政策,组织转运日韩及东南亚各国过境中国,去往中亚的货物。

2. 运输协调

中欧班列开行涉及货源组织、箱源组织、运输组织、货运组织、货运代理、信息追踪和费用结算等七方面因素,是一个综合性的、环环相扣的国际物流链,需要客户、铁路、海关、国检、代理、政府共同参与,协调工作复杂繁琐,还存在语言障碍。现阶段,在"一带一路"战略推动下,各地积极响应开行班列。中欧班列的协调工作呈现"地方主导,各自为政"的特点。

总结起来,目前中欧班列的运输协调方式可以归纳为六个方面。

1)以"渝新欧"为代表的由班列平台公司全程运输协调的方式

"渝新欧"班列,以"渝新欧"(重庆)物流有限公司为平台公司,其股东为重庆交运集团、中铁多联、哈铁快运公司、俄铁物流公司、德国铁路公司,所以其全程协调工作由平台公司通过各股东分段负责。加上重庆市政府高度重视,投入较大的人力、物力,在德国成立了平台公司的办事处,极大地提高了全程运输的协调力度。

2)以"郑欧"为代表的由班列平台公司国内段委托中铁、国外段委托国际物流商协调的方式

"蓉欧"快铁(成都—波兰)也采用这种模式。"郑欧"班列平台公司的股东为郑州经开区和河南物资集团,皆为国内企业,所以其运作模式是国内段委托中铁多联负责,国外段委托国际上的货运代理公司负责。运单制作、报关、铁路运费支付以及中哈口岸的转关都由中铁多联负责;国外段的付费代码,运输计划商定的答复,白俄罗斯/波兰的转关以及终到站的交付由国外的货代公司负责。

3)以"汉欧"为代表的由平台公司全程委托中铁协调的方式

"义新欧"也采用这种模式。"汉欧"班列平台公司全程委托中铁多联负责。由

平台公司向中铁多联支付从武汉吴家山中心站到汉堡的全程运费,然后中铁多联国内段自己负责,宽轨段委托哈铁快运(或者俄罗斯集装箱公司),欧洲段委托其他代理公司负责。

4) 以"长安号"为代表的由发货人国内段委托中铁、国外段自办运输的协调方式

"长安号"主要开行西安到中亚班列。其模式是发货人国内段直接向新筑中心站支付运费,自行制作运单并办理铁路发运手续,口岸转关及国外段运输由发货人自行委托国外代理的模式。

5) 以"营满欧"为代表的由发货人国内段委托班列平台公司组织发运、国外段委托国际物流商协调的方式

"营满欧"班列是指发站为营口,经满洲里出境,通过西伯利亚铁路经白俄罗斯、波兰,最终到达德国的班列。其运作模式为国内段运输(从鲅鱼圈到满洲里)统一由沈哈鸿运物流公司经营,国外段由发货人自行委托各自代理的模式。

6) 以"苏满欧"为代表的由发货人全程委托国际物流商协调的方式

"苏满欧"班列指发站为苏州西,经满洲里出境,通过俄罗斯、白俄罗斯、波兰然后抵达德国的班列。其运作模式由国际物流商全程负责(远东路桥公司),发货人只需要向远东路桥公司支付全程运费即可。由远东路桥公司把国内段运费向中铁多联上海分公司支付,国外段运费向国外承运人支付,全程的运输协调由远东路桥公司负责。

9.9.3 中欧班列存在的问题

(1) 政府对物流企业协调不到位。欧盟境内班列沿线国家物流企业与铁路运营商相对较多,国家间缺乏对物流企业的协调,造成中欧班列在欧洲部分的整体运营效率较低。多家铁路运营上造成了运能浪费、价格混乱、质量下降、成本增加等后果。

(2) 沿线国家政府对班列基础设施投入不足。欧盟将中欧班列的建设和运营视为纯粹的市场经济行为,在班列盈利的基础上才会规划下一步的建设,并且对中欧班列没有任何形式的补贴政策,特别是口岸及保税仓库基础设施建设发展缓慢。这就导致了班列运到期限长、不稳定,班列全程运输费用高,低于市场期望的结果。

(3) 政府对运营商没有补贴等扶持政策和便利措施。中方对中欧班列的规划起步较早,近年来在各地方政府补贴支持下发展迅速。但是欧盟国家,如波兰没有制定相应的补贴体系。同时,在货物清关等便利化措施方面,波兰的清关政策增加了企业负担。波兰政府规定货物抵达波兰后企业需要立即支付货物增值税,而欧盟国家如德国无此要求,这就对企业造成了不便。因此一些企业对中欧班列运入波兰的中国商品选择在德国、荷兰等地清关再转运回波兰,增加了企业成本。不仅仅是成本,而且经过多个国家时要涉及多个国家的海关质检;运输单据涉及国际货

协、国际货约两大体系,手续复杂,浪费了宝贵的时间。

(4)信息服务不到位。各国按分段各自负责相关业务及信息服务,没有形成全流程的信息交换与共享机制,从而导致各个国家的铁路信息系统的信息是不相通的,货物运至另外一个国家时需要先导入货物信息,带来了麻烦。

9.9.4 发展规划及对策分析

2016 年 10 月 17 日,发改委官网对外发布了《中欧班列建设发展规划(2016—2020 年)》(以下简称《规划》),《规划》共设立内陆主要货源节点、主要铁路枢纽节点、沿海主要港口节点、沿边陆路口岸节点 4 类中欧班列枢纽节点,提出欧铁路直达班列线 20 条,提出 5 条中欧班列邮件运输线路,提出 3 条中欧班列运输通道。

中欧班列枢纽节点按照铁路"干支结合、枢纽集散"的班列组织方式,在内陆主要货源地、主要铁路枢纽、沿海重要港口、沿边陆路口岸等地规划设立一批中欧班列枢纽节点。

(1)内陆主要货源节点。具备稳定货源,每周开行 2 列以上点对点直达班列,具有回程班列组织能力,承担中欧班列货源集结直达功能。

(2)主要铁路枢纽节点。在国家综合交通网络中具有重要地位,具备较强的集结编组能力,承担中欧班列集零成整、中转集散的功能。

(3)沿海重要港口节点。在过境运输中具有重要地位,具备完善的铁水联运条件,每周开行 3 列以上点对点直达班列,承担中欧班列国际海铁联运功能。

(4)沿边陆路口岸节点。中欧班列通道上的重要铁路国境口岸,承担出入境检验检疫、通关便利化、货物换装等功能。

《规划》中列入 23 条既有中欧铁路直达班列线。其中,经二连浩特口岸的有两条,分别是郑州—二连浩特—汉堡(德国)、北京—天津—二连浩特—乌兰巴托(蒙古国)。

《规划》中规划中欧铁路直达班列线 20 条。其中,经二连浩特口岸的有 8 条,分别是石家庄—保定—二连浩特—明斯克(白俄罗斯)、昆明—二连浩特—鹿特丹(荷兰)、贵阳—二连浩特—杜伊斯堡(德国)、太原—二连浩特—莫斯科、南昌—二连浩特—莫斯科、南宁—二连浩特—乌兰巴托—斯科、包头—二连浩特—乌兰巴托、临沂—二连浩特—乌兰巴托。

《规划》中提出 5 条中欧班列邮件运输线路。其中,经二连浩特口岸的有 1 条,即郑州—二连浩特—莫斯科—杜伊斯堡—汉堡,集散范围主要是华中、华北地区邮件。

《规划》中提出完善国际贸易通道、加强物流枢纽建设、加大资源整合力度、创新运输服务模式、建立完善价格机制、构建信息服务平台、推进便利化大通关 7 项重点工作任务。其中,重点提出推进集宁—二连浩特铁路扩能改造,提高"中通道"境内段路网运能。

1. 完善国际贸易通道

1）重点完善境内通道网络

畅通瓶颈路段，提升三大通道境内段路网运能。加快库尔勒—格尔木、兰渝等铁路建设，推进集宁—二连浩特等铁路扩能改造。根据需要和进展情况，适时开展阿克苏—喀什段扩能、和田—若羌—罗布泊、喀什—红其拉甫等铁路项目前期研究。

2）有序推动境外通道建设

积极推动与中欧班列沿线国家共同制定欧亚铁路规划，稳步推进境外铁路建设。加快推动中吉乌、中巴等铁路项目前期研究。欢迎蒙古国和俄罗斯铁路对陈旧线路进行升级改造，改善沿线国境站、换装站的场站布局和配套设施设备，促进中俄蒙三方铁路点线能力的匹配衔接。

2. 加强物流枢纽设施建设

围绕中欧班列枢纽节点打造一批具有多式联运功能的大型综合物流基地，完善冷链物流基地、城市配送中心布局，支持在物流基地建设具有海关、检验检疫等功能的铁路口岸，加强与港口、机场、公路货运站以及产业园区的统筹布局和联动发展，形成水铁、空铁、公铁国际多式联运体系，实现无缝高效衔接。

鼓励国内企业在国外重要节点城市和与我国产能合作密切城市，通过收购、合资、合作等方式，加强物流基地、分拨集散中心、海外仓等建设，提升物流辐射和服务能力。

3. 加大资源整合力度

1）优化运输组织

加大中欧班列组织力度，稳定既有直达班列，发展中转班列，力争到 2020 年，集装箱铁路国际联运总量中班列占比达到 80%。加强调度指挥和监督考核，完善过程组织，实现全程盯控，强化应急处理，提高班列正点率。根据市场需求增加班列线，结合中欧通道实际运输能力，组织制订中欧班列开行及优化调整方案。加强与国外铁路协作，建立班列运行信息交换机制，强化班列全程监控，联合铺画全程运行图，压缩班列全程运行时间，达到日均运行 1 300 公里左右运输组织水平。

2）强化货源支撑

国家有关部门、单位在对外投资、物流园区建设时，要将中欧班列作为物流配套方式，同步规划、同步建设、同步推进。加强与沿线国家政府相关方面的合作，以国际产能和装备制造合作为契机，推动中欧班列向我国在沿线国家建设的境外经贸合作区、有关国家工业园区、自由港区延伸，吸引更多货源通过中欧班列运输。地方政府支持区域内企业扩大与中欧班列沿线国家的产能合作、贸易往来，增加中欧班列货源。铁路部门要加强与国内外大型物流企业、港口企业、货代公司合作，发挥集货作用，促进优势互补。鼓励我国企业在境外重点区域设立办事机构，推进合资建立经营网点，提高境外物流经营能力。

3）加强品牌建设

中欧班列品牌由中国铁路总公司负责建设与管理。作为国家支持建设的国际物流知名品牌，地方政府、企业要按照《中欧班列品牌建设方案》的要求共同推进中欧班列品牌建设。中国铁路总公司制定出台管理办法，加强中欧班列品牌管理。

4）加快境外经营网点建设

按照中欧铁路通道、节点、境外产业、贸易等布局，分批建设境外分拨集散中心，形成中欧班列境外快捷集疏运能力。

4. 创新运输服务模式

1）提供全程物流服务

围绕物流链全流程，强化运输、仓储、配送、检验检疫、通关、结算等环节高效对接，提供一站式综合服务。鼓励公路、水运、航空等运输方式与中欧班列有效衔接，打造全程化物流服务链条。建立中欧班列客户服务中心，为客户提供业务受理、单证制作、报关报检、货物追踪、应急处置等服务。

2）拓展国际邮件运输

参照货物监管方式，结合国际邮件特性，推行国际邮件"属地查验、口岸验放"模式。大力推进电子化通关，加强与国外邮政、海关、检验检疫、铁路部门合作，推进邮递物品海关监管互认。设立若干国际邮件铁路口岸重点交换站，加快推进中欧班列进出口国际邮件相关工作，实现国际邮件常态化运输。进一步优化国际铁路运邮作业组织、通关和换装流程，提升邮件运输时效，改善数据反馈的及时性和准确性。

3）推行电子货物清单

根据跨境电商的运输需求，采用拼箱运输方式，协调国外铁路、海关和检验检疫等部门，推行电子快递清单，研究开展中欧班列国际快件运输。

4）提升物流增值服务

拓展国际代理采购、国际保险理赔、货物质押等增值服务。利用相关口岸节点及综合保税区布局优势，支持跨境货物加工与转口贸易。

5）推动建立统一的规则体系

积极推动与铁路合作组织、国际铁路联盟、世界海关组织、万国邮政联盟等国际组织的合作，建立统一互认的单证格式、货物安全、保险理赔、通关便利、数据共享等相关规则和技术标准，提高班列运行质量和效率。

5. 建立完善价格机制

遵循市场规则，根据运量变化情况，按照量价捆绑原则，建立灵活的中欧班列全程定价机制。有效集中各地货源，依托常态化、规模化运营能力，统一开展境外价格谈判，提高全程价格主导权，有效降低国际联运全程物流成本。

6. 构建信息服务平台

1）推进物流公共信息平台发展

整合国内相关行业、部门、企业信息资源，建设中欧班列信息服务平台，逐步实现与沿线国家铁路、海关、检验检疫等信息系统的电子数据交换与共享，打通物流信息链，推行海关、检验检疫、铁路、港口单据电子化，打造"数字化"中欧班列。

2）强化智能监控监管

引入北斗卫星定位技术实施全程定位，增加集装箱安全智能防盗设施；保持与沿途国家的密切沟通，建立中欧班列安全合作机制，提高班列运行全程监控能力，保障货物运输安全。

7. 推进便利化大通关

1）加强沿线国家海关国际合作

与中欧班列沿线国家海关建立国际合作机制，推进信息互换、监管互认、执法互助的海关合作，扩大海关间监管结果参考互认、商签海关合作协定等，推行中欧"经认证经营者"互认合作，提高通关效率。支持将铁路运输模式纳入中欧安全智能贸易（简称"安智贸"）航行试点计划。推动全国通关一体化，企业可以选择任何一个海关申报、缴纳税款。加强重要物流节点的多式联运监管中心建设，实现一次申报、指运地（出境地）一次查验，对换装地不改变施封状态的直接放行。海关、检验检疫等口岸查验机构加强协作，力争使班列在口岸停留时间不超过 6 h。加快推进物流监控信息化建设，提高多式联运管控的信息化、智能化、规范化水平，建立集约、快速、便捷、安全的多式联运监管模式。

2）推进检验检疫一体化

加强沿线国家检验检疫国际合作，推进疫情区域化管理和互认，在中欧班列沿线区域打造无特定动植物疾病绿色通道，在班列沿线检验检疫机构间实施"通报、通检、通放"，实现沿线"出口直放、进口直通"，对符合条件的中欧班列集装箱货物实施免于开箱查验、口岸换证等政策。打造铁海（水、陆）联运国际中转（过境）物流通道，建立中欧班列检验检疫信息化系统，实现全口径进出境班列数据共享，简化纸质单证，推进检验检疫无纸化，实施"进境口岸检疫、境内全程监控、出境直接核放"监管模式。

3）进一步扩大口岸开放

支持有条件的地方建设进境肉类、水产品、粮食、水果、种苗、汽车整车、木材等国家指定口岸，对符合国家要求的，优先审批，优先安排验收。在获得指定口岸正式资质前，对具备相应检验检疫监管条件的，允许其作为相应品类进口口岸，先行先试。

加强与沿线国家（地区）间的口岸交流合作，适时修订和完善双边陆地边境口岸管理协定。加强边境口岸设施建设，提高进出境通关能力。科学布设内陆铁路口岸，满足中欧班列发展需要。推进国际贸易"单一窗口"、口岸管理共享平台建设,简化单证格式,统一数据标准,优化口岸监管、执法、通关流程,提高口岸智能化水平。

9.9.5　保障措施

1. 加强组织

领导发挥推进"一带一路"建设工作领导小组办公室专题协调机制作用,加强各部门、各地方政府的沟通协调,提升整体竞争优势。发挥好中央、地方、企业等各方作用,统筹协调,为中欧班列营造良好运营环境和发展条件。

2. 推进对外协调

国家发展和改革委员会、外交部、商务部、交通运输部等国家部委将中欧班列有关议题纳入我国与沿线国家双多边投资、贸易、外交、运输等磋商机制。发挥我驻外使领馆与驻在国政府对接协调作用,做好国内外信息沟通和情况通报。利用多双边机制,强化与国际机构及相关行业协会、智库合作,加强与沿线各国海关及检验检疫部门合作。视需要要求驻中欧班列沿线重点国家使馆指定外交人员协调相关工作,逐步建立涵盖境内外铁路、海关、检验检疫等部门以及地方政府和货代、物流等企业的中欧班列协调机制。

3. 加大资金投入

在遵循多边程序和市场化规则的基础上,利用亚洲基础设施投资银行、丝路基金等金融投资机构,在规定业务范围内支持中欧铁路通道和节点建设,支持重大动植物疾病疫情防控与交流合作。发挥各类投融资基金作用,鼓励境内基金机构"走出去",以股权投资、债务融资等方式支持中欧班列建设。加大中央预算内投资对中欧铁路通道国内段建设的支持力度。吸引社会资本投入,鼓励铁路、地方、企业共同出资建设,共享投资收益。

4. 完善政策支持

加大土地等政策支持力度,保障通道、枢纽等建设用地。

落实相关税收政策、执行相关税收协定,清理不合规的口岸收费,加大对阿拉山口、霍尔果斯等口岸建设和运行支持力度,保证口岸的正常建设和运营。加大进出口配额等贸易政策支持力度。完善境外投资管理制度,提高企业对外投资便利化水平。利用领事磋商等渠道,推动人员往来便利化。

5. 加强科技创新

统筹利用国家铁路智能运输系统工程技术研究中心和轨道交通系统测试国家工程实验室等相关国家科技创新平台,开展铁路物流科技装备、冷链关键技术等研发工作。充分发挥科研机构、高校、协会的积极作用,及时开展中欧班列建设发展相关问题研究。广泛吸纳国内外科技人才,加强精通语言、熟知专业知识的复合型人才培养。

参考文献

［1］ 罗霞,廖勇,甘超.综合运输通道内旅客运输方式替代性分析[J].铁道运输与经济,2011,33(9)：70 - 73.

［2］ 景钊.我国铁路货运现状及向现代物流转型研究[J].物流技术,2017,36(8)：14 - 17.

［3］ 葛艳飞.基于铁路货物运输组织模式改革的思考及实践探究[J].科技风,2017(21)：210.

［4］ 肖承才.我国铁路集装箱运输的问题与对策研究[J].劳动保障世界,2017(33)：50 - 51.

［5］ 何霖.广东省多式联运发展现状及对策研究[J].物流科技,2018,41(10)：48 - 51.

［6］ 沈志云,邓学钧.交通运输工程学[M].北京：人民交通出版社,2003.

［7］ 严作人.运输经济学[M].北京：人民交通出版社,2009.

［8］ 王小霞.运输组织学[M].北京：北京大学出版社,2013.

［9］ 胥耀方.现代综合运输系统[M].北京：人民交通出版社股份有限公司,2016.

［10］ 李永生.水路运输与港口商务管理学[M].北京：人民交通出版社,2007.

［11］ 倪鹏.如何高效打造智慧港口?[J].珠江水运,2016(s2)：73 - 74.

［12］ 叶红玲.智能化成为港口未来发展的方向[J].中国水运,2017(9)：11 - 12.

［13］ 罗本成.智慧港口：探索实践与发展趋势[J].中国远洋海运,2018(6)：32 - 35.

［14］ 史书铨,王腾飞.我国无水港发展现状及对策[J].水运管理,2016,38(5)：22 - 25.

［15］ 柳晨光,初秀民,谢朔,等.船舶智能化研究现状与展望[J].船舶工程,2016,38(3)：77 - 84,92.

［16］ 郭萍.租船实务与法律[M].大连：大连海事大学出版社,2002.

［17］ 于英.交通运输工程学[M].北京：北京大学出版社,2011.

［18］ 徐吉谦.交通工程总论[M].北京：人民交通出版社股份有限公司,2015.

［19］ 方守恩.高速公路[M].北京：人民交通出版社,2011.

［20］ 凌天清.道路工程[M].北京：人民交通出版社,2010.

［21］ 曲思源.高速铁路运营管理纵横[M].成都：西南交通大学出版社,2018.

[22] 朱仕兄. 物流运输管理实务[M]. 北京：北京交通大学出版社,2009.

[23] 吴兆麟. 综合交通运输规划[M]. 北京：清华大学出版社,2009.

[24] 毕艳红,王战权. 综合交通运输体系概论[M]. 北京：人民交通出版社,2017.

[25] 毛敏,蒲云. 交通运输走廊研究综述[J]. 世界科技研究与发展,2006(5)：76-81.

[26] 孟国连. 区域性运输通道布局规划的方法及应用研究[D]. 北京：北京交通大学,2010.

[27] 李娟. 综合交通枢纽布局规划的模型与方法研究[D]. 北京：北京交通大学,2006. DOI：10.7666/d. y1082634.

[28] 王洋. 综合交通枢纽的布局规划与评价研究[D]. 北京：北京交通大学,2004. DOI：10.7666/d. y586058.

[29] 贾倩. 综合交通枢纽布局规划研究[D]. 西安：长安大学,2006. DOI：10.7666/d. Y978092.

[30] 马驷,王琳,李雪婷,等. 运输市场营销[M]. 成都：西南交通大学出版社,2010.

[31] 赵瑜,刘作义. 运输市场营销学[M]. 北京：北京交通大学出版社,2012.

[32] 吴群琪,黄智英. 运输行为的本质及其特征分析[J]. 交通运输工程学报,2007(3)：116-120.

[33] 卢改红,张鑫,邓春姊. 运输管理[M]. 南京：南京大学出版社,2017.

[34] 朱意秋. 物流管理学——元活动及其集成[M]. 山东：山东人民出版社,2006.

[35] Kenneth Button. 运输经济学[M]. 李晶,吕靖,贾晓惠,等,译. 北京：机械工业出版社,2013.

[36] 杭文. 运输经济学[M]. 南京：东南大学出版社,2009.

[37] 孙明,王学锋. 多式联运组织与管理[M]. 上海：上海交通大学出版社,2011.

[38] 周荣祥. 铁路运输中安全结合部风险控制研究[C]. 第三届铁路安全风险管理及技术装备研讨会论文集(上册). 成都：中国铁道学会,2012.

[39] 张秀媛. 多式联运结合部系统理论与方法[M]. 北京：北京交通大学出版社,2012.

[40] 胡思继. 综合运输工程学[M]. 北京：清华大学出版社,北京交通大学出版社,2006.

[41] 张于心,彭宏勤. 铁路运输系统"结合部"管理的理论与方法[J]. 北京：北方交通大学学报,1991(3)：103-108.

[42] 尹传忠. 长三角一体化视角下多式联运系统协同机制与对策[R]. 上海海事大学,2019.